Gabriele Frohnhaus, Barbara Grotkamp-Schepers, Renate Philipp (Hg.)

Schwert in Frauenhand

Weibliche Bewaffnung

Das Buch erscheint anläßlich der Ausstellung
Schwert in Frauenhand
vom 22. November 1998 bis 7.2.1999
im Deutschen Klingenmuseum Solingen.

Gleichstellungsstelle Solingen

DEUTSCHES KLINGEN MUSEUM SOLINGEN

Klartext

Gefördert durch

Ministerium für Stadtentwicklung, Kultur und Sport des Landes Nordrhein-Westfalen NRW.

FREUNDE DES DEUTSCHEN KLINGEN MUSEUMS SOLINGEN

FÜR SOLINGEN

Impressum

DAS BUCH
Herausgeberinnen und redaktionelle Bearbeitung:
Gabriele Frohnhaus
Barbara Grotkamp-Schepers
Renate Philipp

Wissenschaftliche und organisatorische Mitarbeit:
Marianne Göllner
Marie Henrich
Ulrike Karstedt
Karoline Kraut
Ursula Peters-Horlitz
Angelika Rudzio
Martina Seifert
Vera Thiel
Ulla Stolpmann
Hannelotte Wietscher
Martina Zsack-Möllmann

Graphische Gestaltung:
Frank Münschke (Klartext Verlag)

Satz und Lithographie:
Klartext Verlag, dps – Lüders (Essen)
Druck: Runge, Cloppenburg

ISBN 3-88474-693-6

DIE AUSSTELLUNG
Verwaltung:
Helmut Nink

Sekretariat:
Ivone Schlüter

Museumstechnik:
Lutz Hoffmeister

Die Deutsche Bibliothek – CIP-Einheitsaufnahme

Schwert in Frauenhand – weibliche Bewaffnung : das Buch erscheint anläßlich der Ausstellung Schwert in Frauenhand vom 22. 11. 1998 bis 7. 2. 1999 im Deutschen Klingenmuseum Solingen / Gabriele Frohnhaus ... (Hg.) Gleichstellungsstelle Solingen ; Deutsches Klingenmuseum Solingen. – Essen : Klartext-Verl., 1998
ISBN 3-88474-693-6

Leihgeber

Amsterdam, Rijksprentenkabinet, Rijksmuseum
Augsburg, Städtische Kunstsammlung, Historischer Verein
Berlin, Deutsches Historisches Museum
Berlin, Freie Universität, Universitätsbibliothek
Berlin, Staatliche Museen zu Berlin – Preußischer Kulturbesitz, Kunstbibliothek
Berlin, Staatliche Museen zu Berlin – Preußischer Kulturbesitz, Kupferstichkabinett
Berlin, Staatliche Museen zu Berlin – Preußischer Kulturbesitz, Nationalgalerie
Berlin, Werkbund-Archiv, Museum der Alltagskultur des 20. Jahrhunderts
Bochum, Ruhr-Universität, Kunstsammlungen
Braunschweig, Herzog Anton Ulrich-Museum
Chichester, District Museum
Coburg, Kunstsammlungen der Veste Coburg, Coburger Landesstiftung
Darmstadt, Hessisches Landesmuseum
Den Haag, Royal House Archives
Dortmund, Institut für Zeitungsforschung der Stadt Dortmund
Dresden, Staatliche Kunstsammlungen, Kupferstich-Kabinett
Dresden, Sächsische Landesbibliothek, Staats- und Universitätsbibliothek
Dresden, Staatliche Kunstsammlungen, Rüstkammer
Düsseldorf, Kunstakademie, Bibliothek
Düsseldorf, Kunstmuseum Düsseldorf im Ehrenhof
Düsseldorf, Nordrhein-Westfälisches Hauptstaatsarchiv
Essen, Deutsches Plakat Museum
Frankfurt/Main, Historisches Museum Frankfurt am Main
Hamburg, Hamburger Kunsthalle
Hamburg, Museum für Kunst und Gewerbe
Hannover, Sprengel-Museum
Kassel, Staatliche Museen Kassel, Gemäldegalerie Alte Meister
Köln, Theaterwissenschaftliche Sammlung der Universität
Köln, Universitätsbibliothek
Leipzig, Deutsches Buch- und Schriftmuseum der Deutschen Bücherei
Ludwigshafen a.Rh., Wilhelm-Hack-Museum
Mannheim, Reiss-Museum Mannheim, Kunstgeschichtliche Sammlungen
München, Allianz Versicherungs-AG
München, Staatliche Antikensammlungen und Glyptothek
München, Münchner Stadtmuseum
München, Staatliche Graphische Sammlung
München, Deutsches Theatermuseum
Nürnberg, Germanisches Nationalmuseum
Oldenburg, Stadtmuseum Oldenburg
Solingen, Stadtarchiv
Speyer, Historisches Museum der Pfalz
Stuttgart, Staatsgalerie Stuttgart
Verden, galerie pro Art
Wiesbaden, Museum Wiesbaden
Wolfenbüttel, Herzog August Bibliothek
Zürich, Kunsthaus Zürich

Private LeihgeberInnen

Baldham, Privatbesitz
Bonn, Olympischer Fecht-Club
Dortmund, Privatbesitz
Düsseldorf, Gesine Grotrian-Steinweg
Düsseldorf, Helmut Kroth
Düsseldorf, Professor Gerd Krumeich
Köln, Tremezza von Brentano
Köln, Bettina Flitner
Köln, Rune Mields
Köln, Barbara Schimmel
München, Rainer Köbelin
Nürnberg, Michael Mathias Prechtl
Solingen, Ulrike Beckmann
Solingen, Familie Henning Ritter
Solingen, Ursula Maurer
Wuppertal, Ulla Schenkel

Fotonachweis

Das Deutsche Klingenmuseum dankt allen Leihgebern für Ihre Bereitschaft, Bildvorlagen zur Verfügung zu stellen. Für die Einzelnachweise vgl. die Liste der ausgestellten Werke im Anhang.
Darüber hinaus stellten uns Bildvorlagen zur Verfügung: Basel, Öffentliche Kunstsammlungen, Kupferstichkabinett; S. Redhardt, Düsseldorf.

Inhalt

Gabriele Frohnhaus, Barbara Grotkamp-Schepers, Renate Philipp

Einleitung

„Das in die Zukunft Weisende... (der) Judith-Ikonen ist nicht der monströse Kriminalfall einer Außenseiterin, sondern die Antizipation einer individuell eingreifenden, aktiven, historischen Rolle für die Frau."[1]

Das Schwert gilt als Männlichkeitssymbol schlechthin. Es verkörpert Stärke, Macht, Aktivität, Aggression und die Bereitschaft zur unbedingten Verteidigung der körperlichen Unversehrtheit. Schwerter und andere Waffen werden dem Mann zugeordnet, sie gehör(t)en zu seinem Alltag.

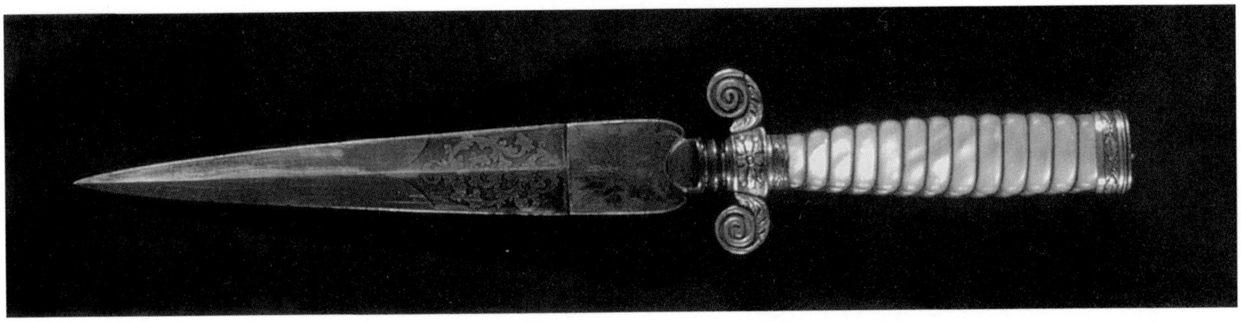

1. Damendolch, um 1780/1800
Solingen, Deutsches Klingenmuseum
(Kat.Nr. 118)

Frauen dagegen werden in kultur- und epochenübergreifenden Gesellschaften als das Pendant zum Männlichen begriffen: Ist der Mann aktiv, sind sie passiv; ist er aggressiv, haben sie friedfertig zu sein. So fällt ihnen vielfach die Bestimmung zum 'Opfer' zu, das erleidet und erduldet. Aggressivität, Verletzung und Mord durch Waffengebrauch bei Frauen werden nach wie vor tabuisiert.

Die Vielfalt der hier vorliegenden Aufsätze konfrontiert uns mit einem völlig anderen Frauenbild, nämlich mit dem der bewaffneten, kämpfenden, aggressiven und tötenden Frau. Die heikle Frage nach der Frau als Täterin durchzieht als roter Faden dieses Buch. Ein weiter Bogen läßt sich spannen von den Grabfunden der skythischen Amazonenkriegerinnen und den wehrhaften Göttinnen der Antike (Athena, Aphrodite) zu mythologischen und allegorischen Gestalten (Kriemhild, Germania, Justitia), zu den biblischen Frauenschicksalen (Judith), den politischen Kämpferinnen des 18. und 19. Jahrhunderts und zu Frauen in der heutigen Zeit, die sich durch aggressives, „männliches" Verhalten aus ihnen zugewiesenen Rollenvorgaben lösen. Sie alle haben Anteil am Handeln, Entscheiden, Durchsetzen und auch am Schuldig-Werden, wenn es um die Verletzung oder gar Vernichtung von anderen Menschen geht. Das emanzipatorische Bild der Entscheidungen fällenden und Verantwortung tragenden Frau enthält auch diese dunklen Bereiche.

Dunkel sind sie zum einen, weil sie das liebgewonnene Bild von der weiblichen Friedfertigkeit (und moralischen Überlegenheit) ins Wanken bringen und uns zwingen, auch andere Seiten des weiblichen Sozialcharakters wahrzunehmen. Dunkel aber auch, weil wir es gewohnt sind, die zahlreichen Hinweise auf kämpfende Frauen in der Kunst, der Geschichtsschreibung und in den Wissenschaften als Ausnahmen und Randphänomene abzutun und auszublenden. Was

1 Peter Gorsen in: Nabakowski/Sander/Gorsen: Frauen in der Kunst. Bd. 2, Frankfurt 1980, S. 85.

Peter Gorsen das männliche "Aktivitätsideal der Bedeutung" nennt,[2] d.h. Bedeutendes durch das eigene Handeln zu schaffen, das wird in unserem Jahrhundert auch ein weibliches Ideal, und das war es in – wohl gar nicht so wenigen – Einzelfällen auch in den vergangenen Epochen.

Das sehr speziell formulierte Thema „Schwert in Frauenhand" hat eine lange Vorgeschichte, die mit der historischen Blankwaffensammlung des Deutschen Klingenmuseums zusammenhängt. Nahezu alle zu diesem Teil der Museumssammlungen gehörigen Objekte – Schwerter, Degen, Säbel und Dolche – werden mit männlichen Besitzern und Nutzern verbunden bzw. ihre Position „in Männerhand" wird als Fakt vorausgesetzt. Nur drei Ausnahmen – Blankwaffen, die mit Frauengeschichte verknüpft sind – sind unter den rund 3000 Waffenobjekten der Sammlung bekannt und werden in der Ausstellung präsentiert. In den meisten Untersuchungen zur Waffengeschichte blieb bislang die Frage nach einem Eingreifen der Frauen mit der Waffe, ihrer handelnden Beteiligung ausgeklammert. Das Deutsche Klingenmuseum und die Gleichstellungsstelle Solingen griffen gemeinsam dieses interessante Thema auf.

Eines der Ziele der Ausstellung ist es, den Aspekt der weiblichen Teilnahme an aggressiven Taten vor dem Fond der Museumssammlungen durch jeweils zeitgenössische Darstellungen in der Graphik, der Malerei und der Skulptur zu beleuchten.

Ein solcher Versuch bleibt notwendigerweise fragmentarisch, denn das ganze Feld der vorhandenen bildlichen Zeugnisse ist nicht zu überschauen und die idealiter erwünschten Leihgaben waren nicht in allen Fällen verfügbar. Dennoch eröffnet die Ausstellung ein Panorama der bewaffneten Frau als mythologische, allegorische, historische und Alltagsgestalt.

Unterstützt und ergänzt wird das Ausstellungsprojekt durch die vorliegende Aufsatzsammlung und durch ein wissenschaftliches Symposium zum Thema „Entdecken die Wissenschaften die kämpfenden Frauen?", das am 4. Dezember 1998 unter Beteiligung namhafter Wissenschaftler und Wissenschaftlerinnen durchgeführt wurde. Hierzu erscheint eine gesonderte Dokumentation.

2. „Liebesdolch" mit der Inschrift „Allein mein oder las gar sein", um 1530 Solingen, Deutsches Klingenmuseum (Kat.Nr. 29)

Die Ausstellung, die hier vorliegenden Aufsätze und das Symposium wollen – mit einem interdisziplinären Ansatz – die Widersprüchlichkeiten des Themas und seiner sozial- und kunsthistorischen Phänomene aufzeigen, ihnen Raum geben, sie aber nicht auflösen. Sie wollen auffordern, die dunklen Flecken aufzuhellen und die Existenz der kämpfenden Frau wahrzunehmen. Welche Auswirkungen wird dies auf das Geschlechterverhältnis und die Bildung gesellschaftlicher Zusammenhänge in der Zukunft haben? Wir laden ein, den Faden aufzugreifen und weiterzuspinnen...

2 A.a.O., S. 88.

Dank

Neuland zu betreten und zu erforschen ist aufwendig an Arbeit und Geld. Zahlreiche Menschen und Institutionen haben uns bei der Durchführung des Projektes geholfen, wofür wir einen großen Dank sagen.

Allen voran sei den Leihgebern gedankt, die uns wichtige und wertvolle Werke anvertraut haben.

Die das Projekt begleitende Arbeitsgruppe – Marianne Göllner, Marie Henrich, Ulrike Karstedt, Ursula Peters-Horlitz, Martina Seifert, Ulla Stolpmann, Vera Thiel, Hannelotte Wietscher, Martina Zsack-Möllmann – hat die Arbeit über Monate mit vorangetrieben, motivierte, korrigierte und organisierte. Claudia Schnitzer, Kupferstichkabinett Dresden, und Jutta Bäumel, Rüstkammer Dresden, gilt ein besonderer Dank für ihre sehr kollegiale Unterstützung des Projektes. Eine große Hilfe bei Detailfragen waren Jan Piet Puype, Leger-Museum in Delft, und Hartmut Writh in Aichtal-Grötzingen. Für hilfreiche Gespräche danken wir Elke Forbeck, Universität Bochum; Michael Gordon, München; Henning Ritter, Solingen; der Galerie Ritthaler, München; Gisela Völger, Rautenstrauch-Joest-Museum, Köln; Bernhard von Waldkirch, Kunsthaus Zürich, und den Mitarbeitern des Deutschen Historischen Museums in Berlin. Karoline Kraut hat wichtige Hilfe bei der Schaffung eines öffentlichen Netzwerkes geleistet, ohne das eine Ausstellung nicht wahrgenommen wird. Die Solinger Spedition Hans Rudzio & Sohn übernahm dankenswerterweise einen Teil der Kunsttransporte. Der Soroptimist Club Solingen schenkte dem Klingenmuseum einen Damendolch (vgl. Abb.2); unser besonderer Dank gilt hier Marita Kirschbaum. Frau Winter, Polizeipräsidium Wuppertal, gab uns hilfreiche Informationen.

Wesentliche finanzielle Förderung erhielten wir durch das Ministerium für Stadtentwicklung, Kultur und Sport des Landes Nordrhein-Westfalen, durch die Freunde des Deutschen Klingenmuseums, die Stadt-Sparkasse Solingen und das Arbeitsamt Solingen.

Darüber hinaus konnten wir eine Reihe von Privatpersonen und Firmen in Solingen gewinnen, die als „Patinnen“ und „Paten“ den Transport einzelner Kunstwerke finanzierten oder durch Spenden die Finanzierung erleichterten.

Das MitarbeiterInnenteam des Deutschen Klingenmuseums hat über einen langen Zeitraum die Vorbereitung und Durchführung der Ausstellung engagiert mitgetragen.

Nur mit dieser vielfältigen und erfreulich weite Kreise ziehenden Unterstützung konnte das Projekt „Schwert in Frauenhand” realisiert werden. Wir danken herzlich!

3. Ulrike Beckmann,
Die scheinbare Leichtigkeit, 1997
Solingen, Besitz der Künstlerin
(Kat.Nr. 174)

4. Giacinto Gimignani, Semiramis, 1647
Düsseldorf, Graphische Sammlung
Kunstmuseum Düsseldorf (Kat.Nr. 15)

Gabriele Frohnhaus

Schwert in Frauenhand: Emanzipationsmodell oder Schreckensvision?

„Männliche Historiker ... finden, daß sie ihre Speere, Pfeile, Katapulte, Lanzen, Schwerter, Gewehre, Flugzeuge und Bomben in Ruhe lassen sollte. ... Weibliche Historiker, von denen es nicht viele gibt, meinen das auch, bloß aus anderen Gründen. Sie finden, sie sollte sich mit Geburten befassen, nicht mit dem Tod, und schon gar nicht mit Schlachtplänen. Nicht mit Aufständen und Debakeln, nicht mit Blutbädern und Gemetzeln. Sie finden, daß sie die Sache der Frauen verrät....“

Margaret Atwood: Die Räuberbraut

„Frauen greifen nur dann zur Waffe, wenn sie sich oder ihre Kinder verteidigen müssen“, so die Meinung einer engagierten Teilnehmerin bei einer Diskussion im Vorfeld zu unserem Ausstellungsprojekt 'Schwert in Frauenhand'. Sie bekräftigte ihren Glauben an das unverrückbare Gute am weiblichen Geschlecht, indem sie voller Überzeugung hinzufügte: „Und wenn dann jemand getötet wird, dann hat er es auch verdient!“ Eine andere Frau meinte dagegen nachdenklich, „daß das Wissen um die Existenz kämpfender Frauen irgendwie gut tut.“ Empört äußerte sich schließlich eine dritte Diskussionsteilnehmerin zu unserer Absicht, im kulturhistorischen Bereich und in unterschiedlichen wissenschaftlichen Disziplinen nach realen, mystischen oder allegorischen Frauengestalten zu suchen, die bewaffnet kämpften und töteten. Indem solche Frauen durch eine Ausstellung besondere Beachtung erfahren, würde Gewalt verherrlicht und Frauen dazu aufgefordert, sich zu radikalisieren, so begründete sie ihren Unmut.

5. Pieter Schenk, Semiramis, 1701/1725? Berlin, Deutsches Historisches Museum (Kat.Nr. 16)

Drei spontane Äußerungen zu einem Thema, das voller Spannungen, Emotionalität und Widersprüchlichkeiten steckt und von dem fast so etwas wie der Reiz des Verbotenen ausgeht. Der Umgang mit diesem Tabu – nämlich dem der kämpfenden Frau – sollte dabei keinesfalls verwechselt werden mit einem Plädoyer für Gewalt. Es geht in den nachfolgenden Überlegungen auch nicht um den moralischen Diskurs der Legitimierung von Gewalt. Und es geht schließlich erst recht nicht darum, das Potential männlicher Gewaltbereitschaft und -ausübung zu verharmlosen, indem auf die weibliche Aggressionsfähigkeit verwiesen wird. Ich möchte vielmehr in dem vorliegenden Aufsatz auf den engen Zusammenhang zwischen einer geschlechtsspezifischen Arbeitsteilung und der Zuordnung von gewalttätig-aktivem (männlichen) und friedlich-passivem (weiblichen) Geschlecht eingehen. Diese weitgehend akzeptierte Ordnung der Geschlechter, die Frauen zu Opfern und Männer zu Tätern macht, verhindert meiner Meinung nach einen wirkungsvollen Umgang mit der menschlichen Gewalt- und Aggressionsbereitschaft und manifestiert nachhaltig männliche Projektionen zum weiblichen Sozialcharakter.

Die Waffen der Frauen: Mütterlichkeit und Friedfertigkeit

Der Mythos von der friedfertigen Frau beherrschte schon um die Jahrhundertwende den bürgerlichen Teil der Frauenbewegung, der durch das Prinzip der organisierten Mütterlichkeit die Gesellschaft erneuern und verbessern wollte. Doch bereits damals spaltete sich die Frauenbewegung an dieser Definition von Weiblichkeit, und der Streit um die ureigene Wesenhaftigkeit der Frau setzt sich in der neuen Frauenbewegung fort. Dabei müssen sich Frauen mit dem Vorwurf der „Nestbeschmutzung“[1] auseinandersetzen, die die Universalität der positiven weiblichen Kraftquellen als naturhafte Differenz zum Mann infrage stellen und stattdessen die weibliche Verantwortung für den Zustand unseres Planeten und die sich herausgebildeten gesellschaftlichen Unrechtsgefüge als „Mittäterschaft“[2] entlarven.

Es ist an der Zeit, die Friedfertigkeit der Frau weitgehend als gesellschaftliche Zuordnung zum weiblichen Geschlecht zu begreifen, eine Zuordnung, die wir nicht als moralische Größe uminterpretieren dürfen. Sicherlich, Frauen waren und sind in weitaus geringerem Maße als Männer am bewaffneten Kampf, am aktiven Widerstand und bei Terroraktionen beteiligt, aber dies sicherlich auch deshalb, weil ihnen von vornherein der Zugang zum sportlichen Wettkampf, zu Waffen und zum Militär verwehrt wurde. Die jeweilig geltenden Kleider- und Sittenregeln taten

1 Martha Mamozai: Komplizinnen. Reinbek 1990, S. 22.
2 Vgl. Christina Thürmer-Rohr: Vagabundinnen. Berlin 1987; Studienschwerpunkt Frauenforschung am Institut für Sozialpädagogik der TU Berlin (Hg.): Mittäterschaft und Entdeckungslust. Berlin 1989.

ein Übriges, um junge Mädchen und Frauen rigide zu beschränken und um sie auf ihre künftige eingeengte Rolle als Hausfrau und Mutter vorzubereiten. Der 'Kampf um die Hose' war daher weitaus mehr als eine modische Frage oder eine Geschlechterposse, sondern der Versuch von Frauen, größere Bewegungsfreiheit zu erringen und männliche Räume zu erobern. Ein gefährlicher Kampf mit einem hohen Risiko, „da Staat und Kirche das Tragen von Männersachen oft sogar mit dem Tode bestraften".[3]

Die Nachrangigkeit der Frau in der Geschlechterordnung

Frauen, die Gewalt erdulden, die sich für andere aufopfern und damit Gewalt gegen sich selbst akzeptieren, gelten als 'normal'. „Verbrecherinnen (dagegen) kommen eher Männern gleich ... als normalen Frauen".[4] Somit verkörpert die Frau als Heldin einmal mehr die ihr zugewiesene Rolle des weiblichen Opfers. Indem wir diesen Heldinnenmythos akzeptieren, übernehmen wir jedoch unweigerlich den einschränkenden männlich-patriarchalen Entwurf von Weiblichkeit. Dabei sollten wir uns fragen, was die postulierte Friedfertigkeit als hommage an unser Geschlecht nutzt, wenn damit eine untergeordnete gesellschaftliche Stellung und der Ausschluß von gesellschaftlichen Machtmitteln wie Titel, Stellung und eben auch der Zugang zu Waffen gekoppelt ist. Werden wir hiermit nicht auf sanfte Art entmündigt und 'entwaffnet' und idealisieren zudem unsere Unterdrückung, ohne sie zu bemerken? Warum stellt Friedfertigkeit – und die damit oftmals verbundene Sittsamkeit – nur in Verbindung mit dem weiblichen Geschlecht einen Wert dar? Männer trachten in der Regel nach anderen Werten, sie treffen Entscheidungen und schaffen Sachverhalte, auch durch die Anwendung von Gewalt. Sachverhalte, die in ihrer Legitimität in der Regel von beiden Geschlechtern anerkannt werden. Männer, die Todesmaschinerien befehligen und zum Einsatz bringen, sind in der Regel große Staatsmänner und genießen hohes Ansehen, sie werden auch von Frauen bewundert und gewählt. Handeln – auch in aggressiver und gewalttätiger Ausprägung – wird im gesellschaftlichen Gefüge mehr belohnt als das Erdulden, Ertragen und die Friedfertigkeit. So wertet die Zuordnung friedfertigen Verhaltens ausschließlich an das weibliche Geschlecht eine positive menschliche Eigenschaft ab, weil sie an das weibliche Geschlecht gebunden bleibt.

6. Eine reitende Frau greift einen Ritter an, um 1481
Wolfenbüttel, Herzog August Bibliothek
(Kat.Nr. 100)

Die Symbolik des Schwertes

Unser Interesse am Thema 'Schwert in Frauenhand' stellt jedoch nicht nur im Hinblick auf die Auseinandersetzung des Umgangs von Frauen mit Gewalt eine Herausforderung dar, sondern gewinnt eine zusätzliche Schärfe durch die Benennung der Waffe, die auch in der Ausstellung im Vordergrund steht: das Schwert, das sich als „das Symbol der Männlichkeit

3 Helga Helsper: Abenteuer auf See: Über Piratinnen und andere Seefrauen. Dortmund 1991, S. 11.
4 Ann Jones: Frauen, die töten. Frankfurt am Main 1985, S. 22.

7. Christine de Pizan und Minerva,
15. Jh., Buchmalerei
Aus: Marina Warner: Monuments & Maidens. The Allegory of the Female Form. London 1985, Abb. 33

schlechthin“[5] in der Hand der Frau und somit in der Zugehörigkeit zum falschen Geschlecht befindet! So begeht die Kriegerin mit der todbringenden Waffe des Schwertes einen ungeheuren Tabubruch, indem sie sich dieses bedeutende Symbol der Männlichkeit und der Macht aneignet und es entehrt, indem sie es ‘verweiblicht’. Diese Anmaßung des Weiblichen hat eine gefährliche Auswirkung auf ein soziales System, „welches auch die Macht des Schwertes zum Ideal erhebt – ein System, in dem sowohl Männern wie auch Frauen beigebracht wird, echte Männlichkeit mit Gewalt und Herrschaft gleichzusetzen und Männer, die diesem Ideal nicht entsprechen als ‘zu weich’ oder ‘weibisch’ anzusehen“.[6]

Wie verwirrend und gefährlich die Aneignung des Schwertes durch Frauen empfunden wurde, läßt sich nachweisen in Illustrationen und Texten zur Französischen Revolution, die durch den Brotmarsch der Pariserinnen und den anschließenden Sturm auf die Bastille ausgelöst wurde, bei der zunächst viele Frauen am bewaffneten Kampf beteiligt waren. So wurden die kämpfenden Sansculotten, die zu Beginn der französischen Revolution durchaus als Symbol der Volkssouveränität galten, zunehmend durch gezielt verbreiteten Spott und Hohn in ihrer Bedeutung demontiert, um das angeschlagene männliche Ego wieder aufzurichten, denn „ungeachtet der gemeinsamen politischen Ziele empfanden viele Männer die Säbel in den Händen der Frauen als bedrohlich für ihre Männlichkeit“.[7] Zudem wurde die Mitwirkung von Frauen an der Revolution als gesellschaftliche „Verwilderung und Barbarisierung“[8] empfunden, indem Frauen den ihnen zugewiesenen begrenzten Raum der Familie verließen und nach Ansicht eines Zeitgenossen „in einen Rausch von ‘Leidenschaftlichkeit’, ‘Hitze’ und ‘Ausschweifung’“[9] versanken. Was als Barbarei und Tabubruch empfunden wurde, ist nicht die Unmenschlichkeit des Krieges, sondern die Veränderungen der Frauen, die nicht länger die Rolle der Erduldenden, der Opfer oder der sich aufopfernden Heldin verkörperten, sondern gesellschaftliche Zwänge aufbrachen, indem sie aktiv die Revolution mitgestalteten, auch durch das Vernichten des Gegners. So wird das Verhalten der Frau letztendlich als das begriffen, was es auch ist: zerstörerisch, grausam und todbringend. Jedoch nicht das Verhalten an sich wird angeprangert, denn dann müßten die Berichterstattenden sich in gleicher Form über die Männer der Revolution äußern, sondern allein die Verletzung des Weiblichkeitsbildes durch die Frau steht im Mittelpunkt von Kritik und Häme.

Der Krieg hat ein weibliches Gesicht

Aggressionen, Kampf, Waffen, Militarismus und Krieg werden in erster Linie dem Mann zugeordnet. Er ist maßgeblicher Verursacher und Gestalter in der Inszenierung von Eroberung, Unterwerfung und massenhaftem Tod. Frauen hingegen sind in den hinteren Reihen die Betroffenen, sie bekommen die Auswirkungen männli-

5 Riane Eisler: Kelch und Schwert. München 1982, S. 21 f.
6 Ebda., S. 22.
7 AK Sklavin oder Bürgerin?: Französische Revolution und Neue Weiblichkeit 1760-1830. Hrsg. von Victoria Schmidt-Linsenhoff. Frankfurt am Main 1989, S. 435.
8 Jörn Garber: Hyänen oder Heldinnen. In: Prisma, Unizeitung der GH Kassel, 43/ 89, S. 55.
9 Ebda.

cher Zerstörungspotentiale als Witwen, Vergewaltigte, Verschleppte, Kriegsgefangene, Zwangsarbeiterinnen, Zwangsprostituierte und Trümmerfrauen zu spüren. Ihre Rolle in kriegerischen Konflikten ist vielfältig und wird im Rückblick leichtfertig auf die der Trümmerfrau reduziert, denn alle anderen Funktionen verweisen auf die Unterlegenheit der jeweiligen männlichen Kriegerschaft. Aber nicht alle Frauen haben sich mit der 'Hausfrauenrolle im Krieg' identifiziert, indem sie für alle anderen den Dreck wegräumten und ihre Familien mit Nahrung und anderen Bedürfnissen des täglichen Lebens versorgten.

Bei genauerem Hinsehen fällt auf, daß es in jedem Krieg, vor allem aber in Revolutionen, in Widerstandsbewegungen und in Bürgerkriegen auch Frauen als aktive Kämpferinnen gab, ein Phänomen, das in den gängigen Geschichtsbüchern kein Interesse findet. Dabei haben zum Beispiel alleine im Zweiten Weltkrieg weit über 800 000 Frauen in verschiedenen Waffengattungen auf der russischen Seite gegen den Faschismus gekämpft.[10] Forscherinnen wie Ingrid Strobl, die sich mit der Rolle von Frauen im Widerstand gegen den Nationalsozialismus beschäftigen, sprechen von einem „Mythos", der die Beteiligung von Frauen zwar nicht leugnet, aber sie darauf beschränkt, „diverse Hilfsdienste im Widerstand geleistet, aber nicht selbst bewaffnet gekämpft" zu haben.[11] Am Golfkrieg waren 1991 gegen den Irak über 30 000 amerikanische Soldatinnen beteiligt.[12] Doch der Einsatz von kämpfenden Frauen fällt in den darauffolgenden Friedenszeiten unter ein gesellschaftliches Tabu: von ihnen wird erwartet, den Mund zu halten über das, was sie getan haben, und wieder in ihre vorgesehenen Weiblichkeitsrollen zurückzukehren.

In diesem Sinne werden kämpfende und tötende Frauen immer wieder als 'Einzelphänomene' charakterisiert und ihre Schicksale vielfach in den Bereich des Abstrusen verbannt. Und so gedenken wir lieber der Trümmerfrauen des letzten Krieges, die in aufopferungsvoller Sorge ihre Familien – oder was davon übrig blieb – am Leben erhielten. Die Erinnerung an die Frauen, die aktiv am Krieg, an der Massenvernichtung der jüdischen Bevölkerung oder im Widerstand Gewalt und Tod mitzuverantworten hatten, bleibt weitgehend ausgeblendet. Zu stark ist die Vorstellung von der weiblichen Distanz oder Unfähigkeit zur Gewalt in unserem Bewußtsein verankert. Und sowohl in der feministischen Forschung wie auch in der von Frauen dominierten Friedensbewegung ruft die Existenz dieser Frauen und ihrer Schicksale kein großes Interesse hervor. Das führt dazu, „daß wir uns immer noch selbst die Frage verbieten, die doch auf der Hand liegt: welches Verhältnis haben wir zur Gewalt, was steckt dahinter, wenn wir immer ganz schnell sagen, daß wir sie 'natürlich' ablehnen?"[13]

Es paßt eben auch nicht zu einer Großmutter, wenn sie ihrer Enkeltochter vom Töten erzählt: So berichtet eine ehemalige Scharfschützin im Rang eines Sergeanten in der russischen Armee: „Die Männer konnten das alles durchstehen. Mann ist Mann. Aber wie wir Frauen das schaffen, das weiß ich selber nicht. Wenn ich jetzt bloß daran denke, dann packt mich das Grauen, aber damals konnte ich alles: neben Toten schlafen, schießen; Blut hab' ich gesehen, und ich weiß noch sehr gut, auf dem Schnee riecht Blut besonders stark. ... Wie ich der Enkelin davon erzählen wollte, hat die Schwiegertochter geschimpft: Wozu soll das Mädchen sowas erfahren, da wächst doch eine Frau heran, eine Mutter... Und keinem kann ich's erzählen. ... So schonen wir sie und dann wundern wir uns, daß unsere Kinder so wenig von uns wissen."[14]

10 Vgl. hierzu: Swetlana Alexijewitsch: Der Krieg hat kein weibliches Gesicht. Hamburg 1989, S. 8.

11 Ingrid Strobl: Sag nie, du gehst den letzen Weg. Frankfurt am Main 1989, S. 22.

12 Eileen Mac Donald: Erschießt zuerst die Frauen. Stuttgart 1992, S. 16.

13 Anna Dorothea Brockmann: Frauen gegen den Krieg, Frauen für den Frieden – gegen welchen Krieg und für welchen Frieden eigentlich? In: Ruth-Esther Geiger, Anne Johannesson (Hrsg.): Nicht friedlich und nicht still, München 1989, S. 108.

14 Swetlana Alexijewitsch, a.a.O., S. 9.

8. Ulla Schenkel,
Würde ich ein Schwert ergreifen? 1998
Wuppertal, Besitz der Künstlerin
(Kat.Nr. 180)

Kämpfende Frauen als Monster?

Ein beängstigender Gedanke, daß Frauen als potentielle oder gar reale Mütter, die Leben geben und es bewahren, gleichzeitig als Scharfschützinnen kaltblütig töten. Noch schlimmer erscheint es uns, wenn Frauen für das Leben ihrer Kinder keine entsprechend an die weibliche Rolle gebundene Verantwortung übernehmen, indem sie ihre Kinder für andere Ziele aufgeben und sich für den Widerstandskampf oder den Terrorismus entscheiden, wie es zum Beispiel Ulrike Meinhof getan hat.

Wirkt die Frau als Kämpfende deshalb so monströs, weil sie Leben durch ihre Gebärfähigkeit hervorbringt, es aber gleichzeitig mit Waffengewalt wieder nehmen kann? Zerstört diese 'Allmacht' und nicht allein die Tat ihre Weiblichkeit, weil sich hier ein Widerspruch manifestiert zu der gesetzten nachgeordneten weiblichen Rolle hinter dem Mann, der jedoch das Leben 'nur' zerstören, aber nicht hervorbringen kann? Paßt von daher die Rolle des Tötenden mehr zum männlichen Geschlechtscharakter, so wie es Stephen King in seinem Roman „The green mile" ausdrückt, als er das ausschließlich von Männern durchgeführte Tötungsritual beschreibt: „Es war vorüber. Wir hatten wieder einmal erfolgreich zerstört, was wir nicht erschaffen können."

Wenn Frauen töten, erwarten wir, daß sie es aus Notwehr heraus tun, oder weil sie die Unversehrtheit und das Leben ihrer Kinder schützen wollten. Auch manche 'Verbrechen aus Leidenschaft' erwecken für die Täterinnen eher Mitleid als Verurteilung. „Solange die Motive der Frau mit den traditionellen Ansichten übereinstimmen und auf irgendeine Weise als 'leidenschaftlich' bezeichnet werden können, ist alles in Ordnung."[15] Töten Frauen jedoch aus abstrakten und unpersönlichen Motiven heraus, gilt ihr Handeln als abnorm, weil es Kälte, Berechnung und Machtstreben ausdrückt. Sie verlassen damit den ihnen zugewiesenen Status als 'Geschlechtswesen' , das durch seine Naturhaftigkeit in der Immanenz der Alltäglichkeit begrenzt wird, und eignen sich als 'Menschwesen' (Hohm) die Vielfältigkeit menschlichen Handelns an. Mit anderen Worten: sie benehmen sich 'männlich'.

Damit verstoßen sie gegen ein patriarchales Gefüge, in dem der Mann die Norm verkörpert und die Frau als 'die andere' (Simone de Beauvoir) existiert und ihre Andersartigkeit per definitionem von Zweitrangigkeit geprägt ist. Kämpfende Frauen verletzen somit die Ordnung der Geschlechter auf eine zutiefst aggressive Art und Weise, die in beiden Geschlechtern Abwehr und Ängste hervorruft. Und das nicht, weil durch das Töten Moral oder Ethik verletzt werden, sondern weil sich Frauen männliche Räume und männ-

15 Eileen Mac Donald, a.a.O., S. 15.

liche Omnipotenzen anmaßen. Ihr Verhalten wird dabei nicht dem Männlichen gleichgesetzt, sondern es wird als 'abnorm' und auf jeden Fall als nicht angemessen, als übertrieben interpretiert – vielleicht um doch wieder das weibliche Moment der Leidenschaft ins Spiel zu bringen?

„Erschießt zuerst die Frauen", so lautet der Titel eines Buches über Terroristinnen, die durch kompromißlose Kampfbereitschaft als besonders gefährlich gelten: „Für jeden, dem sein Leben lieb ist, ist es eine ausgesprochen gute Idee, sich die Frauen zuerst vorzunehmen. Meiner Erfahrung nach haben Frauen einen stärkeren Charakter, mehr Durchsetzungskraft, mehr Energie. Es gibt Beispiele dafür, daß Männer einen Moment zögerten, ehe sie schossen, während Frauen sofort abdrückten. Das ist ein allgemeines Phänomen bei Terroristen."[16] Sicherlich ist das Argument erst einmal eingängig, daß Frauen nichts zu verlieren haben, weil sie sich mit der Waffe in der Hand sowieso schon außerhalb der gesellschaftlichen Normen befinden. Und doch denke ich, daß dieser Bescheinigung größerer Skrupellosigkeit wiederum der irritierte und verunsicherte männliche Blick zugrunde liegt, der das Handeln der Kämpferin als Verstoß gegen die Weiblichkeit wertet.

Männlich-patriarchale Phantasmen

Die Annäherung an die Existenz der gewalttätigen und kämpfenden Frau gelingt nur dann, wenn wir uns immer wieder des starken Einflusses männlicher Phantasmen bewußt werden und sie durch unseren ergänzenden weiblichen Blick neutralisieren können. Wenn Frauen immer noch eine geringere moralische Größe in Verbindung mit größerer Nähe zur Natur und damit zu Trieben und Instinkten bescheinigt wird, die sie nur dadurch kompensieren können, indem sie sich strikt in den ihnen zugewiesenen gesellschaftlichen Räumen von Privatheit, Familie und Fürsorge bewegen und damit zu 'guten Frauen' stilisiert werden, müssen wir uns mit männlichen Phantasien und Definitionen auseinandersetzen, die weibliches Verhalten in Situationen beschreiben, die dem gängigen Frauenbild nicht entsprechen.

Ein wesentlicher Faktor in diesem Gespinst aus Phantasien über Weiblichkeit ist die immer wieder aufflackernde Sexualisierung des Weiblichen durch das Männliche. Die Projektion sexueller männlicher Phantasien auf die Frau ist ein klassisches Thema in der Kunst, wobei sich die Darstellung von Frauen hauptsächlich auf den Akt beschränkt. Die Nacktheit der Frau, die vielfach Verletzbarkeit, Unterwerfung, aber auch Verführung signalisiert, ist ebenfalls ein Thema bei der Darstellung kämpfender Frauen. Aber auch aktuelle Billigheftchen mit weiblichen Heldinnen auf der Titelseite zeigen in der Regel leichtbekleidete Frauen, die trotz ihrer Bewaffnung lächerlich wirken, weil die sich dem Betrachter entgegenstreckenden Brüste kampfbereiter erscheinen als die Waffen, die sie tragen.

Die weibliche Sexualität ist immer wieder ein Thema, dem vorwiegend Männer mit Angst und Aggressionen begegnen und das sie auf vielfältige Weise zu verarbeiten suchen. Allein durch ihr Anderssein gilt die Frau als prädestiniert zur Verführerin des Mannes. Oder wirkt ihre Sexualität so stark, daß sie immerzu als Verführung erlebt wird, obwohl doch ihr Handlungskontext ein ganz anderer ist? Daß die nunmehr zweifelsfrei nachgewiesene Existenz von Amazonenkämpferinnen gleichzeitig mit dem Märchen aufräumt, sie hätten sich eine Brust abgeschnitten, um besser mit Pfeil und Bogen umzugehen, verweist einmal mehr auf eine rege männliche Phantasie, die der bedrohlichen Tatsache der weiblicher Amazonenheere durch Verstümmelungstheorien begegnet, einer Phantasie, der sich auch eine männlich geprägte Wissenschaft nicht immer entzieht.

16 Christian Lochte, Leiter einer Verfassungsschutzabteilung zur terroristischen Abwehr in: Eileen Mac Donald, a.a.O., S. 12 f.

9. Meister E.S., Samson und Delila, 15. Jh. Coburg, Kunstsammlungen der Veste Coburg, Coburger Landesstiftung (Kat.Nr. 76)

Militarismus und Weiblichkeit

Als besonders spannend im Zusammenhang unseres Themas stellt sich die Frage nach der Beziehung zwischen Weiblichkeitsentwürfen und dem Militarismus dar. In der vorhandenen breiten feministischen Militarismuskritik wird das Militär als Inbegriff patriarchaler Kultur und Männerdomäne zur Antithese gegenüber der Frauenwelt definiert. Mit einer rigiden Geschlechtsabgrenzung des kriegerischen Männlichen gegenüber dem fürsorglich Hegenden des Weiblichen steht das Militär für die Aufrechterhaltung der Ordnung der Geschlechter, indem die als männlich geltenden Werte und Verhaltensweisen von Männern an andere Männer weitergegeben werden. So versuchen Militärs immer wieder mit einer Vielzahl von zumeist unlogischen Argumenten, Frauen zumindest aus ihren kämpfenden Einheiten herauszuhalten. Gerade diese Keimzellen eines harten und kämpfenden Männerbildes sollen frei von Frauen bleiben, um diese Entwürfe von Männlichkeit nicht zu untergraben. Weibliche Abwesenheit im Militär stellt somit einen bedeutenden Orientierungswert für die männliche Sozialisation dar. Damit ist Weiblichkeit eigentlich gar keine Antithese zum Militär, sondern bildet als Stütze von außen eine zentrale Komponente im Aufbau der militärischen Männerwelt. Mit anderen Worten: „Um das Männlich-Kriegerische zu produzieren, wird das Weiblich-Friedfertige als notwendiges Korrelat benötigt."[17] Der kriegerische Kämpfer benötigt als Pendant die fürsorgliche Frau zur Erfüllung seiner Rolle. Um so härter wird gegen Rollenverstöße vorgegangen, wenn sich nämlich Männer 'unmännlich' und Frauen 'männlich' verhalten.

Militarismus hat in diesem Sinne ebensoviel mit Männlichkeit wie mit Weiblichkeit zu tun, denn er braucht die starke Abgrenzung zur Weiblichkeit, um Männlichkeit in reiner Form zu erzeugen. Eine Ausgrenzung von Weiblichkeit, die stark auf Spaltung beruht: die Verehrung der sittsamen Frau und Mutter und die gleichzeitige Feindlichkeit gegenüber der Frau als sexuellem Wesen mit einer eigenen und damit bedrohlichen Autonomiebestrebung.

Ich möchte abschließend die Vielschichtigkeit des Themas nicht durch eine in die Irre leitende kurze Zusammenfassung auflösen, sondern die eingangs gestellte Frage aufgreifen. Ist das Schwert in Frauenhand eine Schreckensvision, oder verkörpert es ein weibliches Emanzipationsmodell? Meine Intention war es aufzuzeigen, daß uns die Auseinandersetzung mit der Existenz der Kriegerin, Kämpferin, Soldatin, Terroristin, Attentäterin und Mörderin dazu zwingt, den Gewalt-

17 Ruth Seifert: Feministische Theorie und Militärsoziologie. In: Argument, Jg. 33 / 1991, Heft 6, S. 866.

10. Francesco Solimena,
Simson und Dalila, 1689/90
Braunschweig, Herzog Anton Ulrich-Museum
(Kat.Nr. 78)

begriff im Zusammenhang mit der geschlechtlich verankerten Arbeitsteilung wahrzunehmen. Bewaffnung, Gewalt, Militarismus und Krieg sind zu sehr mit dem Geschlechterverhältnis verwoben, um ihr jeweiliges weibliches Gesicht als Opfer, Dulderin, Kollaborateurin, Mittäterin oder Täterin ausblenden zu können. Indem wir diesen Zusammenhang herstellen, erliegen wir weder der Versuchung der Hochstilisierung der bewaffneten Frau als einem weiblichen Emanzipationsmodell, noch lassen wir uns ein auf die Horrorvision von der Abartigkeit der Frau als Kämpferin, die suggeriert, daß der Umgang mit Gewalt erst dann zum Problem wird, wenn Frauen zu Akteurinnen werden. Aber dieser Zusammenhang ermöglicht es, daß wir unvoreingenommener darüber nachdenken könn(t)en, wie wir Frauen unser Verhältnis zu Gewalt und zur Bewaffnung definieren wollen.

Renate Rolle

Skythische 'Amazonen': Kriegerinnen in der archäologischen Realität

Über waffentüchtige kämpfende Frauen wird bei vielen Völkerschaften fast von den ältesten Zeiten an berichtet, sei es in Form von sachlich gehaltenen Schriftquellen oder sei es auch nur als Mythen und Legenden. Konkrete Nachrichten und Augenzeugenberichte über militärisch aktive Frauen finden sich fast weltweit auch bis in allerneueste Zeit.

In manchen Zeitabschnitten verdichten sich die Zeugnisse über Kriegerinnen zu farbenprächtigen Schilderungen, meist allerdings mit tragischem Ausgang. Einer dieser Schwerpunkte liegt im ersten vorchristlichen Jahrtausend im antiken Griechenland, in Kleinasien und dem Nordschwarzmeergebiet. Dabei spiegeln uns die Darstellungen dramatische Kämpfe. Gestalten wie die Amazonenköniginnen Hippolyte mit ihrem berühmten Gürtel oder Penthesileia, die mit einer weiblichen 'Truppe' in Troja einrückte und die selbst den Kampf mit Achilleus nicht scheute, tauchen auf und werden mit eindrucksvollen Hintergrundinformationen ausgestattet. Die griechischen Künstler, die sich Amazonen-Sujets zuwandten, bildeten die kämpfenden Frauen auf kunstvoll bemalten Keramikgefäßen, auf toreutischen Werken oder auch als Plastiken ab, zum Teil in eindrucksvoller Körperlichkeit. Die sichtbar sportlich durchgestählten Gestalten tragen Ausrüstungen mit Angriffs- sowie Schutzwaffen und tummeln sich gewandt zu Pferde (Abb.11). In dieser Zeit, die kaum den Sattel und noch keine Steigbügel kennt, bedeutete dies das Reiten auf blankem Pferderücken oder nur auf einer leichten Satteldecke, häufig einem raffiniert zugeschnittenen und geknoteten Raubkatzenfell. Das ständige Training mit Ausdauerübungen brachte offensichtlich

links:
11. Amazonenstatue, um 400 v.Chr., Bronze Neapel, Museo Archeologico Nazionale

rechts:
12. Amazonendarstellung auf einem rotfigurigen Alabastron, Museum Odessa
Aus: G. Sokolov: Anticnoe Pricernomor'e (Leningrad 1973), S. 26

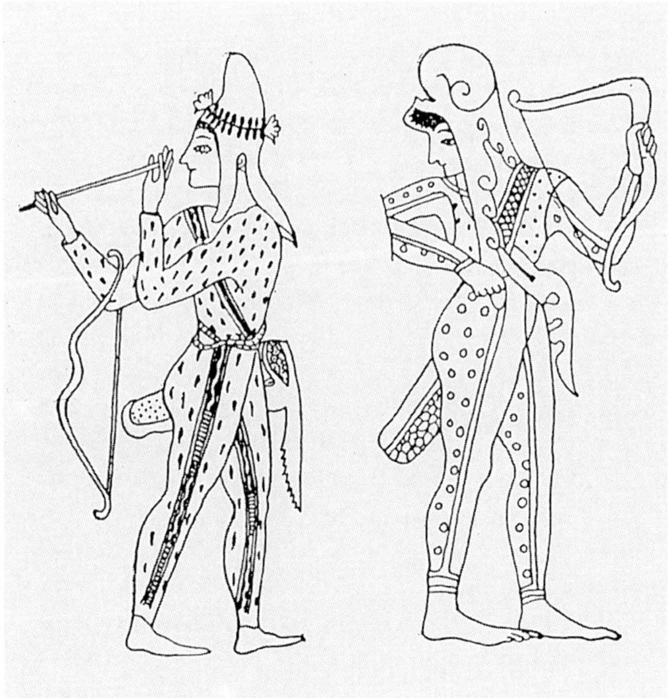

ein so deutlich verändertes Erscheinungsbild mit sich, daß die Unterscheidung zwischen jungen Männern und Frauen erschwert wurde, besonders wenn die letzteren die 'barbarische' Männertracht mit Hosen trugen (Abb.12). Dies regte anscheinend viele der Künstler zu einer eindeutigen namentlichen Kennzeichnung ihrer Gestalten an, was uns heute die Identifizierung erleichtert.

Dem griechischen Verständnis von Frauen waren Amazonen und die ihnen nachgesagte Lebens- und Kampfesweise fremd, dementsprechend tadelnd und ablehnend verhielt man sich, wenn andererseits auch eine starke Faszination deutlich zu spüren ist. Ein Sieg über diese gefährlichen Gegnerinnen war durchaus prestigeträchtig. Bei den abgebildeten Auseinandersetzungen und blutigen Kämpfen mit solchen Frauen ist das Motiv der verwundeten oder sterbenden Amazone besonders beliebt und populär. Im 6./5. vorchristlichen Jahrhundert erreicht der Genauigkeitsgrad in der Wiedergabe solche Form, daß man sich des Eindruckes nicht erwehren kann, die Künstler hätten konkrete 'Modelle' oder doch sehr genaue Beschreibungen von ihnen zur Verfügung gehabt.

Im Gebiet nördlich des Schwarzen Meeres – dem zeitgleichen antiken Skythien –, zu dem die Griechen rege Beziehungen unterhielten und wo sie längs der Küste Pflanzstädte gründeten, aber auch in den östlich und südöstlich daran anschließenden Steppen- und Waldsteppenzonen Eurasiens, hebt sich im archäologischen Fundbestand eine inzwischen beträchtlich große Gruppe von Bestattungen ab, die als materielle Hinterlassenschaften von professionellen Kriegerinnen angesehen werden muß.

Die europiden Skythen, die sprachlich den Alt-Iraniern zugerechnet werden und deren klassische Kultur zwischen dem 7. und 3. Jahrhundert anzusetzen ist, zogen schon relativ früh die Aufmerksamkeit antiker Autoren auf sich. Herodot mit seinem berühmten Buch IV, dem Skythenbuch, und Pseudo-Hippokrates mit seiner „Schrift von der Umwelt" (De aere, aquis, locis), die im Corpus Hippocraticum Aufnahme fand, bilden dabei wesentliche Quellen. Durch sie erhalten wir Kenntnis von einem besonders originellen Sagenstrang. Versprengte Amazonen mit drei führerlos über das Schwarze Meer irrenden Schiffen, deren männliche Besatzungen sie getötet hatten, werden dabei an die skythische Küste getrieben. Um zu überleben, stehlen sich die Gestrandeten Pferde und leben von Plünderung und Raub. Infolgedessen kommt es bald darauf zu einem Kampf mit den Skythen, die dies nicht weiter dulden wollen. Wie üblich bemächtigen sie sich der Gefallenen und erkennen erst dann, mit wem sie es zu tun haben. Durchaus angetan von diesem ungewöhnlichen Frauentyp, wünschen sie sich von ihnen entsprechende Nachkommenschaft. Um dieses Ziel zu erreichen, senden sie listig die jüngsten (und wohl auch ansehnlichsten) ihrer Krieger aus, und diesen gelingt es, die Amazonen zunächst zum Sex und später zu einer dauerhaften Verbindung zu bewegen.

Aus ihnen und ihren Nachkommen, so heißt es bei Herodot, sei der östliche Nachbarstamm der Skythen, die Sauromaten, hervorgegangen, deren Frauen in gleicher Kleidung wie die Männer zur Jagd gingen und in den Kampf zogen. Das Heiraten sei ihnen untersagt, bevor sie nicht einen Feind getötet hätten. Manche würden darüber alt und sterben, ohne sich vermählt zu haben, weil sie diesem Gesetz nicht nachkommen konnten. Pseudo-Hippokrates erhöht das geforderte 'Pensum' gar auf drei Feinde und beschreibt, daß es sich um weibliche Wesen ohne rechte Brust handele, denen die Mütter bereits als kleine Kinder ein glühendes Kupfergerät einsetzen und die Stelle ausbrennen würden, wohl um das Wachsen des beim Bogenschuß hinderlichen Busens unmöglich zu machen. Die Skythen, so

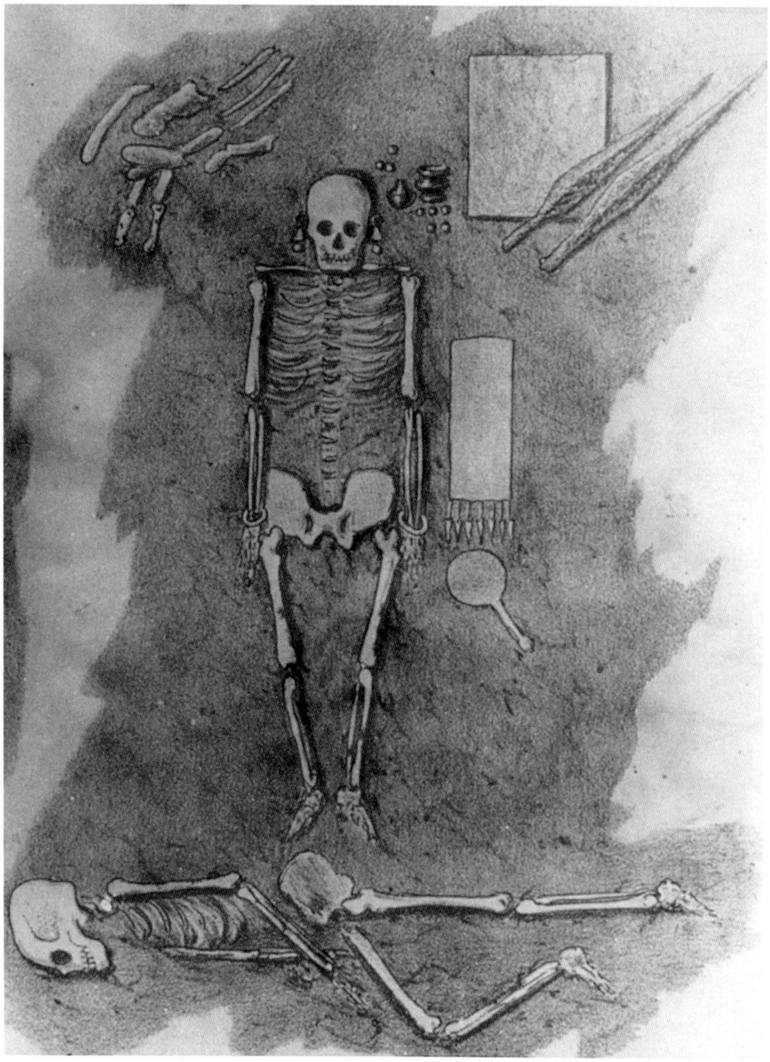

13. Frauengrab mit Waffen
Zentralgrab im Kurgan 20 von Cholodnyi Jar

wiederum Herodot (IV, 110), hätten für die Amazonen einen eigenen Begriff geprägt. In ihrer Sprache hießen sie Oiorpata, Griechisch „Männertöter" (Oior = Mann, pata = töten).

Bereits seit dem letzten Jahrhundert kennt man im nördlichen Schwarzmeergebiet, innerhalb der verschiedenen skythischen Kulturgruppen, Gräber von bewaffneten Frauen. Bei den damals beispielhaften Ausgrabungen des Grafen A. A. Bobrinskoj (1887) in Nähe des Ortes Smela (heutiges Gebiet von Cerkassy) wurden gleich mehrere durch anthropologische Bestimmungen abgesicherte Fälle beobachtet (Abb. 13). Zudem konstatierte der Ausgräber erstmals Beigabeninventare bei den Toten, die einen klaren Mischcharakter zeigten, noch heute ein wichtiges Anzeichen. Trotzdem gerieten diese Befunde zunächst einmal in Vergessenheit.

In moderner Zeit, seit den 60er Jahren, veränderten sich die Forschungsbedingungen im einstigen „Land der Kurgane", wie man das alte Skythien und seine Grabhügellandschaften gern nannte. Tausende von Hügeln konnten archäologisch untersucht und die Skelette der Verstorbenen vielfach anthropologischen Bestimmungen unterzogen werden. Dabei zeigte sich, daß die in Osteuropa – ähnlich wie früher bei uns – zumeist automatisch angenommene Gleichsetzung „Waffengrab gleich Männergrab" falsch ist, genauso wie andererseits die Klischeevorstellung „Grab mit Schmuck gleich Frauengrab".

Das kennzeichnende Vorkommen von 'Mischinventaren', also das Nebeneinander von Waffen und typischen weiblichen Beigaben, wie sie im skythischen Bereich Spindeln, Spinnwirtel, zwei Ohrringe und anderer kleinteiliger Schmuck, Schminke u.a.m. darstellen, hat, neben der anthropologischen Bestimmung, bis heute seine wichtige Aussagekraft behalten, wobei inzwischen auch statistisch abgesicherte Analysen der geschlechtsspezifischen Beigaben vorliegen.

Einzelheiten, wie die Ausstattung mit einer goldbesetzten Prunkhaube bei einer 'Amazone' des 6. vorchristlichen Jahrhunderts, auch die Mitgabe von vermutlich gewaltsam während der Beisetzungsfeierlichkeiten getöteten 'Dienern' und aufgezäumten Reitpferden in mehreren solchen Gräbern wiesen schon frühzeitig darauf hin, daß die Kriegerinnen in einem relativ hohen sozialen Milieu zu suchen sind. Es war also anscheinend keine ausschließliche Notsituation, die sie zum Einsatz der Waffen zwang. Andererseits zeigten Spuren schwerer Verwundungen, die überlebt worden waren oder sogar die Todesursache darstellten, daß die Waffen nicht nur zur Zierde mitgegeben waren bzw. einen symbolischen Bestandteil des Totenrituals bildeten, sondern auch zum Einsatz gekommen waren. Dies jedoch bedingt entsprechende Ausbildung und Training.

Ein Blick in die moderne Grabungspraxis zeigt, daß die Kriegerinnen innerhalb der Friedhöfe keine Sonderstellung einnahmen. Ihre Gräber finden sich vereinzelt bzw. im Familienverband. Bei unseren Ausgrabungen innerhalb der Nekropole am Certomlyk-Kurgan, einem 'Fürstengrab' des ausgehenden 4. vorchristlichen Jahrhunderts (1981-86), fanden sich in 53 Grabhügeln sechsmal Bestattungen bewaffneter Frauen. Von Amazonen'armeen' kann also in Osteuropa nicht die Rede sein.

Ihren Ausrüstungen nach zählten die Kriegerinnen überwiegend zu den Leichtbewaffneten. Im Rahmen der skythischen Panzerreiter, die die schlagkräftige Kerntruppe der Reiternomadenheere bildeten, dürften sie Ausnahmen gebildet haben. Ihre kennzeichnenden Waffen bilden nach Ausweis der archäologischen Quellen Pfeil und Bogen, Wurfspieß und Lanze, Schwert und möglicherweise Wurf- bzw. Schleudersteine. Bisher konnte noch keiner der zahlreichen Streitaxt- und Streithämmerfunde sicher mit einem Frauengrab verbunden werden, allerdings muß dies aufgrund des immer noch begrenzten anthropologischen Forschungsstandes wenig bedeuten. Von den Schutzrüstungstypen mit Lamellen- und Schuppenbesatz wurde aufgrund ihres relativ beträchtlichen Gewichtes zunächst auch angenommen, sie seien für Frauen nicht 'tragbar' gewesen. Heute wissen wir, daß dies falsch ist. Inzwischen sind einige Frauen- und Mädchengräber mit metallverstärkten Schutzwaffen (Panzer, Schild, Kampfgürtel) bekannt, zusätzlich zeigten Experimente, daß Schuppenpanzer, trotz ihres erheblichen Gewichts, über besonders günstige Trageeigenschaften verfügen. Sie dürften zu Fuß wie auch zu Pferd getragen einen entsprechenden Schutz auch für Frauen ermöglicht haben.

Zusammenfassend läßt sich feststellen, daß die Mehrzahl der Kriegerinnen-Bestattungen und die eindeutigsten Befunde bisher aus dem antiken Skythien bekannt geworden sind. Faktisch stammen sie aus allen Phasen der skythischen Kultur, einsetzend mit dem 6. vorchristlichen Jahrhundert (für das 7. Jh. stehen systematische anthropologische Untersuchungen aus) und kommen sowohl im eigentlichen Steppengebiet, dem Bereich der Nomaden- und Königs-Skythen, als auch in der Waldsteppenzone, der Heimat der Ackerbauer-Skythen vor. Aus den östlich daran anschließenden sauromatischen Gebieten sind leicht bewaffnete Frauen aus den Gräbern ebenfalls in erstaunlich hoher Zahl bekannt. Die Bearbeiter führen an, daß von allen untersuchten Gräbern, die überhaupt Waffen enthielten, ca. 20 % auf Frauen entfallen. Allerdings handelt es sich dabei überwiegend nur um Pfeil und Bogen, vielleicht also nur um eine Jagdausrüstung.

Neufunde der 90er Jahre stammen aus dem südlichen Uralgebiet und darüber hinaus aus dem Altai. Dort wurde von der Archäologin N.V. Polos'mak im Friedhof Ak-Alacha I erstmals eine Doppelbestattung freigelegt, bei der die Toten – ein Mann von ca. 45-50 Jahren und eine Frau von etwa 16 Jahren Lebensalter, beide europiden Typs – durch die frostkonservierten Bedingungen in der Grabanlage ungewöhnlich gut erhalten waren, wenn auch nicht als 'Mumien'. Das reichhaltige Inventar weist sie als Angehörige der vornehmen Oberschicht der Pazyryk-Kultur (sog. 'Altai-Skythen') aus. Beide trugen hohe, kostbar verzierte Filzhelme, beide waren, neben kostbarem Schmuck, gleichermaßen mit Waffen und Pferdegeschirr versehen und von insgesamt neun mitgetöteten Pferden begleitet. Erstmals konnten hier Einzelheiten der Tracht bei einer bewaffneten jungen Frau sicher dokumentiert werden, sie trug Männerkleidung und, genau wie ihr Part-

14. Bestattung aus Semoawtschala, Grusinien
a) Rekonstruktion des Ausgräbers,
b) archäologischer Befund
Aus: Nioradze. Das Grab von Semoawtschala.
In: Bulletin du Musée de Géorgie 6.
Tiflis 1931, S.149

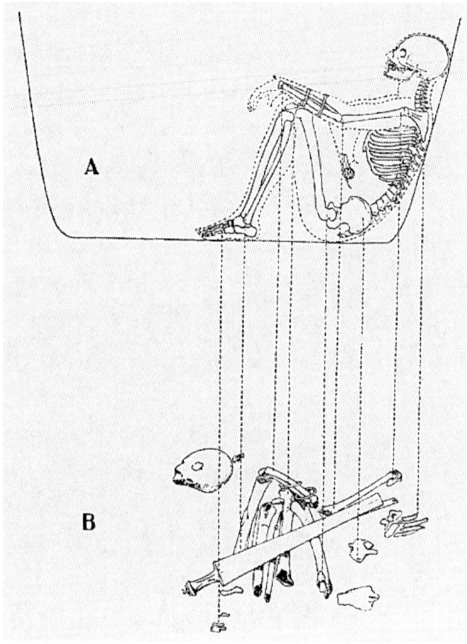

ner, Hosen aus rotfarbenem Stoff und Stiefel.

Für den asiatisch-skythischen Raum der Pazyryk-Kultur ist dies ein singulärer Befund. Im europäisch-skythischen Gebiet sind unter den bisher bekannten Beispielen mehrere soziale Horizonte vertreten, aller Wahrscheinlichkeit nach ebenfalls bis in den Bereich der Oberschicht. Von Kindern über jugendliche bewaffnete Frauen bis hin zu 'Greisinnen' damaliger Zeit reicht das bisher erkennbare Spektrum. Spuren schwerer Verwundungen, die in manchen Fällen nicht überlebt wurden, werfen ein Schlaglicht auf die schwierigen Situationen, denen diese Frauen ausgesetzt waren. Bei genauen paläopathologischen Untersuchungen konnten in Einzelfällen auch starke Verschleißerscheinungen an Knochen bzw. Gelenken nachgewiesen werden. Ein Säuglingsskelett im Arm einer solchen Frau bzw. drei Kinder unterschiedlichen Alters in einem weiteren Grab spiegeln vielleicht eine besonders interessante Facette des Amazonenlebens.

Bestattungssitten gewähren uns durch den Filter des Grabbrauchs Einblicke in die Jenseitsvorstellungen der Bestattenden. Die bewaffneten Frauen wurden auf jeden Fall von den Hinterbliebenen ihrer Umgebung achtungsvoll und gleichberechtigt gegenüber den Männern bestattet, für ihre Grabanlagen wurde mehrfach erheblicher Arbeitsaufwand erbracht. Nach den damaligen Vorstellungen vom Jenseits, das anscheinend dem Diesseits in vielem glich, war das bewaffnete, aber deutlich als Frau gekennzeichnete Auftreten offensichtlich ein wichtiges Moment, ebenso die Verdeutlichung des sozialen Status. In dem bereits 1884 auf dem Cholodnyj Jar am linken Tjasmin-Ufer im Kurgan 20 aufgedeckten Grab wurden am Boden, unter den Resten einer mächtigen Holzkammer, zwei Skelette mit ungestörten Beigaben gefunden (vgl. Abb.13), ein weibliches im Zentrum, in gestreckter Rückenlage, ihm zu Füßen, auf der rechten Seite liegend, ein (wahrscheinlich) männliches von ca. 18 Jahren Lebensalter. Die Beigaben der Frauenbestattung gehören in das Niveau der sozialen Mittelschicht mit Silberohrringen, Perlenschmuck, Bronzearmreif, Spinnwirtel, Spiegel und den üblichen Speisebeigaben. Zwei eiserne Lanzenspitzen und eine große Schleifplatte, die Reste eines farbig bemalten Köchers und 47 Pfeilspitzen sowie zwei eiserne Jagdmesser bildeten die Waffenausrüstung, außerdem fünf sog. Wurfsteine. Beim zweiten Skelett am Fußende waren die Beigaben auf zwei kleine Bronzeglöckchen, zwei Schmuckröhrchen und einen eisernen Armreif beschränkt. Hier wurde die soziale Situation quasi für die Ewigkeit festgelegt.

Im Umgang mit den verschiedenen Waffendisziplinen war für Frauen sicherlich ein entsprechend ausgiebiges Trainingspensum wie auch für die Männer notwendig, wahrscheinlich von Kindesbeinen an. Sicherer Umgang mit der Technik und Aneignung großer Geschicklichkeit beim Einsatz der verschiedenen Waffen waren erforderlich und für die im Vergleich zu den Männern kräftemäßig unterlegenen 'Oiorpata' von ausschlaggebender Bedeutung. Hinzu kam eine voll-

endete Beherrschung des Pferdes. Vom physischen Typ her wird man vermutlich mit sehr muskulösen, wenn auch nicht allzu wuchtigen Typen rechnen müssen, da gerade Ausdauer und Geschicklichkeit durch Masse gestört werden. Sie dürften den heutigen Mehrkämpferinnen und Distanzreiterinnen geähnelt haben und kräftig, flexibel, dabei aber beweglich und schlank gewesen sein. Der Befund einer auch für die damalige Zeit sehr kleinen bewaffneten Frau wurde in Semoawtschala (Grusinien) in endbronzezeitlich/früheisenzeitlichem Zusammenhang beobachtet. Die Tote war allem Anschein nach in sitzender Haltung mit hochgezogenen Knien und gegen die Hinterwand des Grabes gelehnt bestattet worden (Abb.14). Ein Kurzschwert, Reste von einer Lanze und ein Eisenmesser oder -dolch bildeten die Waffenausstattung, wozu auch ein Pferd gehörte. Die Bearbeitung des Skelettes ergab, daß es sich um eine ca. 1,47 m große Frau von etwa 30-40 Jahren Lebensalter gehandelt hatte. (Mit ihrer kleinen Statur liegt sie damit sogar noch 3 Zentimeter unter der Körpergröße von Napoleons Mutter, „Madame mère", die man wegen ihres zierlichen Wuchses und ihren Aktivitäten häufig als das „kleine Weltwunder" bezeichnet hatte). An der linken Schädelseite wies sie Spuren einer schweren Verletzung infolge eines Schlages oder Stiches auf, deren Ränder vor dem Tode begonnen hatten auszuwachsen, ein Indiz

oben:
15. Tätowierte Thrakerinnen, attisch-rotfiguriger Krater, 460/450 v. Chr. München, Staatliche Antikensammlungen und Glyptothek (Kat.Nr. 5)

links oben:
16. Grieche und Amazone, Glockenkrater des Kreusamalers, um 380 v.Chr. Bochum, Ruhr-Universität, Kunstsammlungen (Kat.Nr. 6)

links unten:
17. Amazone, attisch-schwarzfigurige Halsamphora des Malers von Berkeley, um 520-510 v. Chr. Bochum, Ruhr-Universität, Kunstsammlungen (Kat.Nr. 4)

18. Antonio Tempesta, Die Schlacht der Amazonen gegen die Griechen, 1600 Düsseldorf, Graphische Sammlung, Kunstmuseum Düsseldorf (Kat.Nr. 7)

dafür, daß sie die Verwundung noch einige Zeit überlebte.

Die Interpretation dieser Befunde bildet für die Forschung in mancher Hinsicht ein Problem. Hätte man bei Einzelbefunden noch an Einflüsse aus dem östlichen Sauromatien denken können (Fernheiraten u. ähnl.), so zeigt die Konzentration von inzwischen über hundert Befunden gerade in den skythischen Kerngebieten an, daß andere Erklärungsmodelle gesucht werden müssen. Ein Teil der Bearbeiter, besonders auch in früherer Zeit, hat sich dafür ausgesprochen, daß wir Zeugnisse für Gynekokratie als Überreste eines Matriarchats vor uns haben. Bewaffnete Frauen treten aber auch in ganz anderen Perioden auf, wo an derartige Interpretationen nicht zu denken ist. Weitere Ursachen für das Aufkommen von Kriegerinnen wurden in einer Steigerung der militärischen Aktivitäten gesehen, wobei, der Not gehorchend, auch Frauen zu Kriegsdiensten herangezogen werden mußten. Von mancher Seite her wurde vermutet, es habe sich um eine Art von 'Jungmädchensport' vor der Ehe gehandelt oder um eine besondere soziale Gruppe der Gesellschaft. Eine weiterführende Erklärung dürfte auf jeden Fall in den Besonderheiten der Lebensweise und Wirtschaftsform eurasischer Viehzüchternomaden zu finden sein, wo, diktiert von den Erfordernissen des täglichen Lebens und seinen Gefahren, den Frauen ein beträchtliches Arbeitspensum auch zu Schutz und Verteidigung der Herden und der ständige Einsatz zu Pferd abverlangt wurden.

Ob sich daneben durch gemeinsame Ausbildung und stattgefundene 'Initiationsriten' auch ein gewisses Gruppengefühl entwickeln konnte, vielleicht sogar ein besonderer Zusammenhalt in Art von Frauenbünden mit ähnlichen Bräuchen wie sie uns Herodot (IV, 64-70) von den Kriegern beschreibt, ob dies soweit ging, daß es auch zu 'Blutsschwesternschaften' kam, analog den Blutsbrüderschaftszeremonien der Männer, muß dahingestellt bleiben, sollte aber zumindest ins Kalkül gezogen werden.

Literatur:

Renate Rolle: Oiorpata. In: Beiträge zur Archäologie Nordwestdeutschlands und Mitteleuropas. Materialhefte zur Ur- und Frühgeschichte Niedersachsens Heft 16, Hildesheim 1980, S. 275-294.

Renate Rolle: Amazonen in der archäologischen Realität. In: Kleist-Jahrbuch 1986, S. 38-62. (Beide Beiträge mit Vorstellung der russisch-sprachigen Literatur).

E.E. Fialko: Pogrebenie Zenščin s oružiem u skifov (Bestattungen von Frauen mit Waffen bei den Skythen; russ.). In: Kurgany stepnoj Skifii. Kiev 1991, S. 4-18.

N. V. Polos'mak: „Stereguščie zoloto grify" („Goldbewachende Greifen"; russ.). Novosibirsk 1994, S. 16 ff., bes. 27 ff.

19. C.J. und A. Bernhardt, Zoologischer Garten, Amazonen-Corps aus Dahome, 1891
Frankfurt, Historisches Museum Frankfurt am Main (Kat.Nr. 11)

Martina Seifert

Kriegerische Göttinnen in der Antike: Aphrodite mit dem Schwert

Die griechische Mythologie überliefert eine Reihe von kämpferischen Frauengestalten in der Antike. Kriegerische Wesensmerkmale charakterisieren zum Beispiel die Göttinnen Athena und Artemis, zu deren bevorzugten Waffen Speer, Lanze, sowie Pfeil und Bogen gehören. Beide zählen zur Kategorie der 'wehrhaften' Jungfrau, von denen sich eine dritte Figur, die mit dem Schwert bewaffnete Aphrodite, abhebt. Aphrodite gilt als griechische Göttin der weiblichen Schönheit und des Liebeslebens. Sie verkörpert im griechischen Pantheon die Zweideutigkeit der Weiblichkeit, den verführerischen Liebreiz ebenso wie die sexuelle Fähigkeit zur Fortpflanzung. Bildnerische Wiedergaben von Aphrodite mit der Blankwaffe weichen von den üblichen, bekannteren Darstellungskontexten (Göttin der Liebe und Fruchtbarkeit) ab und stehen im Mittelpunkt dieses Beitrages. Die Herkunft des Aphroditekultes, sein Bedeutungswandel in klassischer und hellenistischer Zeit werden vor dem Hintergrund weiblicher Rollenbilder in der genannten Periode untersucht. Aussagen über die Rezeption der bewaffneten Aphrodite bei den Griechen ermöglichen als wichtigste Quellen die Überlieferungen antiker Schriftsteller und die Untersuchung von Darstellungen aus der Bildenden Kunst, so aus der Freiplastik und der Vasenmalerei.[1]

Die Olympischen Götter

Die Schriftsteller Hesiod[2] und Homer[3] geben eine recht genaue Vorstellung vom Wirken der sogenannten Olympischen Götter. Die Runde der Olympier setzt sich zusammen aus dem Göttervater Zeus, seiner Gemahlin Hera sowie den Göttern Poseidon, Demeter, Apollon, Artemis, Athena, Hephaistos, Aphrodite, Ares, Dionysos und Hermes. Zeus, Hera, Poseidon und Demeter sind Geschwister und zugleich Kinder des Titanenpaares Kronos und Rhea. Als Kinder des Zeus, zum Teil außerehelich gezeugt, gelten die auf Delos geborenen Zwillinge Apollon und Artemis, Athena, Ares und Aphrodite. Aus Zorn über die wiederholte Untreue ihres Gatten gebiert Hera ohne Zeus den Schmiedegott Hephaistos. Hermes, der Götterbote, stammt ebenfalls aus einer nicht-ehelichen Verbindung des Zeus.[4]

Die griechischen Götter existierten nicht entfernt von den Menschen in einer abgesonderten Sphäre. Sie waren auf vielerlei Weise mit deren Handeln und Leiden verbunden. Jeder für sich stellte für den Menschen eine Identifikationsfigur mit eigenem Kult dar und verkörperte gesellschaftliche Wertvorstellungen, Tugenden und Laster. Auf bildnerischen Darstellungen sind die Götter mit unverkennbaren Attributen ausgestattet, deren Identifizierung dem modernen Betrachter erklärende Beischriften auf antiken Gefäßen ermöglichen. Als bekanntes Beispiel seien hier die Namensbeischriften auf dem Volutenkrater des Kleitias angeführt.[5]

Die Göttin Aphrodite – Geburtsmythos

In den Kreis der olympischen Götter reiht sich Aphrodite als eine mit sehr unterschiedlichen Konnotationen behaftete Figur ein.[6] Genealogisch sind zwei Geburtsmythen der Aphrodite überliefert.[7] Zu den ältesten Texten, die Aphrodite nennen, gehören Homers Ilias und Odyssee, Hesiods

1 Der vorliegende Beitrag ist die überarbeitete Version meines Vortrages, gehalten am 20.10.1997 im Deutschen Klingenmuseum Solingen.
2 Griechischer Dichter aus Böotien aus der Zeit um 700 v.Chr. Wichtigste Werke sind die „Theogoneia", eine Genealogie der griechischen Götter, und „Werke und Tage", ein Lehrgedicht mit Anweisungen über moralisch richtiges Betragen und Handeln der Menschen. Vgl. Der Kleine Pauly II (1967) 114 ff. s.v. Hesiodos (H. Schwabl).
3 Aus Kleinasien stammender Schriftsteller des 8.Jhs.v.Chr. und Verfasser der „Ilias", der Geschichte des Trojanischen Krieges, sowie der „Odyssee", in der die Irrfahrten des Odysseus geschildert werden. s. A. Lesky: Die Homerforschung in der Gegenwart (1952). – Der Kleine Pauly II (1967) 1201 ff. s.v. Homeros (F. Stoessl).
4 E. Simon: Die Götter der Griechen (1985).
5 Aus Chiusi, Florenz, Museo Archeologico, Inv. 4209. Darstellung eines Götterfrieses im Hauptzug. Vgl. K. Schefold; M. Hirmer: Frühgriechische Sagenbilder (1964) 56 ff. Taf. 46-52.
6 Lexikon Iconographicum Mythologica Classicae (= LIMC) II 1 (1984) 2 ff. s.v. Aphrodite (R. Fleischer). – Der Kleine Pauly I (1964) 425 ff. s.v. Aphrodite (W. Fauth). – W. Burkert, Griechische Religion der archaischen und klassischen Epoche (1977) 238 ff. Außerdem wurde sie verehrt als Beherrscherin der Meere, der Unterwelt und Schirmherrin der Ehe sowie als Hüterin der guten Sitten, vgl. P. Friedrich, The meaning of Aphrodite (1978).
7 E. Simon, Die Geburt der Aphrodite (1959).

Theogonie und die Homerischen Hymnen zu Ehren der Göttin. Bei Homer[8] ist Aphrodite die Tochter des Zeus und der Dione. Er erwähnt nichts von ihrer ungewöhnlichen Geburt. Die Homerischen Epen und der Schriftsteller Hesiod dagegen erzählen von einer anderen Entstehungsgeschichte:[9] Am Anfang der Welt existierte das Chaos; aus diesem heraus entstand die Erde Gaia, die den Himmel Uranos gebar und sich mit ihm vereinigte; Gaia und Uranos zeugten zahlreiche Kinder, als letztes Kronos. Uranos haßte seine Kinder und verbarg sie im Schoße der Gaia. Gaia bat ihren Letztgeborenen, Kronos, der seinen Vater haßte, ihr zu helfen. Kronos entmannte daraufhin Uranos mit der Sichel und warf das Glied ins Meer; aus dem „Schaum" (aphrod) entstand Aphrodite, die von Eros und Himeros zu den Göttern begleitet wurde. Als die neugeborene Aphrodite vom Meer zum Olymp kam, begehrte jeder Gott sie als seine rechtmäßige Gemahlin. In der Frühzeit ist sie mit zwei Göttern, Ares und Hephaistos, verbunden. Sie betrügt letzteren mit Ares. Hephaistos erfährt durch Helios hiervon, fängt das Liebespaar in einem unsichtbaren Netz, ruft die anderen Götter herbei und gibt sie als Bestrafung in ihrer Nacktheit der Lächerlichkeit preis. Die Göttin wurde in der Bildenden Kunst auf Vasen und in der Plastik häufig dargestellt.[10] Zu den berühmtesten Statuen zählen die sog. Knidische Aphrodite des Praxiteles[11] oder die Kauernde Aphrodite des Doidalsas.[12] Die nachantike Kunst rezipiert die Göttin teils als Aphrodite, teils als römische Venus.[13]

Archäologen, Althistoriker und Philologen haben sich im Verlauf der Forschungsgeschichte des letzten Jahrhunderts immer wieder bemüht, den historischen Kern der Überlieferungen zu ergründen. Ansatzpunkte bilden hierbei die in den antiken Texten dargelegten und in der Kunst bildlich umgesetzten unterschiedlichen Wesenheiten der Göttin Aphrodite. Das Augenmerk der Archäologen, hier vorrangig berücksichtigt, liegt besonders auf der Untersuchung der archäologischen Hinterlassenschaften, die mit dem Kult der Göttin in Verbindung gebracht werden können. Im folgenden werden überwiegend die politischen bzw. gesellschaftsrelevanten und kriegerischen Aspekte der griechischen Liebesgöttin Aphrodite vor dem Hintergrund ihrer orientalischen und ägäischen Wurzeln betrachtet. Neben dem Versuch einer religionsgeschichtlichen Einordnung steht die Rezeption dieser 'starken Frauengestalt' zur Zeit der griechischen Klassik und des Hellenismus sowie ihre Einordnung in römischer Periode im Vordergrund.

Die Ursprünge des Aphroditekultes

Religionswissenschaftlich geben die Ursprünge des Aphroditekultes Rätsel auf. Der Grieche Herodot berichtet, der Tempel der Aphrodite Urania in Askalon in Syrien sei „der älteste von allen Tempeln, welche die Göttin hat. Auch der Tempel auf Kypros ist von Askalon aus gegründet worden, wie man auf Kypros selber zugibt, und den Tempel in Kythera haben Phöniker, also Bewohner jenes syrischen Landes errichtet"[14]. Pausanias berichtet, daß das Heiligtum der Aphrodite Urania auf Kythera das älteste und heiligste in Griechenland gewesen sein soll. Er beschreibt das Kultbild als bewaffnet. Waffen trug auch die Aphrodite von Akrokorinth und von Sparta.[15]Die thebanische Aphrodite, die Gemahlin des Ares, deren Feste die Kriegsbeamten ausrichteten, war ebenfalls eine kriegerische Göttin. Auch sie war der Überlieferung zufolge durch Phöniker ins Land gebracht worden.[16]

Aufschluß über die Funktion der bewaffneten Aphrodite und über die Art ihrer Bewaffnung gewinnen wir aus den Schriftquellen nicht. Frühe Kultbilder waren in der Regel sog. Xoana, d.h. Holzstandbilder, die mit den Insignien der je-

8 Ilias 5, 312. 370 f. – Odyssee 8, 334 ff.
9 6. Homerisches Epos. – Hesiod, Theogonia 188-206.
10 LIMC II 1 (1984) 49 f. s.v. Aphrodite (R. Fleischer).
11 Nach Plinius, Naturalis historiae 7, 126; 36, 20 ff. soll diese Figur die erste vollplastische Darstellung der nackten Göttin gewesen sein.
12 LIMC II 1 (1984) 104 f. s.v. Aphrodite (R. Fleischer). – R. Lullies, Die kauernde Aphrodite (1954). In zahlreichen Kopien und Varianten überliefert, so die Statue Rom, Museo Nazionale Inv. 108597 aus Tivoli, Villa Hadriana. s. A. Giuliano (Hrsg.), Museo Nazionale Romano. Le Sculture I 1 (1981) 141 ff. Nr. 100.
13 So eine Darstellung der Venus Victrix, Bronzerelief, um 150 n.Chr., Berlin, Antikenmuseum Inv. 7965. Vgl. A. Furtwängler, Jahrbuch des Deutschen Archäologischen Instituts 2, 1887, 203. - K. Vierneisel (Hrsg.), Römisches im Antikenmuseum (1978) 170 ff. Abb. 216.
14 Herodot, Historien I 105.
15 Pausanias, Reisen in Griechenland III 23, 1; II 5, 1; III 15, 10. Vgl. O. Broneer, Armed Aphrodite on Acrocorinth and the Aphrodite of Capua, University of California, Publications in Classical Archaeology Vol. 1 Nr. 2 (1930) 65 ff.
16 Hesiod, Theogonia 933 ff. Vgl. hierzu K. Tümpel, Ares und Aphrodite (1980). – Ch. Karousos, Jahrbuch des Deutschen Archäologischen Instituts 52, 1937, 166 ff.

20. Aphrodite von Epidauros, um 380 v.Chr.
Athen, Nationalmuseum
Aus: J. Flemberg: Venus Armata. 1991, 47, Abb.1

weiligen Gottheit versehen wurden. Pausanias schreibt über die Aphrodite Urania in Kythera: „Die Göttin selber ist ein Holzbild in Waffen."[17]

Zahlreiche Argumente legen die Vermutung nahe, die Ursprünge des Aphroditekultes im Orient zu lokalisieren. In diesen Kontext verweist die Annahme, daß Aphrodite eine vorgriechische Göttin ist, die enge Beziehungen zur orientalischen Göttin Astarte zeigt und deren Kult von Zypern ausging.[18] In Paphos auf Zypern läßt sich archäologisch ein Aphroditekult ab dem 12.Jh.v.Chr. durch Fundmaterial belegen.[19] Für die Tourismusbranche gilt Zypern heutzutage ohnehin als „Insel der Aphrodite". Die Zyprioten geben mit dem „Petra tou Rhomiou" (Aphrodite-Felsen) bei Paphos den Ort an, wo Aphrodite dem Meer entstiegen sein soll.

Eine Verbindung läßt sich außerdem zwischen Aphrodite, der phönizischen Göttin Astarte und den orientalischen Göttinnen Inanna/Istar herstellen. Astarte ist in Ägypten aus der Zeit Thutmosis IV bis zum Ende des 15.Jh.v.Chr. und in Ugarit aus dem 14.Jh.v.Chr. bekannt. Sie weist sich wie Aphrodite als Gottheit der Liebe, der Fruchtbarkeit, der Gestirne und der Kriege aus.[20] Inanna und Istar sind in Literatur und Bildkunst ebenfalls als kriegerische Göttinnen bezeugt.[21] „Ich bin die kriegerischste der Götter, die die Ortschaften zerschlägt", heißt es in einem akkadischen Hymnus an Istar.[22] Ihre Waffen sind Schwert, Streitäxte, Kolben, Bogen und Speer.

In Griechenland läßt sich der Aphroditekult seit dem 9.-8.Jh.v.Chr. archäologisch nachweisen. Jede Gegend besaß einen oder mehrere Kulte der Göttin,[23] Sie wurde vor allem als Gottheit der Sexualität und der menschlichen Zeugung verehrt. Zeugung ebenso wie Geburt stehen unter ihrem Schutz. In vielen Städten brachten junge Mädchen am Abend vor ihrer Hochzeit der Göttin ein Opfer dar, um ihre erste sexuelle Begegnung günstig ausfallen zu lassen.[24]

Als Göttin der Sexualität und der Schönheit findet Aphrodite ebenfalls bei den Hetären große Verehrung.[25] Eine wichtige Rolle in diesem Zusammenhang spielt der Kult der Aphrodite in Korinth, deren Kultbild, wie oben erwähnt, nach Pausanias ebenfalls bewaffnet gewesen sein soll.[26] In der Forschung wurde verschiedentlich diskutiert, ob es auf Akrokorinth sakrale Prostitution zu Ehren der Göttin gab. Für den Orient ist eine solche durchaus belegt.[27] Die Schriftquellen lassen eine zweifelsfreie Deutung allerdings nicht zu.

Aphrodite mit dem Schwert in Klassik und Hellenismus

In die Gruppe der kulturhistorischen Denkmäler gehören Statuen der mit einem Schwert bewaffneten Aphrodite, als deren früheste die Aphrodite von Epidauros angesprochen wird, deren Bronzeoriginal aus der Zeit um 380 v.Chr. stammt (Abb. 20). Die Statue ist in römischer Zeit kopiert worden und wurde 1885 in einem Saal der römischen Thermen in Epidauros zusammen mit drei anderen Figuren (Asklepios, Hygeia und Athena) gefunden.[28]

17 Pausanias III 23, 1.
18 H. Herter, Die Ursprünge des Aphrodite-Kults in: Elements orientaux dans la religion grecque ancienne (1960) 32 f.
19 F.G. Maier in: F. Maier; V. Karageorghis, Paphos. History and Archaeology (1984) 81 ff.
20 LIMC III, 1 (1987) Addenda 1077 ff.
21 A. Parrot, Syria 18, 1937, 335 ff. Abb. 8-10. – E. Strommenger; M. Hirmer, Fünf Jahrtausende Mesopotamien (1962) Taf. 165.
22 A. Falkenstein; W. von Soden, Sumerische Hymnen und Gebete (1953) 240. 260.
23 Die Zuweisungen beruhen überwiegend auf Funden von Votivgaben. Schriftliche Quellen sind vereinzelt überliefert. So beispielsweise in Kition, Idalion oder Paphos. Vgl. hierzu: C. Beer, Boreas 21, 1992, 73 ff.
24 Pausanias II 32, 7; II 34, 12; III 13, 9.
25 Athenaios, Deipnosophistai 13, 571 c.
26 Vgl. oben Anm. 24.
27 H. Conzelmann, Nachrichten der Akademie der Wissenschaften Göttingen 8, 1967, 247 ff. – W. Fauth, Jahrbuch für Antike und Christentum 31, 1988, 24 ff.
28 Athen, Nationalmuseum Inv. 262. Vgl. B. Stais, Achaeologiki Ephemeridhis 1886, 245. 256 ff. Taf. 13. – J. Flemberg, Venus Armata (1991) 46 f. Abb. 1-4. – LIMC II 1 (1984) 36 s.v. Aphrodite (R. Fleischer). Die Identifizierung als Aphrodite unter Bezug auf Pausanias III 18, 8 ist F. Hausers Verdienst (Römische Mitteilungen 17, 1902, 232 ff.).

 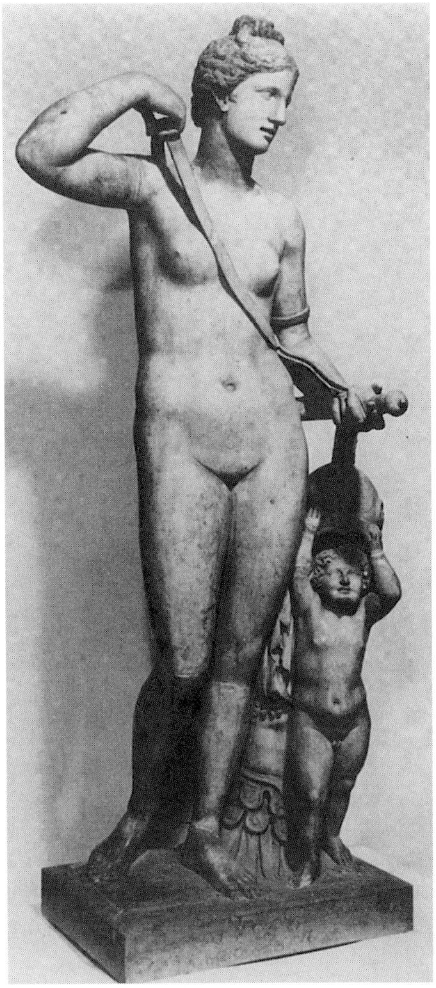

links:
21. Aphrodite mit dem Schwert, 150-200 n.Chr. Florenz, Accademia di Belle Arti
Aus: J. Flemberg: Venus Armata. 1991, 63, Abb.7

rechts:
23. Aphrodite mit dem Schwert, als Stütze Eros und Panzer mit Chlamys und zwei Beinschienen, um 200 n.Chr. Paris, Louvre
Aus: J. Flemberg: Venus Armata. 1991, 90, Abb.40

Die hier gezeigte Statue, erhaltene Höhe 1,50 m, ist mit Chiton (Untergewand) und über die Schulter geworfenem Himation (Mantel) bekleidet. Klar erkennbar ist das Gurtband des Schwertes, das über die rechte Schulter geführt ist. Das Schwert selber ist nicht erhalten.

Einen anderen Typus repräsentiert die unbekleidete Aphrodite mit dem Schwert, die in 16 Statuen verschiedener Größe überliefert ist.[29] Von diesen wird im folgenden eine Auswahl vorgestellt.

Die Florentiner Statue, H. 1,23 m, gibt Aphrodite wieder, wie sie mit ihrer Rechten über der Schulter ins Schwertband greift, die Linke hält den Griff des Schwertes in der Scheide umfaßt (Abb. 21).[30] Der Griff des Schwertes und die linke Hand der Figur sind modern ergänzt.

Ein vergleichbares Bewegungsmotiv weist der Torso aus Nea Paphos, H. 0,91m, heute Paphos Museum, auf.[31] Von den übrigen Repliken unterscheidet er sich durch den Reif am linken Arm, das unter der rechten Achselhöhle befindliche freie Gehänge und die erhaltene rechte Hand mit dem Schwertgriff.

In großen Teilen restauriert, insbesondere am Hals, der rechten Hand, der linken Hand bis zum Unterarm sowie am linken Knie, ist eine 1,33 m hohe Statue aus Berlin (Abb.22).[32] Dargestellt ist Aphrodite mit dem Schwert, gestützt von einem kleinen Eros mit Schild und Köchergurt, letzterer wohl für die Pfeile eines Bogens vorgesehen. Auch diese Figur greift mit ihrer Rechten ins Schwertband auf der Schulter und hält in der

29 Flemberg, a.a.O. 62 ff.
30 Florenz, Accademia di Belle Arti (Uffizien Inv. 611). Vgl. G. Mansuelli, Galleria degli Uffizi. Le Sculture 1 (1958) 51 Nr. 28.
31 Nea Paphos o.Inv. Vgl. K. Nicolau, American Journal of Archaeology 79, 1975, 131 Taf. 34. – K. Hadjionnou, Report of the Department of Antiquities, Cyprus 1981, 184 ff.
32 Berlin, Staatliche Antikensammlungen (Mag Sk 33). Vgl. A. Conze, Beschreibung der antiken Skulpturen, Berlin (1891) 18 f.

22. Aphrodite mit dem Schwert, als Stütze Eros und Schild. Datierung ungesichert Berlin, Staatliche Museen, Antikensammlung Aus: J. Flemberg: Venus Armata. 1991, 78, Abb. 22-23

Linken den Knauf der Klinge umfaßt.

Stark ergänzt wurde ebenfalls eine überlebensgroße (H. 1,99 m) Statue, heute im Louvre, Paris (Abb.23).[33] Als Fundort wird Rom angegeben; die Statue befand sich in einer Wandnische der Villa Giulia, von wo aus sie im 16. Jh. in die Sammlung Borghese und somit nach Paris gelangte. Die Figur zeigt das uns bereits bekannte Bewegungsmotiv. Als Stütze dient Eros, der einen Helm hebt, und ein Panzer mit darüber gelegter Chlamys und zwei Beinschienen. Das große Format der Statue könnte sowohl durch den Zeitgeschmack als auch durch die Anforderungen eines architektonischen Rahmens motiviert sein. Die Figur ist insofern von besonderer Bedeutung, als daß von ihr eine Beschreibung durch den Florentiner Gelehrten Gabriello Simeoni vorliegt. Simeoni hatte in der Mitte des 16.Jhs. eine Beschreibung der Sehenswürdigkeiten der Villa Giulia geliefert. Zur Aphrodite schrieb er, „der Künstler habe zeigen wollen, wie Soldaten und andere tapfere Männer sich von der Liebe verleiten lassen, Pflicht und Ehre zu vergessen"[34]. Diese moralische Deutung spiegelt die in der Renaissance übliche allegorische Sehweise wieder.

Zur Funktion der schwerttragenden Aphrodite

Welche Wirkung erzielen und erzielten nun diese Frauenfiguren? Welche Funktion hatten sie, welche Bedeutung? In diesem Zusammenhang muß die Zeitstellung der gezeigten Denkmäler und der vorher beschriebenen Schriftquellen berücksichtigt werden. Folgt man der These eines orientalischen Ursprungs des Aphroditekultes, so fällt es nicht schwer, die wehrhafte Seite der Aphrodite, zumindest für die Frühzeit, einzuordnen. Das Kriegerische kann dann als ein beschützendes, fürsorgerisches Element im Wesen der Liebesgöttin betrachtet werden. Abzuleiten

33 Paris, Louvre (Mag. MA 370). Vgl. LIMC II 1 (1984) 57 Nr. 456 s.v. Aphrodite (R. Bloch).
34 G. Symeoni, Illustratione de gli epitaffi et medaglie antiche (1558) 58 f.

wäre dies möglicherweise aus einer ursprünglich matriarchialischen Gesellschaftsform, in welcher die Frauen die Kinder und die soziale Gemeinschaft zu verteidigen hatten. Die kriegerische Funktion begründet sich aus der Herrschaft der Göttin über Leben und Tod, quasi als Große Göttin bzw. Muttergottheit. Der Ausdruck des Machtanspruches wäre hiermit von der erotisch-sexuellen Seite ihres Wesens nicht zu trennen.[35]

Eine solche Interpretation mag mit den frühen, mit Waffen versehenen Xoana der Aphrodite in Einklang stehen. Kann man aber die hier gezeigten Statuen als kriegerisch beschreiben? Weder Körperhaltung, Gesichtsausdruck noch das gesamte Bewegungsmotiv drücken aggressives oder kämpferisches Verhalten aus. Der Betrachter gewinnt nicht den Eindruck, eine Kriegerin vor sich zu haben, obwohl die Frauen zur Blankwaffe greifen. Kämpfende Göttinnen in Aktion, als Mörderinnen, Rächerinnen, Täterinnen treten in der griechischen Kunst, gemessen an der Anzahl männlicher Heldenfiguren, selten auf, sind aber seit archaischer Zeit in unterschiedlichen Denkmälergattungen belegt. Die kämpfenden Göttinnen auf dem Pergamonfries beispielsweise agieren, politisch in Szene gesetzt, auf der Seite von Recht und Gesetz.[36] Die bildlichen Kontexte, in denen diese Frauenfiguren erscheinen, ermöglichen eine klare Einordnung durch den Betrachter.

Wie lassen sich nun die nackten, schwerttragenden Aphrodite-Figuren entschlüsseln? Das erotische Moment dieser Darstellungen ist eindeutig. Das Standmotiv, beispielhaft anhand der Pariser Statue untersucht, erinnert an die Aphrodite von Arles.[37] Verlegen drückt Aphrodite die Oberschenkel gegeneinander. Die Darstellungsweise zeigt großes Interesse an der weiblichen Anatomie. Die Göttin in ihrer Nacktheit wird – in vorgebeugter Haltung – „als schamhaftes, eher ängstliches Wesen charakterisiert, deren vorbildhafte Attraktivität von der scheuen Sittsamkeit bestimmt wird, die zugleich Unterlegenheit signalisiert“[38].

Weibliche Rollenbilder in der Antike

Die angeführten Figuren bzw. ihre Vorbilder stammen, mit Ausnahme der Aphrodite von Epidauros, aus dem 3.-1.Jh.v.Chr. Kompositorisch scheinen sie Einzelformen verschiedener uns bekannter Aphrodite-Typen, z.B. der Aphrodite von Knidos, aufzugreifen. Ihre genaue Entstehungszeit, ihr Herstellungs- und Aufstellungsort ist in den seltensten Fällen bekannt. In der genannten Zeit, der Periode hellenistischer Monarchien, ist in Griechenland die soziale Stellung der Frau von der Tradition der griechischen Stadtstaaten klassischer Zeit bestimmt. Die Aufgabenbereiche von Männern und Frauen sind grundsätzlich getrennt. Traditionell liegen die Aufgaben der bürgerlichen Frau im häuslichen Bereich. Frauen obliegt die Haushaltsführung, die Beaufsichtigung der Sklaven, die Fertigung von Kleidern sowie die Überwachung der Erziehung der Kleinkinder und jungen Mädchen. Sie haben keinen Anteil an der politischen Führung des Staates, die sich, wie die Kriegsführung, in den Händen der Männer befindet. Rechtlich gelten Frauen als Unmündige und stehen zeitlebens unter der Vormundschaft des Mannes – erst der des Vaters, danach derjenigen des Ehemannes. Frauen haben im klassischen Griechenland kein Bürgerrecht, kein Verfügungsrecht über ihr Vermögen und nicht zuletzt entscheidet der Mann, ob ein geborenes Kind ausgesetzt oder aufgezogen wird .[39] Die strenge Festlegung auf den häuslichen Bereich bietet der Frau wenig Gelegenheit, sich in der Öffentlichkeit zu zeigen. Ihr offizieller Status ist der der Ehefrau und Mutter der Söhne des Mannes. Aufgrund der mangelnden Bildung und der getrennten Lebens- bzw. Aufgabenbereiche gilt die Frau nicht als gleichberech-

35 Vgl. U. Winter, Frau und Göttin. Exegetische und ikonographische Studien zum weiblichen Gottesbild im alten Israel und dessen Umwelt (1983) 461 f.

36 W. Neumer-Pfau, Visible Religion II,1984, 75 ff.

37 Paris, Louvre, MA 439. Vgl. LIMC II 1 (1984) s.v. Aphrodite (R. Fleischer, R. Bloch) 63 f. (mit Literatur).

38 W. Neumer-Pfau, Studien zur Ikonographie und gesellschaftlichen Funktion hellenistischer Aphrodite-Statuen (1982) 15 ff. 246 ff.

39 Neumer-Pfau (1982), a.a.O., 15 ff. – E. Dörner; F.K. Dörner, Antike Welt 8, 1977, 52 ff. – J. Gould, Journal of Hellenic Studies 1980, 58 ff.

tigte Gesprächspartnerin. Liebe und seelische Verbundenheit zwischen Ehepartnern sind Empfindungen, die in der griechischen Dichtung und Literatur erst seit dem späten Hellenismus eine Rolle spielen. Als Kompensation hierzu dient in den gehobenen Kreisen die Päderastie (Knabenliebe).[40]

Dem Ideal der geachteten bürgerlichen Frau steht der Frauentypus der Hetäre gegenüber, nicht zu verwechseln mit der gewöhnlichen Prostituierten.[41] Die Hetäre übernimmt die Rolle als Gefährtin und geistreiche Gesprächspartnerin, die an den geselligen Zusammenkünften und Gelagen der Männer teilnimmt. Trotz wirtschaftlicher Unabhängigkeit ist der gesellschaftliche Status dieser Frauen niedrig.

Wie fügen sich die unbekleideten Aphrodite-Figuren mit dem Schwert in das weibliche Rollenbild des Hellenismus ein? Im Hellenismus ist der Wirkungsbereich der Göttin fast vollständig auf Liebe und Fruchtbarkeit beschränkt. Indizien wie in der Frühzeit, die auf einen politischen und kriegerischen Wirkungsbereich schließen lassen, sind an den hellenistischen Figuren schwer nachzuweisen. In dieser Zeitperiode durchdenken in Griechenland verschiedene philosophische Schulen die Frage der Gleichheit von Mann und Frau und ihre Aufgabenverteilung in der Gesellschaft neu. Einige Schüler des Sokrates, so Antisthenes und Platon, welcher in der ersten Hälfte des 4.Jhs. in Athen seine Akademie gründet, treten für die Gleichberechtigung von Mann und Frau ein. Diese Strömungen werden von den Traditionalisten, so z.B. den Peripatetikern, bekämpft, die sich durch gebildete, starke und somit in ihren Augen unberechenbare Frauen bedroht fühlen. Mit Arsinoe II. und Berenike II. existieren Herrscherinnen, die als Ausnahmefrauen an der Seite ihrer Männer Macht besaßen und diese auch ausübten.[42] Inwiefern sich ihr Wirken auf die Lebensumstände der Bürgerfrauen auswirkte, ist ungeklärt.[43]

Die mit dem Schwert bewaffnete, unbekleidete Aphrodite als Sinnbild der „neuen, selbstbewußten hellenistischen Frau“ zu betrachten, ist sicherlich ein verführerischer Gedanke. Leider wissen wir zu wenig über die Künstler, die diese Statuen schufen – es waren mit großer Wahrscheinlichkeit Männer –, und über den Verwendungszweck der Figuren. In Erwägung gezogen werden kann im Einzelfall eine Verwendung als Kultstatuen. Allerdings läßt sich die kontinuierliche Verehrung der kriegerischen Aphrodite bis in die hellenistische und römische Zeit nicht schlüssig nachweisen. In römischer Zeit diente ein Teil dieser Frauenfiguren zur Ausstattung privater Wohnhäuser oder standen in Thermenanlagen – muß man dies als Ausdruck bürgerlichen Wohngeschmacks oder Rückbesinnung auf traditionelle Strukturen, sprich Hinwendung zur Klassik der Griechen empfinden?

Die Aphrodite-Rezeption bei den Römern

Den Römern selber fiel der Umgang mit einer bewaffneten Aphrodite sichtlich schwer: Gängiger Topos ist die ohne Waffen siegende Göttin. Die bewaffnete Aphrodite ruft Unverständnis bei den Schriftstellern und Dichtern hervor, und es gibt keine Andeutungen, daß diese sich des orientalischen Ursprungs der Aphrodite bewußt waren. Die bewaffnete Aphrodite wird vielmehr mit Sparta in Verbindung gebracht. In Sparta stand Frauen das Recht auf freie Meinungsäußerung zu. Lacantius[44] erzählt sogar eine Geschichte von den spartanischen Frauen, die ihre Männer durch den Anblick ihrer nackten Körper „entwaffneten“.

Das Entwaffnungsmotiv nimmt Leonidas von Tarent bezogen auf die spartanische Aphrodite in Waffen auf[45]: „Kythereia, sag an: Warum hast Du die Rüstung des Ares Dir um die Glieder gelegt? Ist sie nicht müßig, diese Last? Nackt hast Du

40 E. Bornemann, Das Patriarchat (1975) 276 ff. – K.J. Dover, Greek Homosexuality (1978) 42 ff.
41 Paulys Realencyclopädie der classischen Altertumswissenschaft (= RE) VIII 2 (1913) 1331 ff. s.v. Hetairai (K. Schneider).
42 Neumer-Pfau (1982), a.a.O., 23. 35 ff.
43 Zum Teil ließen sich diese hellenistischen Herrscherinnen selber als Inkarnation der Aphrodite verehren. Zur Identifizierung der Asinoe mit Isis-Aphrodite vgl. F.M. Fraser, Ptolemaic Alexandria (1972) 237 ff. 240. 245.
44 Divinae Institutiones 1, 20.
45 Anthologia Graeca 9, 20.

Ares entwaffnet, und muß schon ein Gott sich Dir fügen, trägst du die Waffen dann nicht wider die Menschen umsonst?“

Die Erscheinung der bewaffneten Liebesgöttin wird so umgedeutet, daß die Dichter Aphrodite mit den von Ares erbeuteten Waffen spielen lassen; von einer Kriegsgöttin ist keine Rede. Von Interesse sind hier die Gegensätze zwischen Liebe und Krieg und die Macht der Liebe über die Starken.[46] Von einzelnen Schriftstellern wird die schwerttragende Aphrodite sogar als Beispiel für die Minderwertigkeit der Kultpraktiken einzelner griechischer Landschaften gegenüber der römischen Staatsreligion verwendet.

Zusammenfassung

Insgesamt bleibt festzuhalten: Die Ursprünge des Aphroditekultes sind sicherlich im Orient zu suchen. Die Funktion der Göttin war die einer Fruchtbarkeits- und somit auch Liebesgöttin. Zugleich kam ihr die Rolle einer Beschützerin zu, als Stadtgöttin oder Magna Mater, welche die ihren mit Waffen verteidigt. Spätestens die patriarchalische Gesellschaft der Archaik und Klassik, vermutlich aber bereits die späte Bronzezeit, bringt Veränderungen der gesellschaftlichen Normen und ein – in unserem Sprachgebrauch – konservatives Frauenbild mit sich. Die Veränderung der sozialen und politischen Wertvorstellungen drückt sich in der Veränderung der Wesenheiten der griechischen Götter und der zu ihrer Verehrung bestimmten Kultpraktiken aus. Aphrodite wird ihrer kriegerischen Funktion beraubt, diese wird Ares oder der jungfräulichen Athena zugeordnet. Ares ist fortan der starke Mann an der Seite der Aphrodite. Die erotische Attraktivität der Göttin wird ambivalent bewertet. Der Gott Ares, der der Sexualität der Aphrodite kampflos erliegt und zum Gespött vor den anderen Götter wird, versinnbildlicht dies sehr anschaulich. Fortan wird die Göttin weitestgehend auf das lebenspendende und bewahrende Element reduziert. Mit der Fortnahme der Waffen wurde ihrer sexuellen Ausstrahlung gleichsam das Aggressive genommen. Durch Waffen wird nun gewöhnlich Ares charakterisiert.

In der Literatur und Dichtung wird Aphrodite mit Adjektiven wie „die Liebliche, die Zarte, die Schöne“ belegt. Modern ausgedrückt: Sie wurde durch Männer kontrollierbar und beherrschbar gemacht. Aphrodite-Statuen des Hellenismus können somit als Ideal einer zugleich anziehenden, aber auch anständigen, ehrbaren Frau verstanden werden. Im Späthellenismus begann sich das traditionelle Frauenbild schrittweise zu wandeln, in diese Zeit fällt die Entstehung der nackten Aphrodite mit dem Schwert. Die Fundumstände geben allerdings keinen Anlaß, der Verwendung dieses Typus einen politischen Sinn zuzuschreiben. Die demutsvolle Haltung der Göttin, ihre erotische Wirkung auf den Betrachter lassen einen dem traditionellen Frauenbild zugetanen Künstler vermuten. Inwieweit er sich des ursprünglich kriegerischen Charakterzuges der Aphrodite bewußt war, bleibt unklar.

Betrachtet man zeitgleiche männliche Idealplastik, z.B. den Ares Borghese,[47] so kommt man zu dem Schluß, daß Einzelheiten der Darstellungsweise sicherlich dem Zeitgeschmack untergeordnet waren. Der Kriegsgott tritt uns ebenfalls nicht kriegerisch entgegen, sondern verharrt in einer sinnenden und durchaus als anmutig zu bezeichnenden Pose. Nur durch den Helm ist er als Krieger charakterisiert. Auch von ihm geht sicherlich eine erotisierende Wirkung aus. Betrachtet man nun die Statuen von Aphrodite und Ares als ideale Leitbilder für den hellenistischen Menschen, so fällt es schwer, das Schwert der Aphrodite als Attribut der Stärke bzw. Wehrhaftigkeit der Göttin zu werten. Zumindestens paßt eine kriegerische Deutung weder in die Weltanschauung der hellenistischen Griechen noch der Römer der Kaiserzeit. Die Blank-

46 Flemberg, a.a.O. 25.
47 Paris, Louvre, MA 866. Vgl. LIMC II (1984) 481. 489 f. s.v. Ares (C. Augé).

waffe symbolisiert in den Augen des zeitgenössischen Betrachters im Hellenismus die Verbundenheit der Aphrodite mit Ares. Inwieweit sich der Künstler des kriegerischen Aspektes im frühgriechischen Aphroditekult bewußt war, kann hier nicht entschieden werden.

Aus dem Typus der bewaffneten Aphrodite schufen die Römer schließlich den Typus der staatlichen „Venus victrix". Die römische Venus war schon im 3.Jh.v.Chr. mit dem Sieg verbunden und wurde in der späten Republik für propagandistische Zwecke eingesetzt. Durch die Übernahme des Entwaffnungsmotives aus dem Griechischen wurde der Unterschied im politischen Sinngehalt zwischen Aphrodite und Venus verwischt.[48]

48 Flemberg, a.a.O. 115.

MEDEA

Martina Seifert

Medea in der Antike – Magierin, Ehefrau und Kindermörderin.

Die Figur der Medea gehört zu den seit der Antike häufig rezipierten Frauengestalten, deren künstlerische Gestaltung in Literatur und bildender Kunst im Verlauf der Jahrhunderte verschiedene Wandlungen erfahren hat. Zu den bekanntesten frühen schriftlichen Werken zählen die Tragödien des Griechen Euripides aus dem 5.Jh.v.Chr. und die des Römers Seneca aus dem 1.Jh.v.Chr. Diese beiden Stücke bilden die Grundlage für Grillparzers Trilogie „Goldenes Vliess" aus dem Jahre 1818 und für Anouilhs 1946 entstandene Tragödie „Médée". Bildnerische Umsetzungen des Themas in der Antike entstanden hauptsächlich unter Rückbezug auf Euripides, während künstlerische Darstellungen aus dem Mittelalter und der späteren Zeit überwiegend auf einzelne Sequenzen der Metamorphosen des römischen Dichters Ovid aus dem 1.Jh.n.Chr. zurückgreifen.

Die Faszination der Medea beruht sicherlich auf ihrer ambivalenten Rolle als Zauberin, liebender Ehefrau, Mutter und Kindermörderin. Die Tötung der Kinder mit der Blankwaffe durch die leibliche Mutter stellt in einer weitgehend von christlichen Normen geprägten Gesellschaftsordnung einen frevlerischen Akt dar und wird als verwerfliche Tat tabuisiert. Ob diese Bewertung ebenfalls für die antike Sichtweise gilt, soll hier auf der Grundlage von Texten und Darstellungen untersucht werden. Zentrale Punkte bilden erstens die Charakterisierung der Medea – ist sie eine starke, mächtige Frau, die eigenbestimmt handelt, oder wird sie durch Jason bzw. das Schicksal fremdbestimmt? – und zweitens die Schuldfrage – ist Medea schuldig und wenn ja, für welche Taten?[1]

Der „Medea-Mythos"

Die Schriftquellen überliefern in wesentlichen Details voneinander abweichende Erzählstränge von Episoden, die in ihrer Gesamtheit als „Medea-Mythos" aufgefaßt werden. Eine einheitliche, stimmige Geschichte ließe sich nur unter Vorbehalt und mit dem gerechtfertigten Vorwurf mangelnder Wissenschaftlichkeit konstruieren. Im folgenden werden daher die für die antike und nachantike Medearezeption bedeutenden Quellen verwendet, so Apollonios Rhodios, Apollodor, Euripides oder Ovid.

Unstrittig scheint die Abstammung der Medea als Tochter des Aietes, des Königs von Kolchis[2], einer am Schwarzen Meer gelegenen Stadt. Als Mutter werden Hekate oder Idyia angegeben. Die verwandtschaftliche Beziehung zur Zauberin Kirke und die Zugehörigkeit der Medea zur Priesterinnenschaft der Hekate begründen ihre göttliche Herkunft und erklären ihre magischen Fähigkeiten[3]. Zu den mit Medea verbundenen Sagenkreisen zählen die Phrixos-Sage und der Argonautenzyklus.

Das Goldene Vlies

Die Geschwister Phrixos und Helle sollten als Folge einer Intrige rituell geopfert werden.[4] Ihre Mutter Nephele ermöglichte je-

1 Eine umfassende Bibliographie enthält die Publikation von E. Kepetzis, Medea in der Bildenden Kunst vom Mittelalter zur Neuzeit, Europäische Hochschulschriften Bd. 305 (1997). Medea in der Antike (S. 19 ff.) wird hier nur sehr ausschnitthaft behandelt. – Für Hinweise danke ich B. Fehr (Hamburg).
2 Hesiod, Theogonia 958 ff. – Apollodor I 9, 23.5. – Cicero, De natura deorum II 48.
3 Homer, Odyssee X 135 ff.
4 Apollodor I 81. – Ovid, Fasti III 861.

doch ihre Flucht auf einem Widder mit einem goldenen Vlies. Nur Phrixos erreichte lebend die Stadt Kolchis, wo ihn der dortige König Aietes gastfreundlich aufnahm. Als Dank für seine Errettung opferte er den Widder dem Gott Zeus bzw. dem Ares und hängte das goldene Vlies an einen Baum in einen Hain, wo es fortan von einem Drachen bewacht wurde.[5]

Dieses goldene Vlies ist Anlaß für den Argonautenzug, dessen Ziel es war, das Widderfell aus Kolchis zurück nach Griechenland zu schaffen. Zu dieser Zeit herrschte in Iolkos in Thessalien Pelias, der Halbbruder des Aison. Pelias war als Usurpator bzw. als Vormund seines unmündigen Neffen Jason unrechtmäßig auf den Thron gelangt. Um Jasons Leben zu schützen, ließ ihn seine Mutter Philyra in der Höhle des Kentauren Chiron aufwachsen. Dem Pelias war unterdessen vorausgesagt worden, daß ihn ein einsandaliger Mann das Leben kosten würde. Als der nunmehr erwachsene Jason infolge eines von der Göttin Hera motivierten Zwischenfalles bekleidet mit nur einer Sandale am Fuß nach Iolkos zurückkehrte,[6] erkannte Pelias in ihm seinen Neffen und rechtmäßigen König von Iolkos. In der Befürchtung, in Jason den Unglück bringenden Mann seines Orakels vor sich zu finden, sann Pelias nach einer Möglichkeit, sich des potentiellen Störenfriedes zu entledigen. Einer Version zufolge veranlaßte er Jason durch die glaubwürdige Geschichte, daß er von dem Geist des Phrixos verfolgt werde, der das Zurückholen des Vlieses fordere, sich auf die Suche nach dem Widderfell zu begeben.[7] Eine andere berichtet von der Frage des Pelias an Jason, was er tun müsse, um sich einer Person zu entledigen, die das eigene Leben bedroht. Jason antwortete ihm: „Sende ihn aus, das goldene Vlies zu erlangen", worauf Pelias nach diesem Hinweis handelte.[8] Daraufhin halfen Hera und Athena dem Jason ein Schiff zu rüsten, die Argo. Zusammen mit ungefähr fünfzig weiteren Gefährten stach Jason in See und hatte bis zum Erreichen von Kolchis vielfältige Abenteuer zu bestehen, die hier nicht geschildert werden sollen.

Medea und Jason

Nach langer Reise in Kolchis angekommen, wollte der dortige König Aietes den Gefährten das Goldene Vlies nur unter der Bedingung aushändigen, daß die Argonauten ein Feld mit den bronzenen, feuerspeienden Stieren des Hephaistos pflügten, es mit den Zähnen des Drachen von Kadmos bestellten und die „erdgeborenen" Krieger, die dieser Saat entwachsen würden, erfolgreich bekämpften. Dies ist der Zeitpunkt, in dem Medea, die Tochter des Aietes, auf verhängnisvolle Weise in die Geschehnisse eingreift: Hera, die sich für Jasons Schicksal verantwortlich fühlte, bewirkte durch die Mithilfe von Aphrodite, daß Medea sich in Jason verliebte.[9] Die der Zauberkunst mächtige Medea gab Jason eine wunderwirkende Salbe, die ihn und die Argonauten gegen Feuer und Waffen feiten. Hiermit gelang es Jason, die Stiere zu bezwingen, das Feld zu bestellen und durch eine List die Krieger zu vernichten. Aietes nun war aber nicht bereit, zu seinem Wort zu stehen, und beschloß, die Argonauten in der Nacht überfallen und ermorden zu lassen. Medea erfuhr von des Vaters Plan und bewegte Jason zur Flucht. Unter der Bedingung, daß Jason mit ihr die Ehe eingehen würde, führte sie die Gefährten zum Hain mit dem Goldenen Vlies, verzauberte den Drachen und ermöglichte so den Raub des Widderfelles. Aietes, der die Flucht entdeckte, verfolgte einem Erzählstrang entsprechend selber die Argonauten. Medea tötete daraufhin den Bruder Apsyrtos, zerteilte seine Glieder und verstreute sie auf dem Weg bzw. ins Meer, damit Aietes sie einsammelte und so die Flüchtlinge entkommen ließ. Einer zweiten Version zufolge schickte Aietes Apsyrtos zur Verfolgung aus, der von Medea in einen Hinterhalt ge-

5 Hyginus, Fabulae 3. – Hyginus, Astronomica II 20.
6 Pindar, Olympien 75 ff. – Scholia Pindar 133. – Thukydides III 22, 2. – Apollonios Rhodios, Argonautica III 66 ff.
7 Pindar, Olympien 157 ff.
8 Apollodor I 109.
9 Apollonios Rhodios, Argonautica III 286 ff. Anders hingegen Ovid, Metamorphosen VII 9 ff., der sich Medea aus eigener Initiative heraus Jason zuwenden läßt. Außerdem Valerius Flaccus VII 210 ff.

lockt und von den Argonauten getötet wurde.[10]

Durch den Zauber und die Intrigen der Medea zum Erfolg gebracht, reisten die Argonauten zurück nach Iolkos. Auf der Insel Makris vermählte sich Medea mit Jason.[11] Bei der Weiterfahrt setzte sie auf Kreta erneut ihre Zauberkräfte ein, um Jason und den Gefährten gegen den Bronzeriesen Talos zu helfen.[12]

In Iolkos angekommen, entschloß sich Medea, Jason bei der Rache an Pelias zu helfen, der nicht gewillt war, Jason rechtmäßig den Thron zu übergeben. Sie bot den Töchtern des Pelias eine Verjüngungskur für den greisen Vater an und führte die Wirkung dieser Kur an einem alten Widder (bzw. an Aison) vor. Medea schlachtete vor den Augen der Töchter das Tier, schnitt es in Teile und warf diese in einen Kessel mit erhitzten Zauberkräutern. Nach einer Zeit nahm sie den Widder heraus, der sich in ein zartes Böckchen verwandelt hatte. Hiervon überzeugt, wiederholten die Töchter des Pelias den Vorgang mit ihrem Vater (vgl. Abb. 30). Medea aber hatte falsche Kräuter in den Kessel gegeben, so daß Pelias elendig umkam.[13]

Empört über diesen Frevel wurden Medea und Jason vom Sohn des Pelias, Akastos, außer Landes getrieben. Sie ließen sich in Korinth nieder, wo sie mehrere Jahre glücklich zusammen mit ihren Söhnen Mermeros und Pheres lebten. Weiteres Unheil entwickelte sich, als Jason sich zur Trennung von Medea entschloß, um die Tochter des dortigen Königs Kreon, Kreusa (Glauke), zu heiraten. Medea versuchte Jason umzustimmen,[14] und als dies nicht gelang, schickte die tief verletzte Medea voll rasender Eifersucht der Braut ein mit Gift bestrichenes Gewand und einen vergifteten Kranz, durch welche Kreusa (Glauke) und ihr Vater zu Tode kamen und anschließend der gesamte Palast in Flammen aufging.

Der Tod der Kinder ist in zwei verschiedenen Fassungen überliefert. Ein Erzählstrang berichtet, daß Medea selber ihre Kinder tötete, um Jason zu bestrafen. Sie entfloh daraufhin auf dem Drachenwagen unter Beistand der Götter nach Athen, wo sie Aigeus heiratete. Dieses Motiv des Kindermordes tritt erst mit Euripides auf.[15] Einer zweiten, nicht so häufig rezipierten Version nach wurden die Knaben von den Korinthern ermordet.[16] Medea hatte Kreon vergiftet, bei der anschließenden Flucht aus Korinth setzte sie ihre Kinder im Heiligtum der Hera aus, wo sie von den Korinthern frevlerisch umgebracht wurden. Eine andere Quelle[17] berichtet von Medeas Versuch, ihren Kindern die von Hera zugesicherte Unsterblichkeit zu verleihen, was durch das Einschreiten von Jason verhindert wurde.

Ein Ende der Medea ist nicht überliefert, vereinzelte Quellen bezeichnen sie als unsterblich.[18]

Medea-Darstellungen in der griechischen und römischen Kunst

Der „Medea-Mythos“ wird sowohl in einzelnen Episoden als auch in ganzen Bilderfolgen überliefert. Zu den grundlegenden Bearbeitungen dieses Themas zählen die Studien von M. Schmidt[19], E. Simon[20] und V. Zinserling-Paul[21] sowie die Untersuchung von V. Gaggadis-Robin[22].

Die Einführung des Motives der Medea als Kindermörderin durch Euripides in klassischer Zeit und die geringe Anzahl erhaltener Darstellungen aus den vorhergehenden Epochen veranlaßte die kulturhistorische Forschung zu einer Teilung der Denkmäler in voreuripidische und nacheuripidische Werke.[23] Tatsächlich zeigt die Mehrzahl der archaischen Bildkontexte (7. bis 6.Jh.v.Chr.) Szenen aus der Pelias-Episode. Im Zusammenhang mit dem Verjüngungszauber werden Medeas magische Fähigkeiten vorgeführt.[24]

Für die klassische Zeit (5. bis 4.Jh.v.Chr.) lassen sich in Bezug auf die thematische Bildauswahl regionale Unter-

10 Apollonios Rhodios, Argonautica IV 385 ff.
11 Ebenda 1105 ff.
12 Apollodor I 140 f.
13 Ovid, Metamorphosen VII I 62 ff. (mit Verjüngung des Aison und des Widders). – Apollodor I 143 f. (mit Verjüngung des Widders).
14 Ovid, Heroides XII 91 ff.
15 Euripides, Medea 431.
16 Scholia Euripides Medea 264. – Pausanias II 3, 6 ff.
17 Scholia Pindar Olympien 13, 74g.
18 So Scholia Euripides Medea 9.
19 Der Basler Medeasarkophag (1969). – LIMC VI, 1 (1992) 386 ff. s.v. Medeia (M. Schmidt).
20 Gymnasium 61, 1954, 203 ff.
21 Klio 61, 1979, 407 ff.
22 Jason et Médée sur les sarcophages d'époque impériale (1994).
23 Vgl. die Gliederung: LIMC VI, 1 (1992) 386 ff. s.v. Medeia (M. Schmidt). Aus archaischer Zeit sind überwiegend sf. attische Lekythen erhalten, so London, British Museum 1926.4-17.1; Würzburg, Martin-Wagner-Museum L 359; Theben Museum R 31.166.
24 So eine Olpe aus Cerveteri. Bucchero. Nr. 110 976. Vgl. grundsätzlich H. Meyer, Medeia und die Peliaden (1980).

25 M. Schmidt führt dies einerseits auf den Mißerfolg des Stückes in Athen zurück, andererseits betont sie, daß Trägodien überhaupt selten Einfluß auf die Bildkunst gehabt haben s. LIMC VI, 1 (1992) 396 s.v. Medeia (M. Schmidt).
26 Vgl. LIMC VI, 1 (1992) 394 ff. s.v. Medeia (M. Schmidt).
27 Vgl. J. Overbeck, Die antiken Schriftquellen zur Geschichte der Bildenden Künste bei den Griechen (1868) 2124. 2127 ff. – B. Neutsch, RM 53, 1938, 175 ff.
28 Neapel, Museo Nazionale 8976. – Vgl. E. Simon, Gymnasium 61, 1954, 217 ff. Taf. 8, 10.
29 Z.B. Wandmalerei aus Herkulaneum, Neapel, Museo Nazionale 8976. – Campanisch-rf. Strickhenkelamphora aus Cumae, Paris, Louvre K 300.
30 Rf. Volutenkrater aus Canosa, München, Antikensammlung 3296. – Campanisch-rf. Strickhenkelamphora aus Nola, Paris, Cab.Méd. 876. – Campanisch-rf. Strickhenkelamphora aus Cumae, Paris, Louvre K 300. – Ringstein, London, British Museum 1385. – Relieffragment aus Gorsium, Freilichtmuseum. – Bodenmosaik aus Monforte, Lissabon, Museo Nacionale de Arqeologhia.
31 LIMC VI, 1 (1992) 391 Nr. 30 (M. Schmidt).
32 Ebda., 391 Nr. 31.
33 M. Schmidt, Der Basler Medea-Sarkophag (1969) 32 ff.
34 Ebda., 37.

Anmerkungen zu Seite 39:
35 Die zahlreichen und kontrovers diskutierten Forschungsmeinungen können hier nur ausschnittsweise angesprochen werden, vgl. insbesondere die Beiträge im Kongreßband „Médé et la Violence", Colloque International à l'Université de Toulouse-Le Mirail in: Pallas 45, 1996.
36 Zur Bewertung des Motives der Kindstötung bei Euripides vgl. Ch. Segal, Médée et la violence, Pallas 45, 1996, 15 ff. – W. Burkert, Greek Tragedy and Sacrificial Ritual, Greek, Roman and Byzantine Studies 7, 1966, 117 ff. – P. Pucci, The Violence of Pity in Euripides' Medea (1980) 45 ff. – E. McDermott, Euripides' Medea: The Incarnation of Disorder (1989) 70 ff. 116 ff.

schiede festmachen. Im mutterländischen Griechenland wird das Motiv der Kindermörderin selten rezipiert, und die Künstler beschränken sich weiterhin auf Episoden aus der Pelias-Sage.[25] Denkmäler mit Medea vor dem Kindermord, beim Kindermord, nach dem Kindermord oder zyklische Darstellungen stammen aus der Magna Graecia („Großgriechenland"), hauptsächlich aus der unteritalischen Vasenmalerei. Die unteritalischen Vasen zeigen hierbei den Tötungsakt selber. Von marginaler Bedeutung erscheint Medea in weiteren Bildzusammenhängen, so Medea auf Lemnos, Medea in Eleusis oder Medea im Garten der Hesperiden.[26] Später treten Medea-Darstellungen in der römischen Sepulchralkunst und der pompejanischen Wandmalerei auf; römische Sarkophage bevorzugen offensichtlich das Motiv von Medea auf dem Schlangenwagen. Der Kindermord, Voraussetzung für Medeas Flucht, wird von den Künstlern meistens ausgespart. Einfluß auf die römische Bildende Kunst scheint ein verlorengegangenes Gemälde, wohl des Timarchos, gehabt zu haben, das die um eine Entscheidung ringende Medea mit Schwert in der Hand wiedergab.[27] Eine vergleichbare Szene zeigt der Ausschnitt eines römischen Wandbildes aus Herkulaneum, das in flavische Zeit (2. Jh. n.Chr.) datiert wird.[28] Medea steht aufrecht mit den Schwert in den vor dem Körper gefalteten Händen und ernstem, schräg nach unten gerichteten Blick.

Die Figur der Medea ist auf den meisten Bildnissen durch ihre Tracht eindeutig als „Barbarin" zu identifizieren. Zu den charakterisierenden Merkmalen zählen die sog. Phrygische Mütze und das schurzartig um den Körper gezogene Gewand,[29] die „Opferschürze". Durch ein kleines Kästchen oder ähnliche Attribute wird sie zusätzlich als Zauberin gekennzeichnet.

Sechs der überlieferten Denkmäler bilden den Moment der Kindstötung ab.[30] Die rotfigurige Strickhenkelamphora aus Nola aus der Zeit um 330 v.Chr. stellt Medea in der Bildfeldmitte mit phrygischer Mütze und der typischen Schürzung einer Opferschlächterin dar. Zu ihrer Linken liegt ein bereits getöteter Knabe quer über einem Altar, hinter diesem befindet sich ein aufgrund der Ereignisse fassungsloser Pädagoge. Der zweite Junge versucht zu entfliehen, wird aber von Medea an den Haaren ergriffen und zurückgerissen.[31] In dieselbe Zeit gehört eine campanisch-rotfigurige Strickhenkelamphora aus Cumae, die eine Frau, vermutlich Medea, unmittelbar beim Tötungsakt zeigt (Abb.24). Die ebenfalls mit einer Opferschürze bekleidete Frau ersticht mit einem Schwert den ihr halb rückseitig zugewendeten Knaben. Den Hintergrund der Szene bildet eine Säulenhalle mit dem Pfeilerbild eines Gottes.[32] Das weitere Schicksal der ermordeten Kinder wird unterschiedlich dargestellt: Auf frühen Bildern mit dem Schlangenwagen werden die beiden getöteten Kinder von der fliehenden Mutter zurückgelassen. Auf den meisten der römischen Medea-Sarkophage führt die Mutter beide Kinder auf der Flucht mit sich.[33]

Eine Bewertung der Medea durch den ausführenden Künstler, wie sie aus den schriftlichen Quellen herauslesbar ist, läßt sich aus den bildlichen Darstellungen nur schwer gewinnen. Ganz eindeutig wird sie als „andersartig", als Fremde und als Zauberin abgebildet. Der Mord an den Kindern geschieht grundsätzlich mit der Blankwaffe, dem Schwert. Das Motiv des Aufstützens auf das Schwert steht symbolisch für Medeas Ringen um Entscheidung kurz vor der Kindstötung. In der römischen Zeit scheinen die einzelnen Medea-Episoden inhaltlich nicht weiterentwickelt oder nennenswert umgestaltet zu werden. In der römischen Sepulchralkunst verkörpert sie ein Gleichnis der Entrückung.[34] Seit Euripides scheint Medea in ihren wesentlichen Charaktereigenschaften für die Antike festgelegt zu sein.

Charakterisierung der Medea

Denkmäler und Schriftquellen geben Medea als aktive, handelnde Person wieder. In beiden Gattungen wird sie als Nichtgriechin, als Barbarin dargestellt, die außerhalb der griechischen Gesellschaftsordnung steht. Als Zauberin besitzt sie zudem übernatürliche Kräfte, die sie stark und unberechenbar machen und sie zusätzlich zu ihrer Fremdartigkeit und göttlichen Herkunft von anderen abgrenzen.

Während die Bildquellen keine darüber hinausgehende Charakterisierung der Medea zulassen, zeichnen die Schriftquellen, so die Dramen des Euripides und des Seneca, ein detaillierteres Bild.[35] Euripides beschreibt Medea als starke Frau, die einen beinahe männergleichen Ehren- und Verhaltenskodex aufweist. Ihre Taten verstoßen gegen die Konventionen einer sozialen Gemeinschaft, in der Frauen und Fremde Männern gegenüber vom Gesetz her nicht gleichberechtigt sind, sondern benachteiligt werden. Medeas Handeln wird zunächst durch Liebe, dann durch Haß zu Jason bestimmt. Aufgrund ihrer Gefühle verstrickt sie sich in immer weitere Taten: der Verrat am Vater und an der eigenen Herkunft, der Brudermord, die Veranlassung der Tötung des Pelias, die Ermordung von Kreon und Kreusa, die Tötung der eigenen Kinder.[36] Medeas Tun wird nicht von den Göttern gelenkt; ihren Charakterstrukturen entsprechend trifft sie ihre eigenen Entscheidungen und verfolgt deren Umsetzung konsequent bis zum Ende. Hierin liegt bei Euripides die Tragik des Geschehens. Der Kindermord ist nicht eine Wahnsinnstat, motiviert durch das Eingreifen der Götter, bekannt aus den Bacchanten oder durch die Kindstötung des Herakles, sondern entspringt der bewußten und wohlüberlegten Handlung Medeas.[37] Der Tod der Kinder bedeutet die Vernichtung des Fortbestandes der männlichen Linie des Jason. So wie Jason durch die Trennung die gemeinsame Vergangenheit austilgen wollte, löscht Medea durch die Ermordung von Schwiegervater und Braut seine Gegenwart aus und vernichtet zugleich durch die Ermordung der Kinder seine Zukunft. Die Wahl ihrer Entscheidungen fällt der Medea des Euripides nicht leicht.[38] Jasons von der Gesellschaft akzeptiertes Verhalten und das ihrem Charakter immanente Bedürfnis, die Kontrolle über andere Individuen und deren Handlungen auszuüben, bestimmt ihre Taten, in die sie als Frau und Mutter zugleich mit eingeschlossen ist. Medea besitzt die Macht zu handeln, aber ist ohnmächtig gegenüber den Folgen ihres eigenen Tuns, sei es in Bezug auf sich selbst, sei es in Bezug auf die Schmerzen und Leiden

24. Medea mit Schürzung der Opferschlächterin ersticht einen ihrer Söhne, um 330 v.Chr. Campanisch-rotfigurige Strickhenkelamphora aus Cumae. Paris, Louvre. K 300. Aus: J.-M. Moret: L'Ilioupersis dans la Céramique Italiote. Bd. II, 1975, Taf. 93, 2.

37 H. Sztulzmann: Le Mythique, le Tragique, le Psychique: Médée, Pallas 45, 1996, 135 f.
38 Euripides, Medea 1019 ff.

der Kinder. Medeas Entkommen auf dem Schlangenwagen ist gleichzusetzen mit dem Entgehen jeglicher gerechten Strafe.

Bei Seneca sind Medeas Taten hauptsächlich durch ihre unterschiedlichen Gefühle motiviert.[39] Ihre Hauptverbrechen ordnen sich den Emotionen Amor (Liebe), Ira (Zorn) und Furor (Raserei) unter. Apsyrtos und Pelias werden von Medea aus Liebe zu Jason getötet, der Kindermord dagegen geschieht aus Zorn. Medeas Wut richtet sich vollständig gegen Jason, den sie nach dem ausgesprochenen Trennungswunsch mit anderen Augen sieht. Sie begreift sein wahres Wesen,[40] urteilt über ihn und bestraft ihn. Seneca vergleicht Medea mit einer rasenden Mänade, der Mord an Kreon und Kreusa ist eine Wahnsinnstat, entsprungen Medeas ohnmächtiger Eifersucht. Auch bei Seneca agiert Medea entsprechend ihres Charakters, dem sie nicht entfliehen kann. Die Frage, was ihr bleibt und wer sie ist, nachdem sie Mann, Status und Schönheit verloren hat, läßt er sie selber beantwortet: Sie ist und bleibt Medea.[41] Es ist ihr Schicksal alleine zu bleiben, von ihrer königlichen Geburt bis hin zur Apotheose auf dem Schlangenwagen.[42] Seneca stellt die Treue und Ehrenhaftigkeit der Medea nie in Frage: All ihr Handeln beweist vollkommene Loyalität Jason gegenüber. Als Zeichen der ehelichen Verbundenheit und Erfüllung ihrer Pflichten gebiert sie ihm sogar zwei männliche Kinder zur Fortführung seiner Linie. Die Unbeherrschbarkeit ihrer Gefühle sind für den Stoiker Seneca die Ursache ihrer Qualen und die Wurzeln des menschlichen Verhängnisses, dem der einzelne nur durch deren Überwindung entkommen kann.[43] Am Ende ist Medea bei Seneca eins geworden mit dem Begriff der Rächerin.[44]

Medeas Taten sind die logische Folge der sich aneinanderreihenden Ereignisse; eigenbestimmt durch das konsequente Handeln gegen gesellschaftliche Normen und zugleich fremdbestimmt dadurch, daß Medea sich von ihren Gefühlen zu Jason leiten läßt, die ihre Entscheidungen in eine vorbestimmte Richtung lenken. Der Philosoph Epiktet (1.Jh.n.Chr.) bewertet Medea in bedingtem Maße als starke Frau, deren Irrtum lediglich darin besteht, daß sie anstrebt, was außerhalb ihrer Möglichkeiten liegt. Als Größe erkennt er an, daß sie innerhalb der Grenzen ihrer Erkenntnisfähigkeit Prioritäten setzen kann und bereit ist, für Größeres Opfer zu bringen.[45]

Zusammenfassung

Der „Medea-Mythos" erschließt sich überwiegend durch die Schriftquellen, und seine Rezeption wird durch die Dramen des Euripides und Seneca geprägt. Anstelle der Schuldfrage[46] tritt in der Antike die Frage nach der Gerechtigkeit.[47] Die Götter wachen über die Geschicke der Menschen und sorgen gleichzeitig für Gerechtigkeit.[48] Im Falle der Medea greifen die Götter nicht zugunsten einer „höheren Gerechtigkeit" in die Geschehnisse ein.[49] Die Kindstötung tritt in der griechischen und römischen Kunst bei Männern und Göttern als Motiv auf,[50] als Topos bildet der Akt kein Tabu-Thema, obwohl er moralisch nicht positiv bewertet wird.[51] Die Ermordung Kreusas und Kreons sowie der Kindermord bezeichnen demnach die Höhepunkte einer Reihe von Taten, für die Medea nicht durch Dritte (die Götter) bestraft und somit nicht zur Verantwortung gezogen wird. Wichtig scheint für die Antike die Andersartigkeit dieser Frau zu sein. Ihre Charakterisierung als Barbarin und Zauberin, die in einer von Männern bestimmten Gesellschaftsordnung – dies gilt für die griechische und römische Zeit – Entscheidungen trifft und somit aktiv ins Handlungsgeschehen eingreift, verdeutlicht, daß sie außerhalb der gängigen Ordnung steht. Das Fremdartige begründet auch einen Teil der verhängnisvollen Ereignisse. Medea gehört aufgrund ihrer Herkunft und ihres eigenen Selbstver-

39 Vgl. A. Arcellaschi: La violence dans la Médée de Sénèque, Pallas 45, 1996, 183 ff. – ders., Médée dans le théâtre latin, d' Ennius à Sénèque (1990).
40 Medea erkennt Jason als hart, undankbar und überheblich, vgl. Seneca, Medea 120 (durus). 465 (ingratus). 1007 (superbus).
41 Seneca, Medea 164. 171. 910.
42 Arcellaschi 1996, 190.
43 Seneca, Medea 363.
44 Schmidt 1969, 38.
45 Engcheiridon 2, 17, 19 f.
46 K. Latte: Schuld und Sünde in der griechischen Religion. In: K. Latte, Kleine Schriften (1968) 3 ff.
47 In diesem Zusammenhang müßten Begriffe wie „ethos", „hybris", „sophrosyne", „time", „sophia", „fortuna" u.v.a.m. eingehend diskutiert werden, was im Rahmen dieses Beitrages nicht möglich ist. Vgl. K.J. Dover: Greek Popular Morality in the Time of Plato and Aristotle (1974). – H.-J. Gehrke: Die Griechen und die Rache, Saeculum 38, 1987, 121 ff. – E.A. Havelock, The Greek Concept of Justice (1978).
48 J. G. Griffiths: The Divine Verdict. A Study of Divine Judgement in the Ancient Religions (1990).
49 Zum Begriff der Gerechtigkeit bei Euripides vgl. M.P. Nilsson: Geschichte der griechischen Religion, Bd. 1 (1955) 771 ff. – ders., Die Griechengötter und die Gerechtigkeit, The Harvard Theological Review 50, 1957, 193 ff.
50 Vgl. M. Schmidt: Medea und Herakles – zwei tragische Kindermörder, Studien zur Mythologie und Vasenmalerei, Festschrift. K. Schauenburg (1986) 169 ff.
51 Zur Bedeutung von Kinderleben für die griechische Antike vgl. H. Rühfel: Kinderleben im klassischen Athen (1984). – dies., Das Kind in der griechischen Kunst (1984).

ständnisses nicht zu den Griechen; sie ist nicht integrierbar. Jason sieht in Korinth durch die Heirat mit Kreusa seine Chance, einen gesicherten Status innerhalb der griechischen Gesellschaft zu erlangen. Zusammen mit Medea kann er dies in Korinth nicht erreichen. Zusätzlich hat Medea auch an äußerer Attraktivität verloren, sie ist alt geworden; die jüngere Frau bietet neue Möglichkeiten und Reize.[52]

In der Ambivalenz von Medeas Charakter liegen auch die Gründe für das Scheitern ihrer persönlichen Beziehungen, für das Unheil, das sie für andere Menschen anrichtet. In erster Linie ist Medea eine Frau, die ihrer geschlechterspezifischen Rolle als attraktive Geliebte, treusorgende Gattin und liebende Mutter mit allen Mittel, sogar mit Hilfe der Zauberei, gerecht werden möchte. Dank ihrer Fähigkeiten und durch eigenes, aktives Handeln gelingt es ihr, die gesteckten Ziele zu erreichen. Grenzen werden ihr durch Jasons Verhalten gesetzt, das dem Kodex der griechischen Männergesellschaft entspricht.[53] Ihre Andersartigkeit ermöglicht es ihr, sich über diese Schranken hinwegzusetzen, eine Spur der Zerstörung hinter sich herziehend, aber am Ende frei von allem, was ihr Leben mit Jason ausgemacht und bestimmt hat. Medea handelt ihrem eigenen Ethos entsprechend; sie ist nicht bereit, sich mit ihrem Schicksal abzufinden, ihr Ehrbegriff ist unabhängig von gesellschaftlicher Moral.

Die Schuldfrage stellt sich für Medea in der Antike nicht. Ob Medea für ihre Taten de iure als Fremde und Frau in der griechischen Gesellschaftsordnung zur Verantwortung gezogen werden kann, ist eine Frage, die im Rahmen einer Arbeit über die Rolle der Frau in den einzelnen Epochen Griechenlands geklärt werden müßte.[54]

52 Euripides: Medea 551 ff. 591 f.
53 Ebda., 230 ff. 236 f.
54 Vgl. hierzu J. Gould, Law, Custom and Myths. Aspects of the Social Position of Women in Classical Athens, Journal of Hellenic Studies 100, 1980, 38 ff.

Renate Philipp

Medea in nachantiker Zeit

Seit der Entstehung des Medea-Dramas in der Antike und auch weiterhin bis in die Neuzeit dient es den Literaten und Künstlern als Grundlage für ihre Arbeiten. Die Tragödie, die mit dem Kindermord endet, wirft die Frage auf: Wer trägt die moralische Schuld am Kindermord? Bei Euripides bleibt die Schuldfrage unbeantwortet. Die Figur seiner Medea handelt selbstbestimmt, ihr Schicksal wird durch ihre Taten bestimmt. Der Kindermord, vollzogen durch die eigene Mutter, resultierend aus der Rache Medeas an Jason, wird zu einem zentralen Motiv in der bildenden Kunst. Die Tat wird als Bildfolge erzählt oder in Einzelbildern dargestellt. An einigen Beispielen soll gezeigt werden, wie die Figur der Medea als Kindermörderin in den Jahrhunderten bewertet wird.

Die illustrierten Ausgaben

Antike Rezeptionen des Mythos lassen sich mit Ausnahme der schriftlichen Quellen des Ovid im Mittelalter kaum nachweisen. Seit dem 12. Jahrhundert werden seine Metamorphosen moralisierend überarbeitet und von 'heidnischen' Inhalten gereinigt.[55] Medea erscheint als eine von der Leidenschaft verblendete Frau, die sich nicht ihrer Geschlechterrolle entsprechend verhält und damit die Katastrophe, den Kindermord, verursacht.[56] Neben den moralisierenden Metamorphosen findet

55 Vgl. Kepetzis a.a.O., S. 105.
56 Ebda., S. 92.

25. Andrea Alciati, Medea tötet ihre Kinder, 1601
Aus: Emblemata. Paris 1601, Abb 54, S.299
Köln, Stadt- und Universitätsbibliothek (Kat.Nr. 20)

sich die Figur der Medea auch in Boccaccios Buch vom „Leben berühmter Frauen“, 1473[57]. Auch hier findet eine Bewertung der Taten Medeas statt: Im Unterschied zu den Darstellungen in den Metamorphosen tötet Medea ihren Bruder aber nicht selber, sondern läßt ihn durch Schergen ermorden. Ihre Kinder werden erwürgt und nicht mit dem Schwert, dem bevorzugten Mordinstrument in den antiken Darstellungen, oder dem Dolch, der nachantiken Tötungswaffe, getötet.

Seit dem 15. Jahrhundert werden die Metamorphosen Ovids verstärkt bildnerisch umgesetzt. Als Bildfolge wird der Mythos erzählt, wobei der erklärende Text in der Regel auf wenige Zeilen beschränkt ist. Sie folgen in ihren Darstellungen aber nicht nur den Wertvorstellungen des Christentums, wie es im Mittelalter üblich war, sondern auch den antiken Schriftquellen.[58] Neben den Metamorphosen (Buch VII) und den Metamorphoseos vulgare lassen sich noch weitere illustrierte Ausgaben finden wie z.B. das „Livre de la Conqueste de la Toison d'or“ von 1563 und die „Emblemata“ von Andrea Alciati, 1601[59].

Das 54. Emblem (Abb.25) aus den „Emblemata“ von 1601 zeigt den sich gerade vollziehenden Kindermord. Medea stehend, in einer von zwei Säulen flankierten Nische, setzt den Dolch an, um ihren Sohn zu töten. Der zweite Sohn ist hier nicht zu sehen, ikonographisch rückt die Szene in die Nähe der Darstellungen „Madonna mit dem Jesuskind“. Um die moralische Wirkung zu erhöhen, wird mit dem Symbol des nistenden Vogels die Warnung an alle Mütter ausgesprochen: nicht dem Beispiel der Medea zu folgen, da aus der „besten Mutter die grausamste geworden ist“[60].

In Ovids Metamorphosen von 1631[61] wird ebenfalls der Kindermord illustriert. Ähnlich wie im 54. Emblem wird Medea mit den gleichen ikonographischen Bezügen bei der Tat gezeigt.[62] Ovid stellt nicht die Rache Medeas in den Mittelpunkt, die daher auch weniger Platz in der Illustration einnimmt, sondern die Geschichte ihrer „Flucht“, verursacht durch ihre Machenschaften. In seinen Metamorphosen setzt Ovid thematische Schwerpunkte, die auch gleichzeitig die jeweiligen Stationen Medeas und ihrer Taten zeigen: die Argonautensage (hier der Brudermord), die Verjüngung Aesons, der Mord an Pelias und der Kindermord.[63] Durch ihre vorherigen Taten wird die Zauberin bei Ovid bereits als skrupellose Mörderin verurteilt. Der Kindermord ist daher eine logische Folgerung aus dem Geschehen und bedarf keiner zusätzlichen Motivierung.[64]

Ein anderer literarischer Strang erzählt ebenfalls die Tragödie der Medea: Der Künstler René Boyvin hat in einer Folge von 26 Kupferstichen die Argonautensage illustriert, die zu dem 1563 in Paris herausgegeben Buch „Livre de la Conqueste de la Toison d'or“ gehören.[65] Blatt 18 der Serie erzählt von der Rache der Medea. Nachdem Jason Medea verlassen hat, um eine andere Frau zu heiraten, tötet Medea die gemeinsamen Kinder, um sie nicht der Stiefmutter zu überlassen: Die Szene zeigt eine zur Furie gewordenen Medea (Abb.26). Mit aufgelöstem Haar und nacktem Oberkörper ist sie gerade dabei, einen ihrer Söhne mit dem Dolch zu töten. Mit ihrem rechten Fuß stößt sie die schreiende Amme weg, die sich dem bereits toten, am Boden liegenden zweiten

57 Ebda., S. 41.
58 Ebda., S. 108.
59 Von Alicati neugeschaffene bildnerisch-textliche Einheiten, die moralische Werte wiedergeben und Verhaltensregeln vorschlagen. Ebda. vgl. S. 122.
60 Ebda., S. 122 ff.
61 Ovid Metamorphosen 1631, Köln Universitätsbibliothek, Abb. S.210 und Ruhr-Universität-Bochum, Universitätsbibliothek.
62 Vgl. Kepetzis a.a.O., S. 128.
63 Vgl. Christine Binroth-Bank: Medea in den Metamorphosen Ovids. Untersuchungen zur ovidischen Erzähl- und Darstellungsweise. Europäische Hochschulschriften. Reihe 15. Klassische Sprachen und Literaturen. Bd. 62, 1993 S. 15.
64 Vgl. ebda., S. 143 ff.
65 Vgl. AK Ruhm der Könige und Künstler. Druckgraphik der Schule von Fontainebleau aus dem Kunstmuseum Düsseldorf. Sammlung der Kunstakademie. Düsseldorf 1997 S. 45.

Sohn zuwendet. Von links kommt Jason in die Halle gelaufen, um das Unglück zu verhindern; der im rechten Bildfeld erscheinende Drachenwagen weist bereits auf den Ausgang der Tat hin, die mit der Flucht enden wird.

In dem seltener illustrierten Brudermord[66] aus der gleichen Bildserie wird Medea bei der Zerstückelung ihres zuvor von ihr getöteten Bruders Apsyrtos gezeigt. In höchster Konzentration ist sie dabei, den Körper zu zerteilen und die Stücke ins Meer zu werfen, um ihren Vater von der Verfolgung abzuhalten. Beide Morde sind bei Medea zielgerichtet: Aus Liebe zu Jason, um die Flucht zu ermöglichen, wird der Bruder getötet. Der Kindermord geschieht aus Rache an Jason, er soll ihn treffen und seine Zukunft auslöschen. Eine Verurteilung ihrer Taten erfolgt nicht, die Schuldfrage stellt sich nicht: Medea entflieht mit dem Drachenwagen.

Der Kindermord in den illustrierten Ausgaben wird beherrscht von Medeas Rache an Jason. Der Tod der Söhne soll ihn treffen, soll ihn um seine Existenz und Nachfolger berauben.[67] Folgen die Illustrationen dem Erzählstrang Ovids, wird Medea als Schuldige für die Katastrophe benannt. Gehen die Bebilderungen auf Euripides zurück, wird die Schuldfrage offengelassen. Bedingt durch die große Anzahl der illustrierten Ausgaben der Metamorphosen seit dem Ende des 15. Jahrhunderts wurde auch die Umsetzung des Stoffes in Gemälden und Zeichnungen gefördert.[68] Das Motiv der Kindermörderin als Einzelmotiv rückte dabei in den Vordergrund.

Medea als „Einzelfigur"

Durch die Verbreitung des Dramas in der Literatur und im Theater wurde das Thema auch einem größeren Publikum zugänglich. Im 18. und 19. Jahrhundert wurde die Tragödie „Medea" unter anderem von den Dramatikern Klinger[69] und Grillparzer[70] neu inszeniert. Beeinflußt durch die Romantik erfährt die Figur der Medea eine Wandlung: Nicht mehr die äußere Handlung, der Tötungsakt, die Rache steht im Mittelpunkt, sondern die innere Handlung, die Seelenverfassung. Der Moment der innerlichen Zerrissenheit zwischen dem Gefühl der Rache an Jason und dem Gefühl der Mutterliebe wird von einigen zeitgenössischen Künstlern in ihren Werken umgesetzt.

26. René Boyvin, Medea tötet ihre Kinder, vor 1563 Düsseldorf, Graphische Sammlung Kunstmuseum Düsseldorf (Kat.Nr. 18)

In einem Stahlstich aus dem Buch „Götter und Heroen der Griechen und Römer" aus dem Jahre 1826 wird Medea (Abb.27) vor der Tat gezeigt. Medea mit melancholischem Gesichtsausdruck, in eine unbestimmte Ferne schauend, zieht das Messer aus der Scheide, um die Tat zu vollbringen. Ihre Kinder halten sich verzweifelt an ihrem Gewand fest, als wüßten sie um ihren nahen Tod. Die Figur der Medea wird beherrscht von innerer Zerrissenheit, deutlich wird hier die 'innere' Handlung in den Mittelpunkt gerückt. Sie muß sich entscheiden zwischen den Gefühlen der Mutterliebe und der Rache. Obwohl hier die Gemütsverfassung Medeas einen großen Raum gewinnt, ist die Tat bereits beschlossen, sie wird ihre Kinder töten.

Anselm Feuerbach thematisiert in seinem Werk[71] ebenfalls die Seelenverfas-

66 Ebda., vgl. Abb. S. 53.
67 Joachim Latacz: Einführung in die griechische Tragödie. 1993 S. 288 ff.
68 Kepetzis a.a.O., S. 210.
69 Friedrich Maximilian Klinger, Medea in Korinth 1791.
70 Franz Grillparzer: Das goldene Vliess 1821.
71 Medea mit dem Dolche, 1871, Mannheim, Städtische Kunsthalle. Vgl. Abb. in: AK Anselm Feuerbach. 1829) 1880. Gemälde und Zeichnungen, Berlin 1976.

links:
27. Meno Haas, Medea mit ihren Kindern, 1826
Aus: Götter und Heroen der Griechen und Römer. Berlin 1826, Tafel XIV
Solingen, Deutsches Klingenmuseum (Kat.Nr. 9)

rechts:
28. Alfons Mucha, Sarah Bernhardt als Médée, 1898, Hannover, Sprengel Museum (Kat.Nr. 21)

sung, in der sich Medea befindet. Erschöpft auf einem Felsen sitzend, mit geschlossenen Augen, der Dolch ihrer Rechten entglitten, wird Medea kurz nach dem Mord gezeigt. Die toten Kinder sind nicht zu sehen, nur der am Boden liegende Dolch weist auf die Tat hin. Das Schlangenarmband steht für das Unheil, das über die Kinder gekommen ist. Die Eule auf der Felsmauer, die die nächtliche Stimmung und die Melancholie symbolisiert,[72] verstärkt das Gefühl der Zwiespältigkeit, das der begangene Mord in ihr verursacht.

Ein Beispiel anderer Art ist Muchas Medea: Als Auftragsarbeit schuf Alfons Maria Mucha ein Plakat mit dem Titel „Médée", 1898 (Abb.28), für den Auftritt der Schauspielerin Sarah Bernhardt im gleichnamigen Stück des „Theatre de la Renaissance" in Paris. Mucha zeigt die Figur der Medea ebenfalls unmittelbar nach dem Mord an ihre Söhne: Medea steht aufrecht, mit dem blutigen Dolch in ihrer rechten Hand und schaut mit starrem Blick in die Ferne, vor ihr am Boden die getöteten Söhne.[73] Medea trägt ein langes wallendes Kleid, das Gesicht wird mit einem Tuch verhüllt. Auf ihrem Kopf trägt sie die Stachelkrone, die ikonographisch auf die Dornenkrone Jesu verweist. An ihrem linken Arm trägt auch sie das unheilverkündende Schlangenarmband. Ganz im Stil der Zeit schafft Mucha eine Femme Fatale mit Hilfe der ornamentalen Abstraktionen des Art Nouveaus.[74]

Auch im 20. Jahrhundert entstehen Inszenierungen, die andere Schwerpunkte als die antiken in der Tragödie setzten. Bei Jahnn[75] z.B. wird Medea zur Schwarzen; er thematisiert damit ganz bewußt das „Anderssein" und rückt es so in den Mittelpunkt. Das Fremde, das „Anderssein",

72 Vgl. ebda., S. 187.
73 Keptezis a.a.O., S. 196.
74 Vgl. AK Eva und die Zukunft S. 248.
75 Konrad Kenkel: Medea-Dramen. Entmythisierung und Remythisierung. Euripides, Klinger, Grillparzer, Jahnn, Anouilh, 1979 – Hans Henry Jahnn, Medea 1926.

klingt auch bei einer zeitgenössischen Arbeit von Angela Hampel an. Ihre Medea von 1985 (Abb.29) ist am ganzen Körper „tätowiert“ und vollzieht den Kindermord in einem Zustand von Entrückung. Medea hält in der rechten Hand den Dolch, einen ihrer Söhne hat sie mit der Linken gepackt. Sie ist im Begriff, ihren Sohn zu töten. Links neben ihr – in panischer Angst – steht schreiend der zweite Sohn. Ihr nach innen gerichteter Blick verstärkt ihre Anspannung, sie ist ganz auf das Ereignis konzentriert, nimmt die Umwelt nicht mehr wahr. Medea wirkt wie in Trance, die Bewegungen erinnern an einen ekstatischen Tanz. Die Farbtupfer auf ihrem nackten Körper weisen Parallelen zu Kriegsbemalungen eingeborener afrikanischer Stämme auf. Trance und „Kriegsbemalung“ sind Zeichen für den realen Ausnahmezustand der Kindertötung. Der tiefenlose grüne Hintergrund unterstützt zusammen mit der Komplementärfarbe Rot die Dramatik des Geschehens. Körpersprache und Farbgebung sind hier ganz bewußt eingesetzt, um den Mord an den Kindern in Szene zu setzen.

29. Angela Hampel, Medea, 1985, Berlin, Staatliche Museen zu Berlin, Nationalgalerie (Kat.Nr. 165)

Zusammenfassung

Anhand der Beispiele wurde gezeigt, wie sich die Gestalt der Medea im Laufe der Jahrhunderte verändert. Wird bis zum 17. Jahrhundert die Geschichte Medeas noch als Bildfolge erzählt, so erscheint später das Motiv des Kindermordes isoliert. Dabei erfährt die Figur der Medea immer wieder neue Interpretationen.

Die illustrierten Darstellungen zum Ovid-Text oder zu den „Emblemata“ weisen die moralische Schuld am Kindermord Medea zu. Durch ihre Taten und ihr Anderssein (Zauberin und Fremde in Griechenland) wird die Schuldzuweisung noch gefestigt. In den illustrierten Ausgaben wird die Tat gezeigt, der innere Konflikt Medeas wird nicht thematisiert. In den Bildern, die Medea als Einzelfigur darstellen, wird der innere Konflikt von „Mutterrolle“ und „Rächerin“ Mittelpunkt der bildnerischen Rezeption. Der Kindermord wird bis auf wenige Ausnahmen eigenhändig von Medea mit der Blankwaffe vollzogen. Ihrem Schicksal folgend geht sie trotz aller Zweifel ihren Weg, der in letzter Konsequenz immer im Kindermord endet: Die Rache steht über der Mutterliebe. Damit folgt sie einem männlich besetzten Ehrenkodex: das zu tun, was zu tun ist, unabhängig von den Konsequenzen.

Schlußbetrachtung

Geprägt von Euripides Drama, der den Kindermord als erster thematisierte, wird

30. Sigrid Redhardt, Die Töchter des Pelias II, 1992
Düsseldorf, Besitz der Künstlerin

die Tat bis auf wenige Ausnahmen immer mit der Blankwaffe vollzogen. In der Antike ist das Schwert die bevorzugte Mordwaffe, während es später in der Regel vom Dolch abgelöst wird. Der Kindermord bleibt zu allen Zeiten ungesühnt, eine moralische Verurteilung ihrer Taten erfolgt – wenn überhaupt – hauptsächlich im Mittelalter. Die Figur der Medea hat vom 5. vorchristlichen Jahrhundert bis zur Gegenwart immer wieder Schriftsteller und bildende Künstler zu einer Auseinandersetzung mit den ihr zugewiesenen ambivalenten Charaktereigenschaften herausgefordert. Medeas Taten berührten zu allen Zeiten Grundfragen der menschlichen Existenz; ihr Schicksal reicht über eine Geschichte von Macht, Liebe und Leidenschaft hinaus. Im Mittelpunkt steht die Beziehung des Individuums zur sozialen Gemeinschaft und seine Verantwortung sich selbst und seinen Mitmenschen gegenüber und gegenüber der übergeordneten Autorität, durch die sich eine Gesellschaft definiert. Das Fremde, das Mächtige ist ein Angstfaktor; eine Gesellschaft verspürt das Bedürfnis, sich vor Verstößen gegen Normen und Regeln zu schützen. Das Provozierende an Medea ist, daß sie eine Frau ist. Eine Frau, die außerhalb der in der Antike und der Gegenwart gängigen (Geschlechter-)Rollenschemata agiert und auf diese Weise die scheinbar seit Jahrhunderten verbindlichen Macht- und Kräfteverhältnisse in der Mann-Frau- Beziehung empfindlich stört.

Ulrike Karstedt

Judith

„Zerschmettere ihren Stolz durch die Hand einer Frau!“
Buch Judith 9,10.

Das Buch Judith[1] berichtet über die jüdische Heldin, eine tugendhafte, gottesfürchtige und schöne Witwe, der es gelang, ihre belagerte Heimatstadt Bethulia von den assyrischen Belagerern zu befreien. Während die durch die Belagerung zermürbten und durch die Qualen des Wassermangels verzagten Bethulier bereit sind, sich zu ergeben, plant Judith, die sich selbst als Werkzeug Gottes betrachtet, ihre kühne und gefährliche Tat. Sie bittet Gott um Beistand und weiht niemanden in ihren Plan ein. Judith legt ihre Witwentracht ab, fastet, salbt und schmückt sich, um als vermeintliche Verräterin ihres Volkes nur von einer Dienerin begleitet in das feindliche Lager zu gehen. Dort gelingt es ihr, das Vertrauen des Holofernes zu erringen. Holofernes, der Feldherr des Königs Nebukadnezar, lädt sie zum Gastmahl ein, und als er trunken eingeschlafen ist, schlägt Judith ihm mit seinem eigenen Schwert in zwei Hieben das Haupt ab, steckt es in einen Sack, den ihre Dienerin Abra bereithält, und flieht aus dem feindlichen Lager, ohne ihre keusche Witwenschaft aufgegeben zu haben. Zurückgekehrt nach Bethulien halten die Bethulier den feindlichen Belagerern das abgeschlagene Haupt triumphierend entgegen, worauf das nun führerlos gewordene entsetzte Heer in die Flucht geschlagen werden kann.

Schon seit dem 5. Jahrhundert gehört die Judith-Geschichte zu den großen, immer wiederkehrenden Themen der europäischen Kunst. Erste bildliche Darstellungen finden sich in mittelalterlichen Handschriften,[2] die in erzählerischen Bildsequenzen den Handlungsablauf wiedergeben.

Jedoch emanzipieren sich die Judith-Darstellungen schon bald aus dem narrativen biblischen Kontext, und es entwickeln sich unterschiedliche Judith-Schemata, von denen einige, vorrangig jene, die Judith mit der Waffe zeigen, im folgenden behandelt werden.

Während des Mittelalters personifiziert Judith nicht nur die Kardinaltugenden Gerechtigkeit (justitia) und Tapferkeit oder Stärke (fortitudo), sondern wird in der „Psychomachia“ des Prudentius, der in diesem bebilderten Gedicht den Kampf von Tugend und Laster um die Seele schildert, und später im „Speculum Virginum“ (um 1250) zum Sinnbild der Tugend, die über das Laster siegt.[3] Neben Jael und Esther verkörpert sie in der theologischen Exegese die Tugend der Demut (humilitas) und der Enthaltsamkeit (continentia), während die männlichen Gegenspieler Holofernes und Sisera Hochmut (superbia) und Verschwendungssucht (luxuria) bedeuten. Hier wird also den Frauen die Tugend zugesprochen, die über das Laster, welches die Männer repräsentieren, siegt.

Immer wieder findet Judiths Keuschheit und ihre Frömmigkeit Erwähnung, und ihre Tat, die als vorbildlich betrachtet wird, wird schließlich mit der Erlösertat Christi verglichen. Sie wird zur Vorbotin der Heilsgeschichte und schließlich sogar als Praefiguration Marias[4] gedeutet. Dementsprechend wird sie in der Leipziger Bibel von 1436 auf dem abgeschlagenen Haupt des Holofernes stehend der Maria gegenübergestellt, die den Kopf der Schlange als Symbol des Bösen zertritt. Der Bildtyp „Judith auf dem Haupt des Holofernes stehend“, wie er erstmals in der

1 Der Urtext, der wahrscheinlich um 150 v. Chr. in hebräischer oder aramäischer Sprache verfaßt wurde, existiert nicht mehr. Er wurde aber im 2. Jahrhundert übersetzt und später den Apokryphen hinzugefügt. Vgl. Heidrun Suter-Richter: Judith, eine Frau die tötet. In: Starke Frauen, zänkische Weiber? Hrsg. von Elisabeth Camenzind und Kathrin Knüsel. Zürich 1922. S. 102.

2 Frances G. Godwin:The Judith Illustration of the Hortus Deliciarum. In: Gazette des Beaux Arts 36, 1949, S. 25 ff.

3 Lexikon der christlichen Ikonographie.Bd. II. Hrsg. Kirschbaum, Engelbert. Rom, Freiburg, Basel 1968, S. 455.

4 Ebda., S. 456.

31. Donatello, Judith, um 1455
Florenz, Piazza della Signoria
Aus: L. Berti: Florenz. Die Stadt und ihre Kunst. 1979

„Psychomachia" des Prudentius auftaucht, bleibt in der Renaissance, aber auch darüber hinaus, ein beliebtes Motiv (vgl. Abb.35). Eines der wohl bekanntesten Beispiele dieses Darstellungstyps ist die Judith, die Donatello um 1455 geschaffen hat (Abb.31). Sie steht heute auf der Piazza della Signoria in Florenz. Ursprünglich gehörte sie zu einem Brunnen im Palazzo Medici. Als die Medici das erste Mal verbannt wurden, beschlagnahmte die Regierung die Bronzeplastik und stellte sie 1495 als Symbol städtischer Freiheit auf der Piazza auf. Da man aber später den Verdacht hatte, daß die Judith der Stadt Unglück brächte, „weil Judith ein Todeszeichen sei und es sich nicht schicke, wenn die Frau den Mann umbringt..."[5], mußte sie im frühen 16. Jahrhundert dem David Michelangelos weichen. Man stellte sie im Palazzo Vecchio auf, dann in der Loggia dei Lanzi und 1919 schließlich wieder neben dem „Marzocco", dem Wahrzeichen der Florentiner Republik, auf die Piazza della Signoria.

Nicht zufällig mußte Donatellos Judith dem David Michelangelos weichen, denn ursprünglich wurden beide gleichermaßen als Retter ihres Volkes betrachtet. Beide können, obwohl auf den ersten Blick unterlegen, einen starken Gegner mit Gottes Hilfe besiegen. Beide werden oft auf dem Haupt des Besiegten stehend dargestellt. Im „Speculum virginum" vertreten David und Judith noch gemeinsam, fast wie ein Geschwisterpaar, die Tugenden Stärke (fortitudo) und Demut (humilitas), die über den Hochmut (superbia) siegen. Doch während David ein Sinnbild der Tugend bleibt, erlebt Judith eine negative Umbewertung.

Das Bild der Frau als Verkörperung der Tugend verschiebt sich, und Judith verliert in zunehmendem Maß ihren ursprünglichen Vorbildcharakter. Dafür taucht sie nun als Exempel in den sogenannten 'Weiberlistzyklen'[6] auf. 1530 wird dieser Begriff erstmalig schriftlich festgehalten. In den 'Weiberlisten' werden Begebenheiten geschildert, in denen Frauen versuchen, ihre Unterlegenheit gegenüber den Männern durch List auszugleichen, um so ans Ziel zu gelangen. Die einzige Gemeinsamkeit dieser Geschichten ist eine agierende Frau als Hauptperson. Diesen Bildfolgen verführerischer Frauen, die allesamt von Kirche und Gesellschaft negativ bewertet wurden, wird im 14. Jahrhundert auch Judith hinzugefügt. Holofernes hingegen, einst Personifikation des Lasters, wird nun zum bedauernswerten Opfer der 'Hinterlist' einer Frau.

Ein anderer Judith-Typ, der in der Renaissance, aber auch darüber hinaus wirksam bleibt, ist die Judith, die das abgeschlagene Haupt am Schopf gepackt dem Betrachter bzw. dem Volk präsentiert. Beispiele finden wir u. a. bei Jan Massys, Christofano Allori oder Francesco Solime-

5 Luciano Berti: Florenz. Die Stadt und ihre Kunst, Florenz 1981, S. 65.
6 Vgl. Adelheid Straten: Das Judith-Thema in Deutschland im 16. Jh., Studien zur Ikonographie. München 1983, S. 41.

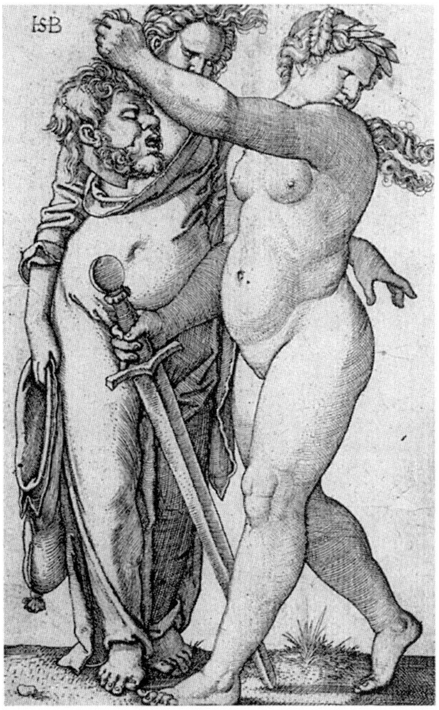

32. Hans Sebald Beham,
Judith und ihre Dienerin stehend, um 1531
Düsseldorf, Graphische Sammlung
Kunstmuseum Düsseldorf (Kat.Nr. 66)

na. Dieser Bildtyp steht in enger Verbindung zu antiken Perseus-Abbildungen. Eine der bekanntesten Perseus-Statuen hat Benvenuto Cellini geschaffen. Diese Bronze, die Cellini zwischen 1545 und 1554 geschaffen hat, fand ihren Aufstellungsort in der Loggia dei Lanzi in Florenz. Doch während die 'List' des Perseus stets als Indiz für seine Klugheit gesehen wird, wird die 'List' der Judith zur 'Hinterlist' uminterpretiert.[7]

Im nördlichen Europa wird Judith unter dem Einfluß der italienischen Renaissance ein beliebtes Sujet der Aktdarstellung. Mit sinkendem Ansehen wird sie nun ihrer gesellschaftlichen Attribute beraubt, und eine Umdeutung der Judith-Geschichte erfolgt. Aktdarstellungen waren im Mittelalter eigentlich nur dann üblich, wenn sie den biblischen Beschreibungen entsprachen, wie z. B. Adam und Eva, die Taufe im Jordan etc. Unter Einfluß der Antike wird mit dieser Tradition gebrochen, und so wird 1430 die idealisierende Darstellung des unbekleideten David bei Donatello möglich.[8] Eine der frühesten Judith-Aktdarstellungen dürfte die von Conrad Meit ca. 1512 geschaffene Alabasterstatuette sein. Auch bei Barthel und Sebald Beham (Abb.32), Georg Pencz und schließlich bei Cranach finden wir Judith als Aktdarstellungen.

Antikisierende Elemente (Lorbeerkranz, Architekturzitate, Kontrapost etc.) werden hinzugefügt, doch wird sie jedem gesellschaftlichen Kontext durch ihre Nacktheit enthoben. Sie wird auf ihre 'mörderischen' Attribute und ihren Körper reduziert. Judith ist nicht länger ein Ideal der religiösen Tugend, und sogar der Unterschied zu Holofernes, dessen Nacktheit immer als Ausdruck seiner Lasterhaftigkeit gegolten hatte, wird hiermit aufgehoben. Sie steht moralisch nicht mehr neben einem David, wie noch in der Reihe der neun guten Helden und Heldinnen, sondern wird gleichrangig mit ihrem Opfer gesehen, was eine komplette Abkehr vom biblischen Inhalt bedeutet. Gorsen[9] sieht in diesen isolierten Darstellungen, „die sich durch die raffinierte Koppelung von Liebe und Tod, Nacktheit und Grausamkeit", „unbewußter Kastration" und „aufreizender Weiblichkeit" als das Ergebnis der sexuellen Liberalisierung durch Aufklärung und Reformation zeigten, gegen die dann die kirchliche Zensur, Gegenreformation und Inquisition einschritten.

In Relation zu den unbekleideten Judith-Darstellungen[10] sind die Abbildungen der bekleideten Judith in größerer Zahl zu finden, und während der Reformation gibt es unterschiedliche Gruppen, die sich noch ihrer Symbolkraft als Heldin gerne bedienen. So bezweifelt Luther zwar die Historizität der Judith-Geschichte, benutzt aber ihre große Popularität, um sie zur Schutzpatronin[11] der Protestanten zu machen und ihre Entschlossenheit nach religiöser Unabhängigkeit zu dokumentieren. Erst die Zweifel an der Glaubwürdigkeit der Judith-Geschichte, die damit ins Reich der Legende verwiesen wird, ermöglicht es Luther, sich ihrer Symbolkraft zu

7 In der Mythologie ist es Perseus, der mit Hilfe einer List Medusa tötet. Den abgeschlagenen Kopf führt Perseus bei sich und benutzt ihn als seine furchtbarste Waffe gegen seine Feinde, indem er ihnen den Kopf am Haarschopf gepackt entgegenhält und so seine Feinde versteinert.
8 Vgl. Straten a.a.O., S. 30.
9 Peter Gorsen: Venus oder Judith. Zur Entmythologisierung des Weiblichkeitsbildes in der Kunstgeschichte. In: Frau in der Kunst, Bd. 2, Hrsg.: Gislind Nabakowski u. a. Frankfurt 1980, S. 78.
10 Vgl. AK Die Galerie der Starken Frauen. Regentinnen, Amazonen, Salondamen. München 1995, S. 195.
11 Straten a.a.O., S. 27 ff.

links:
33. Dirck Volkertsz. Coornhert,
Judith enthauptet Holofernes, Mitte 16. Jh.
Amsterdam, Rijksprentenkabinet,
Rijksmuseum Amsterdam (Kat.Nr. 68)

rechts:
34. Dirck Volkertsz. Coornhert, Judith und ihre Dienerin geben Holofernes Kopf in einen Sack, Mitte 16. Jh.
Amsterdam, Rijksprentenkabinet,
Rijksmuseum Amsterdam (Kat.Nr. 69)

bedienen, denn ansonsten entspricht ihr Tun in keiner Weise seiner Vorstellung von der Stellung der Frau. Erinnert sei an Luthers theologische Begründung von der Unterordnung der Frau, die ihre Gleichberechtigung durch Evas Sündenfall für immer verwirkt hat. Die Katholiken dagegen sehen in Judith den Beweis für den Triumph des Glaubens über die Häresie, und den Jesuiten wird sie zum Symbol der Hoffnung auf Gottes Beistand in schwierigen Zeiten.

In der bildenden Kunst tritt seit der Renaissance die Schlüsselszene der Judith-Geschichte in den Vordergrund. Dabei werden die zum Schlag ausholende Judith und das Verstecken des abgeschlagenen Hauptes häufiger dargestellt als der Moment der Enthauptung des Holofernes (Abb.33, 34). Erst im 17. Jahrhundert erreicht die eigentliche Enthauptungsszene eine vorrangige Bedeutung. Hier sei vor allem Caravaggios einflußreiches Bild der Enthauptung des Holofernes erwähnt, das ca. 1598 entstanden ist (Rom, Galleria Nazionale d' Arte Antica, Palazzo Barberini).

Beeinflußt durch dieses Gemälde wurde auch Artemisia Gentileschi, die wohl eine der spektakulärsten Fassungen dieses Themas um 1612 gemalt hat.[12] In diesem Bild ist nichts mehr sinnbildlich oder idealisierend. Nein, es ist schonungslos, wie die beiden Frauen Judith und Abra gemeinsam die grausame, blutige Tat begehen. Die Szene hat sich zum zentralen Gewaltakt verdichtet. Holofernes liegt, niedergehalten von der Dienerin Abra, auf seinem Bett. Seine Faust geht in ihre Richtung, kann sie jedoch nicht mehr treffen. Judith greift mit ihrer Linken erbarmungslos in die Haare ihres Opfers, während ihre Rechte mit dem Schwert kraftvoll die Kehle des Holofernes durchschneidet. Blut spritzt! Der Schrei aus dem halbgeöffneten Mund und der Blick des Holofernes, der sich dem Betrachter zuwendet, erreichen ihr Ziel nicht mehr.

Tyrannenmord? Oder Mord an einem Wehrlosen? Gleichwohl wird die Glaubwürdigkeit der Tat durch nichts in Frage gestellt. In der Rezeptionsgeschichte des Bildes gab es von jeher Abscheu, Be-

12 Artemisia Gentileschi, Judith tötet Holofernes. Neapel, Museo Nazionale di Capodimonte. Abb. vgl. AK Die Galerie der Starken Frauen. a.a.O., S. 247.

wunderung, aber auch Irritation, wobei die Tatsache, daß dieses Bild von einer Frau gemalt wurde, immer wieder besondere Erwähnung fand. Die Rollenüberschreitung im Bild findet hier ihre Entsprechung. Im Oeuvre der Artemisia Gentileschi sind nicht nur mehrere Judith-Fassungen zu finden, sondern auch andere heroische Frauengestalten, wie sie in der Bibel oder den „Weiberlistzyklen" vorkommen. Allerdings erfahren sie bei Gentileschi eine ausschließlich positive Umdeutung konträr zur gesellschaftlichen Wertung.

Immer wieder wird darauf hingewiesen, daß Artemisa Gentileschi in diesem Bild eine traumatische persönliche Erfahrung, nämlich die der Vergewaltigung durch ihren Lehrer, verarbeiten wollte. Doch scheint dies als Erklärungsmodell nicht ausreichend, denn es gibt, wie schon erwähnt, eine große Anzahl weiblicher Heldinnen im Oeuvre der Künstlerin, die als positive Identifikationsfiguren[13] betrachtet werden können; gleichzeitig ist im frühen 17. Jahrhundert eine allgemeine Tendenz zur Emotionalisierung[14] von Märtyrer- und Leidensszenen festzustellen. Letztendlich aber scheint die Erklärung fragwürdig, weil es keinen anderen Fall in der Kunstgeschichte gibt, wo „affektgeladene Gewaltszenen, die von Künstlern dargestellt wurden, so konsequent auf deren persönliche Erfahrungen zurückgebunden wurden"[15], wie es hier bei einem 'weiblichen Künstler' interpretiert wird.

Der Aspekt der Liebe zwischen Judith und Holofernes gewinnt im 17. Jahrhundert an Bedeutung. Vor allem im Bereich des Musikdramas (Galiano 1626 und Opitz 1635) wird Judith zur leidenschaftlich Liebenden, die sich an Holofernes, der zum Liebhaber transformiert wird, blutrünstig rächt. Aus dem politisch motivierten Heroismus wird nun ein kleinlicher, persönlicher Racheakt beleidigten weiblichen Stolzes. In der Kunst des Barock taucht neben den beiden Hauptszenen

35. Antoinette Larcher, Judith mit dem Haupt des Holofernes, 1. H. 18.Jh. Düsseldorf, Graphische Sammlung Kunstmuseum Düsseldorf (Kat.Nr. 70)

„Tötung" und „Triumph der Judith" ein weiterer Bildtyp auf. Judith wird als Halbfigur mit Schwert, abgeschlagenem Haupt und der Dienerin im Hintergrund gezeigt (z. B. Simon Vouet, Judith mit dem Haupt des Holofernes 1617/18, München, Bayerische Staatsgemäldesammlung; Valentin de Boulogne, Judith mit dem Haupt des Holofernes, Toulouse, Musée des Augustins). Hier wird keine eindeutig bestimmbare Szene der Judith-Geschichte wiedergegeben. Vielmehr wird die dargestellte Person nur noch durch Attribute identifizierbar und somit auch verwechselbar (Abb.35). „Die Häufung und Austauschbarkeit der Frauenbilder, ob Judith oder Salome, machen den Verlust der eigentlichen Inhalte offenkundig."[16]

Auf die Diskussion Judith oder Salome soll an dieser Stelle nicht näher eingegangen werden.[17]

Bei Hebbel schließlich, der sein einflußreiches Drama „Judith" 1840 vollendete und es als Antwort auf Schillers idealisierende Fassung der Jungfrau von Orleans konzipiert hatte, wird die jüdische Heldin zur Verschmähten, die sich in einem mörderischen Racheakt Genugtuung verschafft. Nach Ansicht Hebbels ist es nicht

13 Germaine Greer: Das unterdrückte Talent. Die Rolle der Frau in der bildenden Kunst. Berlin/ Frankfurt a. M./ Wien 1980, S. 189 ff. – AK Die Galerie der Starken Frauen a.a.O., S. 246.
14 Jutta Held: Die Weibermacht in Bildern der Kunst von der frühen Neuzeit bis zum Beginn des 20. Jh. In: Tendenzen Nr. 152, Köln 1985.
15 AK Die Galerie der Starken Frauen a.a.O., S. 246.
16 Ebda., S. 272.
17 Hausamann konnte Panofskys These widerlegen, daß das Schwertmotiv ein ehrenvolles und tugendhaftes weibliches Attribut war. Vgl. Erwin Panofsky: Sinn und Deutung in der bildenden Kunst. Köln 1975, S. 47. – Thorsten Hausamann: Die tanzende Salome in der Kunst von der christlichen Frühzeit bis um 1500. Ikonographische Studien. Zürich 1980, S. 15.

36. Franz von Stuck, Judith und Holofernes, um 1926
Baldham, Privatbesitz (Kat.Nr. 74)

die Aufgabe der Frau zu handeln: „... die That eines Weibes (bedeutet) den ärgsten Kontrast,“[18] Er versucht den aufkeimenden Gedanken weiblicher Emanzipation des „Jungen Deutschland“ massiv zu unterlaufen[19]. Etwa gleichzeitig vollendet Heinrich Heine sein Gedicht „Atta Troll“, in dem er, sich auf die Geschichte von Salome und Johannes dem Täufer beziehend, die Frage stellt: „Wird ein Weib das Haupt begehren eines Mannes, den sie nicht liebt?“[20] Für das 19. und frühe 20. Jahrhundert ist diese begehrende Liebe einer Frau nicht nur das Motiv für die Beziehung von Salome und Johannes, sondern auch für die tödliche Beziehung von Judith und Holofernes. Sie wird zum Erklärungsmodell für Beziehungen schlechthin. Die Psychoanalyse, die

Medizin und der Versuch der Frauen, die gesellschaftlich eng gesteckten Grenzen zu überwinden, tragen dazu bei, die Frau als Bedrohung zu sehen, als dämonische Verderberin des Mannes. Nach Mayer[21] liegt die große Beliebtheit des Themas in der geheimen Lust am Skandal einer alle Tabus verletzenden Tat. Die Ambivalenz von lebensspendender und todbringender Frau wird genossen (Abb.36).

Die Reihe der Frauen, die den Mann ins Verderben stürzen, nimmt seit dem Ende des 19. Jahrhunderts in unglaublicher Weise zu. Neben Judith, Salome, Dalila und den Amazonen tauchen auf der Bühne, in Literatur, Musik und schließlich auch im Film Pandora, Lulu, Lilith, Kleopatra usw. auf, die schließlich alle eingehen in den Mythos der „Femme fatale". Simone de Beauvoir schreibt dazu: „Dieser Mythos ist so fließend und widerspruchsvoll, daß man seine Einheit nicht entdeckt: Dalila und Judith, Aspasia und Lukrezia, Pandora und Athene, die Frau ist gleichzeitig Eva und Madonna. Sie ist ein Idol, eine Dienende, Quelle des Lebens, eine Macht der Finsternis; sie ist Beute des Mannes, sie ist sein Verderben..."[22]

Neben den vielen namenlosen, in der Geschichtsschreibung vergessenen oder untergetauchten Frauen, die zur Waffe gegriffen haben, um ihre Ideale, ihr Vaterland, ihre Religion oder ihre Freiheit zu verteidigen oder zu fordern, ist die Gestalt der Judith ein erstaunliches Phänomen. Seit der Fassung des Urtextes 150 v. Chr. bis heute hat sie eine wechselvolle Geschichte erlebt, aber sie ist nie in Vergessenheit geraten.

Sinnbild der Tugend, die Machtansprüche der Medici demonstrierend, Vertreterin der „Weiberlisten", Leitbild der Protestanten, „Femme forte" in der Ahnengalerie für Regentinnen wie Anna von Österreich oder Johanna von Kastilien, „Femme fatale" und heute schließlich ein Leitbild für die Frauenbewegung des 20. Jahrhunderts.

Anmerkungen für Seite 52:
18 Zit. n. Suter-Richter a.a.O., S. 107.
19 H. A. und E. Frenzel: Daten deutscher Dichtung. Chronologischer Abriß der deutschen Literaturgeschichte. Bd. II. München 1973, S. 420.
20 Zit. n. Herta Bren: Die Gestalt der Salome in der französischen Literatur. Wien (Diss.) 1950, S. 66.

Anmerkungen für Seite 53:
21 Hans Mayer: Außenseiter. Frankfurt a. M. 1975, S. 39 ff.
22 Hans Joachim Schickedanz: Femme fatale. Ein Mythos wird entblättert. Dortmund 1983, S. 16 f.

Claudia Schnitzer

'Ritterhaffte Damen'
Höfische Frauenturniere der Frühen Neuzeit

Turniere und Ritterspiele gelten als genuin männliche Beschäftigung. Mit ihnen verbinden sich gemeinhin Vorstellungen von kühnen Rittern in Harnischen zu Pferd, die sich mit furchterregenden Waffen wie meterlangen Lanzen und schweren Schwertern dem lebensgefährlichen Kampf stellen. Diese Vorstellungen entsprechen dem Klischeebild vom mittelalterlichen Ritter, wie es durch Spielfilme und Ritterromane vermittelt wird. Demgegenüber zeichnen die Quellen zur frühneuzeitlichen Turnierpraxis ein ganz anderes Bild, das angesichts des prinzipiell unterstellten martialischen Charakters des Waffenspiels erstaunen mag: Zum einen lösten im 16. Jahrhundert ungefährlichere Turnierformen wie die Ring- und Quintanrennen nach einem festen Ziel die riskanten Lanzenzweikämpfe ab und erlaubten hierdurch den Wettstreitern, fortan statt im Harnisch in aufwendigen Kostümierungen – auch als Frauen verkleidet – zum Ritterspiel anzutreten. Zum andern gewannen seit der zweiten Hälfte des 17. Jahrhunderts Reiterspiele an Bedeutung, die von Frauen bestritten wurden: die Damenringrennen und -karussells (Abb.37).[1]

Das Damenringrennen ist, wie das später hinzukommende Damenkarussell, ein höfisches Divertissement, an dem Dame und Kavalier gemeinsam teilnahmen.[2] Bei diesem galanten Spiel stach die im Gefährt sitzende Dame mit der Lanze nach dem Ziel, meist einem zwischen zwei Säulen oder Pyramiden aufgehängten Ring, während der Kavalier den Wagen lenkte. Das Damenringrennen scheint sich aus den Schlittenfahrten entwickelt zu haben, die man zur Fastnachtszeit veranstaltete.[3] Dabei saß die Dame allein in einem figürlichen Prunkschlitten, an dessen Rückfront eine Pritsche befestigt war, von der aus der Kavalier die Zügel des Pferdes führte und dabei die Dame mit seinen Armen umfing. So wurde das früheste Damenringrennen 1654 in Altenburg – im Juni! – mit Schlitten abgehalten (Abb.38). Üblicher war hingegen die Verwendung von zweispännigen, offenen und vom Kutschbock aus gelenkten Rennwagen, die man „auf Art der Römischen Triumph-Wägen [...], in Gestallt eines Thrones, zierlich gemahlt, versilbert und vergüldet, und mit Taffet oder Sammt ausgeschlagen" gestaltete.[4]

Im Unterschied zum Damenringrennen, bei dem auf einer abgesteckten Rennbahn ausschließlich eine Waffenart, die Ringelstechlanze, zum Einsatz kam, war beim Damenkarussell ein Rundkurs zu absolvieren, bei welchem die Dame an mehreren Stationen mit unterschiedlichen Waffen – Lanze, Wurfspieß, Degen und Kugel – verschiedene Ziele wie Ringe, Figuren und Köpfe zu treffen hatte (Abb.39). Die Einführung des Damenkarussells schloß an die Veränderungen der männlichen Turnierpraxis an, wo in Reaktion auf neue militärische Anforderungen zu den 'einfachen' Ringrennen die Karussells hinzugetreten waren, um die Geschicklichkeit, Schnelligkeit und Wendigkeit der Ritter, aber auch deren sicheren Umgang mit verschiedenen Waffen zu Pferd zu trainieren.

Ein Charakteristikum der Damenturniere ist die dezente, farblich übereinstimmende Bekleidung und Dekoration der zu einer Gruppe gehörigen Beteiligten: der Dame, ihres Kavaliers (bzw. ihrer Kavalie-

1 Neben einer Dame zum Damenringrennen (Bl.172) gibt Johann Meßelreuters 1723 in Bayreuth erschienenes Vorlagenwerk „Neu=eröffneter Masqven=Saal, [...]" auch einen „Cavalier zum Ringel rennen mit de[m] Wagen" (Bl.170) sowie einen „Machinen Wagen zum Ringel Rennen" (Bl. 171) wieder. Die Ausstaffierungen zum Dresdner Damenringrennen 1719 dienten ihm hierzu als Vorbild (vgl. Abb. 44). Die Schuppendekoration des Turnierkleides der lanzenführenden Dame rekurriert auf den antiken Schuppenpanzer und damit auf die kriegerische Amazone.

2 Der Zeremonielltheoretiker Julius Bernhard von Rohr widmet sich in seinem Divertissement-Kapitel auch dem „Damen-Rennen". Ders.: Einleitung zur Ceremoniel-Wissenschafft Der großen Herren. Neudruck der Ausgabe Berlin: Joh[ann] Andreas Rüdiger ²1733. Hg. und kommentiert von Monika Schlechte. Weinheim 1990. S. 781f. Daß Rohr sich in seinen Ausführungen an den Dresdner Damenringrennen, speziell an jenem 1719 im Großen Garten orientiert, verweist auf deren besonderen Stellenwert unter den höfischen Frauenturnieren.

3 Einen sehr frühen, um 1600 datierten Schlitten, der vermutlich aus dem Besitz Königin Christinas d. Ä. von Schweden stammt, verwahrt die Livrustkammaren Stockholm, Inv. Nr.06/2688. Riddarlek och Tornerspel. Sverige-Europa. Tournaments and the Dreams of Chivalry. Sweden-Europe. Katalog der Ausstellung Stockholm, Livrustkammaren 12.6. – 6.12.1992. Stockholm 1992. S.419, Kat. Nr.253, Abb. S.214.

4 Rohr, Einleitung zur Ceremoniel-Wissenschafft, a.a.O., S.782.

re) und der den Wagen begleitenden Lakaien, der sogenannten Läufer. „Mit diesen Couleuren müssen nicht allein die Federn, Bänder und andere Zeuge der Pferde, sondern auch die Schuhe, Strümpffe und Mützen der Läuffer accordiren.“[5] Häufig wurden auch der Rennwagen und die Lanze in der entsprechenden ‘Couleur’ farbig gefaßt (Abb.40). Daß Farbdekorationen der Vorzug vor Verkleidungen gegeben wurde, war dem Umstand geschuldet, daß es sich für Frauen kompromittierend auswirken konnte, in der Öffentlichkeit kostümiert zu erscheinen.[6]

Wie nun erklärt es sich, daß die höfische Frau seit der zweiten Hälfte des 17. Jahrhunderts und vor allem dann im 18. Jahrhundert zu den Waffen greift, wie vollzieht sich die Okkupation der ‘männlichen’ Ritterspiele, und welche Entwicklung nimmt das Frauenturnier? Der Aneignungsprozeß der Waffenspiele durch die Frau ist nur zu verstehen, wenn man die Entwicklung der Ritterspiele *auch* als eine Entwicklung des Umgangs der Geschlechter miteinander betrachtet. Daß die höfische Frau öffentlich die Turnierwaffen führen konnte, bedurfte langwieriger Vorbereitung und markiert einen entscheidenden Schritt in der Emanzipation der Frau.[7] Denn während vormals bei den Ritterspielen die Hofdamen lediglich als Zuschauerinnen fungierten, zu deren Ehren die Ritter die Lanzen brachen, so nahmen sie jetzt aktiv am Waffenspiel teil. Während vormals weibliche Rollen von Höflingen in Frauenverkleidungen verkörpert wurden, eroberten die Hofdamen sich diese nun sukzessiv, wenn sie etwa ihren Partner in übereinstimmender Kostümierung bei Turnieraufzügen begleiteten, die im Zusammenhang mit Verkleidungsbanketten stattfanden. Die zunehmende Integration der Hofdamen als aktive Partnerinnen der Kavaliere bei Hofdivertissements verdankte sich dem neuen Konversationsmodell der Galanterie, die als ein auf Paarbildung abzielendes Ordnungsprinzip nachhaltig den Umgang der Geschlechter bei Hof bestimmte. Man saß paarweise in ‘bunter Reihe’ zu Tisch, nahm als Paar an Spazierfahrten, Verkleidungsdivertissements wie Schäfereien, Wirtschaften und Bauernhochzeiten teil, erschien in korrespondierenden Verkleidungen zu Maskenbällen und begann schließlich auch gemeinsam zu turnieren.

37. Johann Christoph Dehne, Dame mit Lanze zum Ringrennen, 1723 Dresden, Staatliche Kunstsammlungen, Kupferstich-Kabinett (Kat.Nr. 92)

Anhand von vier Damenturnieren 1654 in Altenburg, 1709 und 1719 in Dresden und 1743 in Wien soll der Werdegang des weiblichen Waffenspiels nachgezeichnet und dabei ein besonderes Augenmerk auf das sich darin spiegelnde Ver-

5 Ebda.
6 Siehe hierzu Claudia Schnitzer: Das *verkleidete* Geschlecht. Höfische Maskeraden der Frühen Neuzeit. In: L'Homme. Zeitschrift für Feministische Geschichtswissenschaft. 1998, S. 232-241.
7 Vgl. ebda.

38. Adam Olearius, Magdalena Sibylle als Glückseligkeit beim Damenringrennen 1654 in Altenburg, 1668
Dresden, Sächsische Landesbibliothek – Staats- und Universitätsbibliothek (Kat.Nr. 89)

39. Deutsch (E.B.), Damenkarussell am 14. Mai 1727 in Fürstenried, um 1727
Dresden, Staatliche Kunstsammlungen, Kupferstich-Kabinett (Kat.Nr. 93)

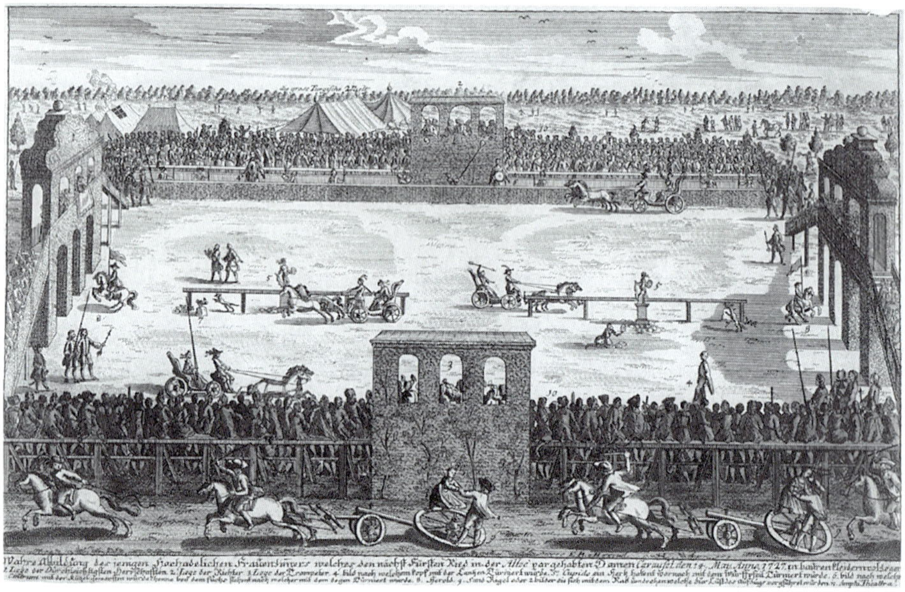

40. Johann Samuel Mock, Wagen der Gräfin Cosel beim Damenringrennen, 1709
Dresden, Staatliche Kunstsammlungen, Kupferstich-Kabinett (Kat.Nr. 90)

hältnis von höfischem Mann und höfischer Frau gelegt werden.[8] Das früheste belegte Damenringrennen fand am Abend des 29. Juni 1654 im Rahmen der Tauffeierlichkeiten für Herzog Christian in Altenburg statt.[9] Initiiert und vermutlich auch erdacht wurde es von der Mutter des Täuflings, Magdalena Sibylla von Sachsen-Altenburg. Die Herzogin veranstaltete das Nachtringrennen der Damen als Abschluß jener Turniere, welche die männlichen Festteilnehmer an den Vortagen bestritten hatten. Wie Helen Watanabe-O'Kelly nachweisen konnte, handelt es sich bei dem Damenringrennen um eine sächsische Erfindung, und im Unterschied zu anderen Höfen bildete der Dresdner Hof – vor allem dann unter Magdalena Sibyllas Großneffen, dem sächsischen Kurfürsten Friedrich August I. (als August II. König von Polen, genannt August der Starke) – eine Tradition dieses spezifischen Divertissements aus.[10] Während sich die späteren höfischen Frauenturniere auf Farbdekorationen beschränkten, stellte das Altenburger Damenringrennen mit dem Thema „Ein | Im Glück vnd Unglück | Frewde vnd Trawrigkeit | Gedult vnd Hoffnung | zum gewünschten Ende | Geübter Mensch" ein allegorisches Programm vor.[11] Die beteiligten Damen erschienen jedoch nicht in Kostümierung als Personifikationen der präsentierten Abstrakta, sondern hielten statt dessen Zeichen in der Hand, die auf diese verwiesen, und ließen sich zudem Symboltiere als 'lebende Attribute' voranführen. Beispielsweise repräsentierte Magdalena Sibylla die 'Glückseligkeit', die ein Glücksrad vorwies und deren Schlitten ein sogenanntes Freudenpferd begleitete (vgl. Abb.38). Das Programm, das durch seine Lehrhaftigkeit die Veranstaltung des Damenringrennens legitimierte, sowie der bewußte Verzicht auf Verkleidungen sicherte die Damen vor dem Vorwurf unschicklichen Verhaltens und ermöglichte damit überhaupt erst ihre Teilnahme am Ritterspiel.

41. Adam Olearius, Johann Georg (II.) von Sachsen als Amazonenkönigin Penthesilea beim Aufzug 1654 in Altenburg, 1658
Aus: Adam Olearius, Auffzüge vnd Ritterspiele... Schleswig: Johan Holwein 1658, Nr.15.
Sächsische Landesbibliothek – Staats- und Universitätsbibliothek Dresden

In den vorausgegangenen vier Turnierinventionen waren die sächsischen Herzöge und ihre Höflinge in unterschiedlichen Verkleidungen zum Waffenspiel angetreten. Besondere Aufmerksamkeit verdient hierbei die Amazoneninvention, bei welcher Kurprinz Johann Georg (II.) von Sachsen als Amazonenkönigin Penthesilea in Erscheinung trat. Wie seine Begleiter trug auch der Kurprinz eine Frauenverkleidung: Er saß „als Penthesilea/ in grünem Kleide mit Golde außgemachet: [...] auff einem weissen Roß/ führte Cron vnd Scepter" (Abb.41).[12] Die antiken heldenhaften Kriegerinnen zählten neben Regentinnen und Göttinnen zu den beliebtesten Herrscherverkleidungen in Frauengestalt.

Das mythische Volk der Amazonen stellte ein Faszinosum für den Mann dar, die Ambivalenz zwischen weiblichem Geschlecht – die Amazonen wurden häufig mit nackten Brüsten vorgestellt – und 'männlicher' Streitbarkeit und Tapferkeit, dererwegen sie sich den antiken Quellen nach zwecks besserer Waffenführung sogar die rechte Brust ausbrannten, barg erotisches Potential.

Solange die Männer als Akteure der Waffenspiele unter sich blieben, bedeutete die Frauenverkleidung, zumal die als kriegerische Herrscherin, keine Kompromittierung. Im Gegenteil galt sie aus der Notwendigkeit heraus, Frauen zum Schutz ihres Ansehens als Akteurinnen von öffentlichen Aufführungen auszuklammern, als legitime Aufführungspraxis und bot gleichzeitig eine Möglichkeit, das

8 Damenringrennen bzw. -karussells lassen sich nachweisen 1654 in Altenburg, 1668 bzw. 1669 in Savoyen, 1671 in Kopenhagen, 1709 und 1719 in Dresden, 1727 in Fürstenried, 1728 in Dresden, 1743 in Wien und 1747 wiederum in Dresden. Zu den höfischen Frauenturnieren vgl. Helen Watanabe O'Kelly: Das Damenringrennen – eine sächsische Erfindung? In: Sachsen und die Wettiner. Chancen und Realitäten. Dresdner Hefte 1990. S. 307-312; Dies.: Triumphall Shews. Tournaments at German-speaking Courts in their European Context 1560-1730. Berlin 1992. S. 122-145; Lena Rangström: Ladies' carousel. In: AK Riddarlek och Tornerspel. S. 418.
9 Adam Olearius: Auffzüge vnd Ritterspiele So bey [...] Friederich Wilhelms Hertzogen zu Sachsen/ Gülich/ Cleve vnd Berg/ [...] Jungen Printzen/ Hertzog Christian, Fürstlichen Kindtauffs Feste/ [...] gehalten worden [...] zu Altenburg im Monat Junio 1654. Schleswig: Johan Holwein 1658. Vgl. Watanabe, Damenringrennen, S. 308f.; Dies., Triumphall Shews, S. 122-125.
10 Watanabe, Damenringrennen, S. 307-312.
11 Olearius, Auffzüge, Bl. Na.
12 Ebda., Bl. Ja.

männliche Erscheinen in der Rolle einer tugendhaften Frau zum Frauenlob zu stilisieren. Dieses Konstrukt kam zwangsläufig mit dem Erscheinen der Damen auf der Rennbahn ins Wanken. Die Frauenverkleidung der Höflinge drohte durch die 'natürliche' Rollenbesetzung der Hofdamen ihre aufführungspraktische Legitimierung zu verlieren, das *fiktive* weibliche Geschlecht lief Gefahr, durch das *tatsächliche* weibliche Geschlecht konterkariert und damit als sittlich nicht mehr vertretbar bloßgestellt zu werden. Indes konnte und sollte es nicht Absicht der das Damenringrennen ausrichtenden Herzogin sein, problematische Konstellation zu rechtfertigen und in ihrer tatsächlich einschneidenden Bedeutung zu verharmlosen, sind dem ausführlichen Festbericht des Adam Olearius zu entnehmen, welcher die Altenburger Aufzüge in Wort und Bild dokumentiert.

Seine Ausführungen zur Penthesilea-Invention beschließt Olearius mit einem Gedicht, in welchem das Phänomen der Amazonen weniger historisch erläutert, als vielmehr humorvoll-polemisch aktualisiert wird, indem er einen Vergleich mit dem zeitgenössischen Geschlechterverhältnis anstellt:

EJn Wunder der Natur: was Männern sonst zustehet/
Und zwar die nur behertzt: daß man getrost hingehet/
Wo Blut vnd Todt so wol als Sieg den Mann umgiebt/
Das auch dem Weiber Volck ein solches Werck beliebt.
Solch Helden Hertz fand man bey den Amazoninnen/
Die alle Welt außrieff für tapffre Kriegerinnen.
Denselben war es nur ein Spiel/ Lust/ Frewd vnd Schertz
Wenn sie dem Feind ein Schwert gejaget durch das Hertz.
Die kunten manchen Mann zu vnser Zeit beschämen/
Dem Furcht vnd Angst das Hertz wil aus dem Hertzen nehmen/
Der ist am Mund' ein Lew [Löwe, C.S.]/ am Hertzen ein recht Haaß
Nach seinem Donner fährt ein Blitz nur aus dem Glaß.
Ein solcher trag' ein' Haub' vnd bleibe bey der Wiegen/
Sein Weib nehm ein Kaschket [Visierhelm, C.S.] vnd zieh' hinaus zu kriegen.
Bey etlichen wär wol ein solcher Helden Muth/
Nur das man solches Werck zu vnser Zeit nicht thut.
Zwar Weiber gibt es noch/ die in dem Hause streiten
Vnd trillen jhren Mann: gewinnen auch zu zeiten/
Doch nicht mit solchem Ruhm/ wie ein' die Amazonin/
Die zu viel höhern Zweck gestellet jhren Sinn.
Sie schützten jhre Stadt/ gewunnen Land vnd Leute/
Vnd sahen doch auff Ruhm mehr als auff solche Beute/
Gleich wie auch pflegt zu thun ein Ruhm ergebner Held.
Man jhnen billich auch ein Helden Lob zustelt.[13]

die zu den Tauffeierlichkeiten angereisten nahen Verwandten durch ihre 'Invention' zu kompromittieren. Die Strategien, mit welchen man versuchte, diese für den Umgang der Geschlechter wie für die moralische Einschätzung der Festivitäten äußerst Bemerkenswert daran ist, daß Olearius neben der Anprangerung der Negativentwürfe 'feiger Mann' und 'streitsüchtige Frau' als 'degenerierte Nachfahren' der vorzeitlichen Helden und Heldinnen einräumt, es gebe durchaus immer noch

13 Ebda., Bl. Jb.

Frauen mit Heldenmut, den diese jedoch nicht mehr unter Beweis stellen können, „da man solches Werck zu vnser Zeit nicht thut", d. h. das kriegerische Betätigungsfeld aus Schicklichkeits- und Konventionsgründen für Frauen nicht (mehr) in Betracht kommt. Damit weist Olearius auf das im Festbericht an späterer Stelle erläuterte Damenringrennen voraus. Dieses erscheint im Rückblick auf seinen Kommentar als 'Ersatzbetätigungsfeld', welches den Hofdamen als 'zeitgenössischen' Amazonen die Möglichkeit einräumt, zumindest im Divertissement die Waffen zu führen und damit ihre heldenhaften Fähigkeiten unter Beweis zu stellen. Olearius gibt sowohl das Kartell der „Streitbaren Heldin"[14] Penthesilea, d. h. die Ansprache der Amazonenkönigin an die Anwesenden, als auch die Stellungnahme des 'Frauenzimmers' zur Okkupation 'männlichen' Waffenspiels wieder. Im Vergleich erweisen sich die aus männlicher (als Penthesilea vorgeblich weiblicher) und aus (tatsächlich) weiblicher Sicht vorgetragenen Argumente für das jeweilige Erscheinen auf der Rennbahn als galante Reverenz an das 'andere Geschlecht' und bestätigen verbal die bestehende Geschlechterordnung – und dies trotz deren aktiver Infragestellung! So läßt Penthesilea verlautbaren:

DAß iemahls Amazonen gewesen/ auch annoch seyn/ [!] mögen dieselben verneinen/ welche Sie niemals gesehen/ und stets in Zweifel ziehen/ wessen Sie durch die Erfahrenheit nicht überwiesen. Wären Sie alle dieses Orts zugegen/ würde unsere ietzige Gegenwart ihnen einanders einbilden/ und Sie nicht mehr für Fabelwerck halten/ waß etwa von unsern Wesen und Thun von denen Kriegen und Streiten/ die Wier verübt/ und durch dieselben mächtige Völcker und Reiche übermeistert/ von denen Städten und Schlössern auch/ so die unsere erbaut/ zu unser ewigen Ruhm die jenigen angemerckt/ derer gelahrte [gelehrte, C.S.] Hand/ alles was Sie verzeichnet/ unsterblich gemacht. [...] Ein mehrers ist dieses Orts nicht zu melden/ damit Wier nicht mehr vor Buchstäbler/ als Ritterhaffte Damen gehalten werden möchten. [...] Es sey das Weibliche Geschlecht/ wie aller anderen Tugend/ also der Streitbaren Hertzhafftigkeit auch nichts minder fähig als eben die Männer/ und also eine Penthesilea nichts weniger Ruhm durch Waffen/ und Sieg erwerben könne/ als etwa ein Hector oder Archilles. [...][15]

Penthesilea alias Johann Georg (II.) von Sachsen begründet ihr bzw. sein Erscheinen damit, den Beweis für die reale Existenz dieser tugendhaften Heldinnen oder „Ritterhafften Damen" – in Vergangenheit wie Gegenwart – antreten zu wollen. In der Rolle der antiken Amazonenkönigin verherrlicht der Kurprinz neben den mythischen Kriegerinnen auch die zeitgenössische höfische Frau als heldenhaftes Geschlecht. Penthesilea greift also stellvertretend für die antiken wie für die zeitgenössischen Amazonen, die Hofdamen, zu den Waffen, denen dies ja selbst – „da man solches Werck zu vnser Zeit nicht thut" – verwehrt ist.

Damit nun das 'leibhaftige' Erscheinen dieser von Penthesilea lediglich erwähnten 'zeitgenössischen Amazonen' nicht die als Amazonen verkleideten Kavaliere blamierte, wurde nach Beendigung des Damenringrennens im Namen des 'Frauenzimmers' folgendes Gedicht durch ein 'Jungfräulein' vorgetragen:

1.
UNsre Hand ist ungelehrt/
Zu gebrauchen Wehr vnd Waffen/
Mit Spieß/ Bogen/ Lantz vnd Schwerdt
Haben wir sonst nichts zu schaffen/
Wir/ ein schwaches Zeug/ vermügen
Gleich den Männern nicht zu kriegen.
2.
Die bewehrte Helden Hand/
Treuer Männer muß uns schützen/
Muß für unsern Wolfahrts Stand/
Ehr vnd Friede tapffer schwitzen.

14 Ebda., Bl. Ha.
15 Ebda., vor Bl. 10.

Ihnen wir hier billich weichen
Vnd den Palm Zweig überreichen.
3.
Daß wir aber uns erkühnt/
Und für euch berühmte Helden/
Itzt der Lantzen uns bedient/
Müssen nötig diß wir melden/
Daß wir bey so schwachem Wercke
Ehren wollen eure Stärcke.
4.
Unser keine wird genandt
Eine Tochter der Bellonen/
So seind wir auch nicht verwandt
Den behertzten Amazonen/
Was die Schwachheit könt' erzwingen
Wolten wir zur Lust euch bringen.
5.
Darbey ist auch vorgestellt/
Das wir alle müssen kriegen/
Weil wir seind in dieser Welt.
Aufff bemühet euch zu siegen/
Das daß Kleinodt jhr gewinnet/
Und der Eitelkeit entrinnet.[16]

Die mit dem Damenringrennen angemaßte männliche Betätigung der höfischen Frauen wird nachträglich durch den Verweis auf deren Unzulänglichkeit beim Waffengebrauch, auf ihre Schwachheit, Schutzbedürftigkeit und ihr unkriegerisches Wesen verbal zurückgenommen. Eine Verwandtschaft mit den antiken Amazonen weisen die Damen strikt von sich und unterbinden somit einen Vergleich und eine Konkurrenz mit den als Amazonen verkleideten Adeligen und deren Turnierleistungen. An das Kartell des Kurprinzen anknüpfend stellen sie das Rennen ihrerseits als Ehrenbezeigung, nun allerdings für die männliche Stärke, aus. Damit wird der galante Ehrerweis der Männer an die Frauen durch die Amazoneninvention mit jener der Frauen an die Männer durch das Damenringrennen beantwortet. Das tradierte Geschlechterverhältnis wird lediglich spielerisch in Frage gestellt.

Magdalena Sibyllas Großneffe August der Starke hatte nicht nur die Beteiligung von Hofdamen in den Dresdner Aufzügen von 1695 und 1697 gefördert, er veranstaltete auch zwei der aufwendigsten Damenringrennen in Dresden, welche die zunehmende Integration der höfischen Frau als aktive Partnerin des Mannes in die Divertissements belegen. Anhand dieser beiden Damenringrennen ist nachzuvollziehen, auf welche Weise das gemeinsame Agieren von Hofdamen und Hofkavalieren koordiniert und wie hierbei das höfische Galanteriekonzept motivisch, gestalterisch, räumlich und habituell umgesetzt wurde.

Das erste Dresdner Damenringrennen hielt August der Starke am 6. Juni 1709 während des Staatsbesuchs König Friedrichs IV. von Dänemark im hölzernen Vorgängerbau des Dresdner Zwingers ab. Dieses aufsehenerregende Fest wurde zehn Jahre später für das im Rahmen der sieben Planetenfeste veranstaltete Venusfest anläßlich der Hochzeit des Kurprinzen Friedrich August (II.) mit der Kaisertochter Maria Josepha 1719 aufgegriffen, hinsichtlich der galanten Komponenten und der Choreographie der teilnehmenden Damen und Kavaliere aber – vor allem aus männlicher Sicht – entscheidend verbessert. Der Vergleich der beiden Damenringrennen von 1709 und 1719 verdeutlicht die Optimierung der galanten Choreographie:

Am Damenringrennen von 1709 beteiligten sich 24 Damen (Abb.42 und vgl. Abb.40).[17] Sie wurden nicht nur von ihrem wagenlenkenden Kavalier, sondern darüber hinaus von weiteren zwei Kavalieren zu Pferd sowie sechs Läufern begleitet. Jede Dame hatte eine Pastellfarbe erlost, in der sich ihre Gruppe einheitlich kleidete. Der Umstand, daß die Kavaliere die Farbe der Dame trugen, griff die schon in den mittelalterlichen Turnieren geübte Praxis auf, die Farben der verehrten Dame als Minnezeichen zu führen. Die einheitliche

16 Ebda., Bl. Ta,b.
17 Sächsisches Hauptstaatsarchiv Dresden, OHMA F Nr. 15, Bl. 77a-89a. August der Starke war bestrebt, seine ephemeren Festveranstaltungen im Bild festzuhalten. So haben sich im Dresdner Kupferstich- Kabinett ein Deckfarbenkodex zum Damenringrennen 1709 (Inv.Nr. Ca 198), ferner in der Sächsischen Landesbibliothek – Staats- und Universitätsbibliothek Dresden ein lavierter Zeichnungsband mit Vorlagen für die Umsetzung der Darstellungen als Kupferstichwerk (Msc. Dresd. J 7) sowie schließlich die von Johann Georg Wolfgang ausgeführten Kupferstiche erhalten.

Farbgestaltung deutete auf die Zusammengehörigkeit der Geschlechter als Gruppe hin. Sie unterstrich nicht nur die funktionalen Konstellationen der Beteiligten beim Ritterspiel und erleichterte damit dessen Koordination, sondern visualisierte auch die im gemeinsamen Agieren von Mann und Frau angestrebte vollkommene Harmonie der Geschlechter. Für den Wettkampf wurden drei Rennbahnen mit Zielringen eingerichtet. Gleichzeitig mit der auf der mittleren Bahn fahrenden Dame rannten auf den äußeren Bahnen die beiden Kavaliere nach dem Ring. Deren Treffer wurden der Punktzahl der Dame hinzugezählt. Während ansonsten die männlichen Teilnehmer untereinander um den Sieg und den damit verbundenen Gewinn wetteiferten, stritten die Kavaliere hier allein für den Gewinn ihrer Dame. Neben der Farbe losten die Damen auch ihre drei begleitenden Kavaliere. Das offenbar manipulierte Los bescherte 1709 der Mätresse Augusts des Starken, Gräfin Cosel, die begehrte 'Couleur de Rose', keinen Geringeren als den dänischen König als Wagenlenker und August den Starken als einen der begleitenden Kavaliere (vgl. Abb.40). Das Damenringrennen diente damit nicht nur generell als Ehrerweisung an das weibliche Geschlecht, sondern galt ganz besonders der Mätresse des Königs. Beim anschließenden Mahl saßen die Damen mit jenen Kavalieren, die beim Wettkampf ihre Wagen geführt hatten, paarweise zu Tisch. Die bei der galanten Zweisamkeit 'überzähligen' Kavaliere speisten allein an einer gesonderten Tafel. Dies lief dem galanten Prinzip der Paarbildung zuwider und wurde offenbar als unbefriedigend empfunden, worauf Veränderungen beim Damenringrennen von 1719 schließen lassen. Die für den Dresdner Hof spezifische Besonderheit, synchron mit der Dame zwei zusätzliche Kavaliere nach dem Ring rennen zu lassen, resultierte sicherlich aus Augusts Bestreben, die Kavaliere stärker und vor allem aktiver in das Ritterspiel der Damen einzubinden. Der männliche Part beim Damenringrennen sollte

42. C.H. Fritzsche, Aufzug zum Damenringrennen am 6. Juni 1709 in Dresden, 1710
Dresden, Staatliche Kunstsammlungen, Kupferstich-Kabinett (Kat.Nr. 91)

43. Carl Heinrich Jacob Fehling, Blick über den Großen Garten mit Reiteraufzug, nach 1719. Feder, Tusche in Grau. Dresden, Staatliche Kunstsammlungen, Kupferstich-Kabinett, Abteilung Foto/Repro

sich nicht nur auf das Kutschieren der waffenführenden Dame beschränken. Mann *und* Frau führten hier die Waffen im gemeinsamen Wettkampf. Darüber hinaus konnte der Dame durch den Dienst gleich mehrerer Kavaliere besondere Ehre erwiesen werden.

Das der Göttin der Liebe gewidmete Venusfest am 23. September 1719 im Großen Garten eignete sich hervorragend zur Feier der galanten Zweisamkeit im allgemeinen und zur Verherrlichung der herrscherlichen Hochzeit als 'fruchtbringender' Liebeshochzeit im speziellen (Abb. 43, 44).[18] An dem im noch größeren Stil als schon 1709 ausgerichteten Damenringrennen nahmen 34 Damen teil, die nun nicht mehr ihre eigene erloste Farbe führten, sondern den vier Quadrillen der Farben Rosa und Silber, Blau und Silber, Grün und Gold sowie Gelb und Gold zugeordnet waren. Diese Gliederung in vier farblich unterschiedene Quadrillen rekurrierte sowohl auf das vorausgegangene Karussell der Vier Elemente, stärker aber noch sollte sie auf die Vier Jahreszeiten verweisen, denen im Anschluß an das Damenringrennen ein Ballett im Gartentheater gewidmet war. Jede Quadrille wurde von einer Gruppe der Chefs angeführt, die sich durch kostbarere Kleidung vor den übrigen Quadrillengruppen auszeichneten. Wie schon 1709 begleiteten die Dame auch 1719 zwei Kavaliere zu Pferd. Die zugehörigen Läufer trugen den Namen der Dame bzw. ihres Dienstherrn in goldenen Lettern auf der Mütze. In der Vorbereitungsphase ausgegebene gemalte Bilder gewährleisteten die einheitliche Ausstattung der einzelnen Quadrillen und damit ein ästhetisch ansprechendes, homogenes Erscheinungsbild der Reiterchoreographie. Die von den Damen geführten Sonnenschirme verliehen dem Wettkampf im Vergleich zu jenem von 1709 eine dekorativere, verspielte Wirkung. Die rosa Quadrille in der Farbe der Venus führte die Braut Maria Josepha als Chefin an. Ihren Wagen lenkte ihr Oberhofmarschall Graf von Dietrichstein, als Kavaliere zu Pferd begleiteten sie ihr Bräu-

18 Auch dieses Fest ließ August der Starke für seinen geplanten Festbericht zu den Hochzeitsfeierlichkeiten 1719 durch großformatige lavierte Zeichnungen dokumentieren. Sächsisches Hauptstaatsarchiv Dresden, OHMA B Nr. 20b, Bl. 877a-946a. Vgl. Ingrid S Weber: Planetenfeste August des Starken. Zur Hochzeit des Kronprinzen 1719. Illustriert durch die Medaillen von Oluf Wif. München 1985. S. 69-74.

44. Carl Heinrich Jacob Fehling,
Wagen der Quadrillen zum Damenringrennen beim Venusfest 1719 im Großen Garten in Dresden, nach 1719. Feder, Pinsel in Grau.
Dresden, Staatliche Kunstsammlungen, Kupferstich-Kabinett, Abteilung Foto/ Repro.
Aufnahme: Estel

tigam und ihr Schwiegervater August der Starke. Die Gruppe der Chefs der rosafarbenen Quadrille war von allen Teams am kostbarsten gekleidet, wodurch ihre Vorrangstellung signalisiert wurde.

Während 1709 die Gruppen nacheinander den Wettkampf auf den drei Bahnen durchführten, richtete man 1719 auf dem Platz vor dem Palais 12 Bahnen ein, die den vier Quadrillen ein gleichzeitiges Rennen nach dem Ring ermöglichten und damit den Schaueffekt der Vorführung steigerten. Folglich war nicht nur ein koordinierter Vollzug der Rennen innerhalb der einzelnen Gruppe, sondern auch zwischen den Gruppen der vier Quadrillen sicherzustellen, sollte das Damenringrennen den gewünschten ästhetischen Effekt erzielen. So wurden die Kavaliere angewiesen, beim Rennen nicht nur mit den hintersten Rädern des Wagens der Dame gleich zu bleiben, sondern auch auf eine gleichmäßige Distanz zu den übrigen Rennern zu achten, zugleich auf das Pferd aufzuspringen, dieses synchron zu lenken und nicht aus der Ordnung zu reiten. Eine Skizze legte die Positionen der Kavaliere beim Abgang der Gruppe nach geendigtem Cours fest.[19] Um eine reibungslose Choreographie der Wettkämpfer zu gewährleisten, ließ August der Starke das Damenringrennen am 14. und am 21. September proben. Das am 23. September schließlich der Öffentlichkeit präsentierte Reiterspiel führte nicht nur, wie bereits zehn Jahre zuvor, das Zusammenspiel der Geschlechter innerhalb der einzelnen Gruppen vor, sondern darüber hinaus das koordinierte Auftreten der gesamten, aus Hofdamen und Hofkavalieren gebildeten Hofgesellschaft.

Den Anfang des Damenringrennens machten die vier Gruppen der Chefs, die nach ihren 12 Coursen dem weiteren Wettkampf ihrer Quadrillen zusahen. Nicht nur die Punktzahlen der Kavaliere wurden für die jeweilige Dame gezählt, sondern die Gesamtsumme der Quadrille nochmals für die Chefin. Mit der höchsten Punktzahl ging der Hauptgewinn, eine

19 Sächsisches Hauptstaatsarchiv Dresden, OHMA B 20b, Bl. 887b.

Haarnadel in Gestalt eines bekrönten, mit Brillanten verzierten Diamantherzens, an die Braut. Jeweils drei weitere Gewinne erhielten die besten Damen der einzelnen Quadrillen.

Eine Neuerung gegenüber 1709 stellte die Vermehrung der Gruppen des Damenringrennens durch die sogenannten Nymphen dar, ausgewählte Hofdamen, die in vier farblich mit den Quadrillen übereinstimmenden Wagen zwar am Aufzug, nicht jedoch am eigentlichen Wettkampf teilnahmen, sondern diesem lediglich zusahen. Die Nymphen dienten dazu, die Renner zu Pferd, die während des Damenringrennens für die Dame im Wagen antraten, bei den übrigen Programmpunkten des galanten Festes mit einer Partnerin zu versorgen. Die Paarbildung als galantes Ordnungsprinzip war damit wieder hergestellt, die scheinbare Disharmonie im zahlenmäßigen Verhältnis der Geschlechter aufgehoben, ohne daß gleichzeitig beim Damenringrennen auf eine Teilnahme der Kavaliere als Renner und auf die Möglichkeit der besonderen Ehrung der Dame durch den männlichen Konvoi verzichtet zu werden brauchte. Das Venusfest garantierte – als wesentliche Intention der Veranstaltung – jedem Geschlecht einen Partner des anderen Geschlechts, niemand blieb unter dem Zeichen der Liebesgöttin allein. Infolge der Einführung der Nymphen als Zuschauerinnen verstärkte sich allerdings der passive Part der Frau beim Damenringrennen – und dies im Gegenzug zur Verstärkung der aktiven Rolle des Mannes durch die beiden die turnierende Dame begleitenden Kavaliere.

Waren die Dresdner Damenringrennen von August dem Starken als männlichem Festarrangeur mit einer entsprechenden Ausrichtung bestimmt gewesen, so wurde 1743 erneut von einer Frau – der Königin und späteren Kaiserin Maria Theresia – in der Wiener Hofreitschule ein Damenkarussell veranstaltet, das für Furore sorgte (Abb.45, 46).[20] Daß sich die höfischen Frauen hier nicht mehr mit den Ringrennen begnügten und sich an die weitaus mehr Können abverlangenden Karussells heranwagten, nahm den Kavalieren nun auch das letzte ihnen reservierte Ritterspiel, doch damit nicht genug: War August der Starke bestrebt gewesen, durch die beiden zusätzlichen Kavaliere den aktiven männlichen Anteil am Damenringrennen über die Wagenlenker hinausgehend zahlenmäßig zu erhöhen, so reduzierte 1743 Maria Theresia die männliche Beteiligung an ihrem Karussell, indem die Hälfte der teilnehmenden 16 Damen, darunter die Königin selbst, zu Pferd statt in Kutschen erschienen, wodurch auf acht

45. Deutsch, Damenringrennen in der Wiener Hofreitschule, 1743 (?) Dresden, Staatliche Kunstsammlungen, Kupferstich-Kabinett (Kat.Nr. 95)

Seite 64:
47. Martin Schnell, Drei Ringelstechlanzen, 1719 Dresden, Rüstkammer, Staatliche Kunstsammlungen (Kat.Nr. 96-97)

46. Deutsch, Aufzug zum Damenringrennen in Wien, 1743 (?)
Dresden, Staatliche Kunstsammlungen, Kupferstich-Kabinett (Kat.Nr. 94)

Wagenlenker verzichtet werden konnte. Beim Wiener Damenkarussell standen die Hofdamen und ihr Können tatsächlich im Mittelpunkt der Veranstaltung; die auf das Paar von Hofdame und Kavalier ausgerichtete galante Choreographie trat damit in den Hintergrund. Das Treffen der Ziele und die Erlangung der Punkte erfolgte weitgehend ohne männliches Zutun und war ausschließlich vom Geschick der Dame abhängig. Damit hatte Maria Theresia allerdings noch nicht die Möglichkeiten des Frauenturniers ausgeschöpft: Denn mit Ausnahme der Königin und einer Gräfin ritten die Hofdamen nicht im Damensitz, sondern – wie es Amazonen gebührt – im Herrensitz. Neben diesen Neuerungen sorgte aber vor allem der Umstand für Aufregung, daß die Königin trotz Schwangerschaft für dieses Divertissement aufs Pferd stieg. Die zeitgenössische kritische Betrachtung des Wiener Damenkarussells vermittelt der Tagebucheintrag des kaiserlichen Oberhofmeisters Johann Joseph Khevenhüller:

Den 2. [Januar 1743, C.S.] ward bei Hoff das von I.M. [Ihro Majestät, C.S.] biß anhero aufgeschobene Frauen-Carousel sehr prächtig gehalten [...] Jedermann verwunderte sich, daß alles hierbei so ordentlich und ohne einigen widrigen Zustoß abgeloffen, da doch die Frauen und Hoff-Dames, so zu Pferd und in Briocci [Wagen, C.S.] mitgerennet, sehr wenige Zeit sich zu exerciren gehabt, und sonderlich das reutende Frauen-Volck mit schlechten und kaum zur Promenade, geschweige zu dergleichen Exercitien abgerichteten Pferden versehen gewesen. Überhaupt war das Spectacul seiner Seltsam- und Neuigkeit halber würdig anzusehen; es manglete auch nicht an Magnificence, obschon die Enge des Raumes in der gedeckten Reuttschull solche in villem verhinderte und sonderlich das Carousel in denen Biroccien nicht recht placiren kunte. I.M. hatten von darummen haubtsächlich darmit also geeilet, weillen sie bereits einige Zeichen abermahl geseegneten Leibs gespühret so auch bald darnach declariret wurde; disen Umstand suchte mann freilich zu Vermeidung unnöthiger Glossierungen bestmöglichst in geheim zu halten; allein gleichwie derlei Secreta absonderlich bei Hoff sehr schwär Platz greiffen, so geschah es auch in diser Gelegenheit und fanden sich ville Leuthe, die denen Medicis und andern, welche einen vertrauteren Umgang mit I.M. haben, sehr übl genohmen, daß sie durch ihre Vorstellung die Sach nicht verhindert haben, wiewollen dise hingegen behaubtet, sie hät-

Anmerkung zu Seite 65:
20 Den Aufzug zum Damenkarussell in der Wiener Hofreitschule hielt Martin van Meytens und Werkstatt in einem großformatigen, repräsentativen Ölgemälde fest, das im Karussellzimmer von Schloß Schönbrunn wandfest montiert wurde (Kunsthistorisches Museum Wien, Gemäldegalerie, Inv. Nr. 7500). Anhand des Gemäldes und der zwei Dresdner Zeichnungen ist somit der Ablauf des höfischen Frauenturniers in seinen drei wichtigsten Phasen, dem Aufzug in der Hofreitschule, dem Wettkampf und der abschließenden Runde um den Michaelerplatz, bildlich dokumentiert. Eine weitere Zeichnung des das Damenringrennen beschließenden Aufzugs, welche große Übereinstimmungen mit dem Dresdner Blatt aufweist, verwahrt das Historische Museum der Stadt Wien (Inv. Nr. 31.669). Vgl. AK Maria Theresia und ihre Zeit. Zur 200. Wiederkehr des Todestages. Wien, Schloß Schönbrunn, 13.5. bis 26.10.1980. Wien 1980. S. 219f. Vgl. auch den von Johann Jacob Lidl gestochenen und verlegten Kupferstich zum Wiener Damenkarussell, Abb. in: Elisabeth Grossegger: Theater, Feste und Feiern zur Zeit Maria Theresias 1742-1776. Nach den Tagebucheintragungen des Fürsten Johann Joseph Khevenhüller-Metsch, Obersthofmeister der Kaiserin. Wien 1987 (=Veröffentlichungen des Instituts für Publikumsforschung 12 = Österreichische Akademie der Wissenschaften, Philosophisch-historische Klasse, Sitzungsberichte 476). Titelbild.

ten es zwar versucht, aber nicht erhalten können. Uebrigens ware doch dises noch gutt hierbey, daß die Königin weiberisch geritten, worbey mann noch weniger Gefahr und Anstößlichkeit supponiret. Die einzige verwittibte Gräfin von Nostritz ritte ebenfahls gleich I.M. weiberisch, die andere aber, Frauen und Freilen, waren auf Männer-Art placiret, worüber es ebenfahls an Remarquen nicht fählete.[21]

So läßt sich zusammenfassend die Etablierung der Damenturniere – von 1654 über 1709 und 1719 bis 1743 – als schrittweise 'Emanzipation' der höfischen Frau verfolgen, die von dem 'männlichen' Versuch begleitet ist – sei dieser nun körperlich-aktiv oder wie im letzten Fall verbal), die den vermeintlichen Amazonen galant zugestandene Okkupation des Ritterspiels dennoch 'im Zaume zu halten' und die 'führende' Position des Mannes im Damenringrennen sicherzustellen. Der Niedergang der großen höfischen Turnierveranstaltungen in der zweiten Hälfte des 18. Jahrhunderts setzte schließlich auch der kurzen Tradition der Frauenturniere ein endgültiges Ende.

21 Grossegger, Theater, a.a.O., S. 3f.

Jutta Bäumel

Ringelstechlanzen zu Damenringrennen am Hof Augusts des Starken

In der Dresdner Rüstkammer sind Ringelstechlanzen unterschiedlicher Farbe zu von August dem Starken veranstalteten Damenringrennen überliefert. Sie lassen sich hauptsächlich zwei Ereignissen zuordnen: den Ringrennen zum „damen-festin" anläßlich des Aufenthaltes Friedrichs IV von Dänemark 1709 in Dresden auf der großen Reitbahn sowie dem „dames fest" anläßlich der Hochzeit des sächsischen Kurprinzen Friedrich August (II.) von Sachsen 1719 in Dresden im Großen Garten. Für beide Ereignisse wurde eine stattliche Stückzahl von zierlichen Ringelstechlanzen französischen Typs mit „ausgeschnittenen zierrathen" und unterschiedlichen Farben neu angeschafft.1719 fanden neben ganz neuen Ringelstechlanzen noch einige von 1709 Wiederverwendung. Sowohl letztere, als auch die ganz neu gefertigten Lanzen sind jeweils vom Hoflackierer Martin Schell „neu gemahlet und also vergoldet und versilbert worden". Die Farbfassungen sind mit einem goldenen oder silbernen Bandelwerk in der Art des Jean L. Bérain bemalt.

Im Dresdner Rüstkammerinventar der Schlittenkammer von 1717 ff. werden unter den zahlreichen Lanzen zum einen 16 in Rosa-Silber, 18 in Blau-Gold, 17 in Grün-Gold (Abb.47) und 18 in Gelb-Silber, „welche die cavalliers beym dames fest ao. 1719 gebrauchet", zum anderen 8 in Rosa-Silber, 7 in Blau-Gold, 9 in Grün-Silber und 2 kleine in Gelb-Silber, „welche die dames beym ring rennen oder dames fest ao. 1719. geführet haben", erwähnt. In demselben Inventar sind zusammen mit zwei goldlackierten Lanzen des Königs noch zwei goldlackierte Frauenlanzen aufgeführt: „Zwey französische ring lanzen, von einen glanz golde, mit ausgeschnittenen zierrathe, an der einen ein rother pusch band, vor Ihr Königl. Majth. zum gebrauch. Zwey dergleichen frauenzimmer lanzen, ebenmäßig mit einen glanz golde, und gebogenen zierrathen gleich vorherstehenden." Aus dem Inventar ist nicht erkennbar, welchem konkreten Ereignis diese Lanzen zuzuordnen sind.

Beim Damenringrennen 1709 war die Mätresse Augusts des Starken, Anna Constantia Gräfin Cosel, auf einem Prunkwagen sitzend und mit einer Ausstattung „couleur de rose" in Begleitung des Königs Friedrich IV. von Dänemark aufgezogen. Dabei haben die den Wagen begleitenden Lakaien oder Pagen für die Gräfin eine rosafarbene Lanze mit goldenen Motiven, für die Herren ganz vergoldete Lanzen mitgeführt, wovon eine Zeichnung von Samuel Mock zeugt (vgl. Abb.40). Die erwähnten Lanzen für die Damen und Kavaliere sind nach Größe und Gewicht nicht eindeutig voneinander zu unterscheiden. Die überlieferten farbig lackierten Lanzen haben in der Regel eine Länge von etwa 270 cm und ein Gewicht von etwa 2 kg, die beiden goldenen Lanzen (in der Form annähernd übereinstimmend mit der Darstellung bei Mock) eine Länge von 243 bzw. 247 cm und ein Gewicht von 2 bzw. 1,7 kg. Eine solche Lanze ein- oder beidhändig in Anschlag zu nehmen und über eine nicht allzu große Distanz auf einen etwas erhöht aufgehängten Ring hinzuführen, ist – aus heutiger Erprobung heraus – für eine Frau durchaus zu bewältigen. Allerdings bedarf es dabei eines gewissen Kraftaufwandes und einiger Geschicklichkeit. Zu berücksichtigen ist, daß die Damen das Ringstechen im Wagen sitzend ausführten, während die Herren zu Pferd nach dem Ring stachen.

Historischer Nachweis:

Rüstkammer Dresden, Inventar der Schlittenkammer von 1717 ff., Bl. 58-62.

Literatur:

AK Barock und Klassik. Kunstzentren des 18. Jahrhunderts. Wien 1984, Kat. Nr. I. 85-I. 187.
AK Matthäus Daniel Pöppelmann 1662-1736. Ein Architekt des Barock in Dresden. Dresden 1987, S. 118f.
Dieter Schaal: The Dresden festivities of 1709. In: Livrustkammaren 1993, S. 121ff.

Vera Thiel

Von der Waffe zum Symbol

Allegorische Frauengestalten mit Schwert

Unter Allegorie ist 'das Anderssagen' zu verstehen, das heißt die Darstellung eines abstrakten Begriffes durch ein rational faßbares Bild, oft mit Hilfe einer Personifikation. Das Symbol setzt sich gegen die Allegorie ab als eine einzeln auftretende Erscheinung, die wie ein Zeichen, Hieroglyphe, Kürzel, Chiffre, Formel, Metapher stellvertretend für etwas augenscheinlich nicht Wahrnehmbares, auch Gedachtes oder Geglaubtes steht. Die Allegorie ist in einen Sinnzusammenhang eingebunden, der sich erst in der Gesamtschau erschließt und in einer idealen Sphäre liegt. Hingegen kann eine profane Darstellung durch die Einbringung eines Symbols eine weitere Bedeutungsebene erschließen. Die scharfe Trennung dieser Begriffe ist seit dem 18. Jahrhundert zusehends aufgehoben.

Von den Allegorien interessieren in diesem Zusammenhang vor allem die schwerttragenden Personifikationen. Die bekanntesten sind Justitia und Nationalallegorien, wobei sowohl bei der Justitia wie auch bei den Nationalallegorien die schwerttragenden nur eine Variante sind. So tritt die Germania als die hier näher ins Auge zu fassende Nationalallegorie nicht ausschließlich mit dem Schwert bewaffnet auf. Justitia ist die Ältere, und die Wurzeln ihres heute geläufigen Auftretens mit Schwert und Waage sind weitreichend bis zu Göttinnen, Heroinen der Antike und christlichen Vorstellungen. Gerechtigkeit, die durch sie verkörpert wird, ist ein zentraler Begriff des menschlichen Empfindens und ein Wert von zeitloser Gültigkeit. Gerechtigkeit ist ein sittliches und moralisches Ansinnen der Gesellschaftsordnung, dem sich auch die Rechtspraxis unterwerfen sollte.[1]

Justitia

Aus dem griechischen Kulturkreis ist Themis bekannt. Sie wird schon als Göttin der Gerechtigkeit bezeichnet, sie steht aber eher als Göttin der Erhaltung bestehender Ordnung, des unumstößlich Gültigen, dem sich auch Götter zu unterwerfen haben. Sie ist die Künderin des Schicksals – den Göttern als Rat, den Menschen als Orakel.[2] Welche Attribute ihr beigegeben waren, ist nicht bekannt. Auf dem Pergamonfries kämpft sie gegen die Giganten. Dike, Tochter der Themis und des Zeus, kommt der heutigen Vorstellung der Justitia schon näher. Sie machte indes einen Bedeutungswandel durch. Anfangs ist sie die Wahrerin der Ordnung und des Rechts, Strafe und Vergeltung hingegen war die Sache des Zeus. Nach und nach übernimmt sie die Ausführung des göttlichen Strafurteils, dann auch das Richteramt. Sie entdeckt das Verborgene, enthüllt es, durchdringt das Dunkel der Verschleierung und Verstellung. Sie richtet unbeeinflußt über das Tun der Menschen und verhängt Strafe als Folge eines Rechtsbruches. Sie übt keine Rache und unterscheidet sich darin von den Rachegöttinnen, die Fackeln und Geißeln mit sich führen, sie hingegen führt, wie aus literarischen Quellen bekannt, das Schwert, die Axt, gelegentlich auch eine Waage mit sich. Sie ist wahrend, aufklärend und richtend. Aber sie setzt sich auch körperlich kämpfend für die Einhaltung und Durchsetzung von Recht ein, oft wird sie mit ihrer Antagonistin Adikia, dem personifizierten Unrecht, dargestellt, z. B. auf einer Bandhenkelamphore von 520 v. Chr. des Kunsthistorischen Museums Wien.[3] Dike

1 Wir alle kennen Fälle, wo Recht und Gerechtigkeit nicht dasselbe sind. Trotz allem subjektiven Empfindens dessen, was gerecht oder ungerecht ist, ist das Streben nach Gerechtigkeit ein Grundprinzip.

2 Zur Geschichte der Justitia vgl. Otto Rudolf Kissel; Die Justitia. Reflexionen über ein Symbol und seine Darstellung in der bildenden Kunst, München 1984.

3 Kissel, a.a.O., Abb. 10.

schlägt mit einer Doppelaxt auf die fallende Adikia ein. Der Akzent verlagert sich von der Wahrung der staatlich diktierten oder göttlich vorgegebenen Rechtsordnung zu einer ethischen Dimension – nämlich, daß Recht Unrecht bekämpft und besiegt. Dieses einfache Bild wird noch verdeutlicht durch den Gegensatz „schöne" Dike – „häßliche" Adikia und prägt die Allegorie der Gerechtigkeit.

Von weiteren der Justitia nahestehenden griechischen Personifikationen sei noch Dikaiosyne erwähnt. Von ihr sind keine bildlichen Darstellungen bekannt, aber der Stoiker Chrysippos beschreibt sie als eine Jungfrau „zum Kennzeichen, daß sie rein (keusch und unbestechlich) sei, daß sie gegen Übeltäter niemals nachgiebig sei und nicht eingehe weder auf sanftes Zureden, noch auf Entschuldigungen und Bitten, noch auf Schmeicheleien, noch sich überhaupt durch etwas anderes dergleichen bestimmen lasse; deshalb wird sie folglich auch als bekümmert (und ernsthaft) dargestellt, mit ernster (finsterer) Miene und durchbohrend scharfem Blick, um den Bösen Schrecken und Furcht einzuflößen, den Rechtschaffenen aber Mut und Vertrauen; so also verkündet diese Miene den einen Wohlwollen, den anderen aber (unerbittliche) Strenge."[4]

In römischer Zeit findet das Rechtsempfinden nicht in der Justitia, wie durch den Namen vielleicht naheliegend wäre, sondern eher in der Figur der Aequitas mit Waage und Füllhorn seinen Ausdruck. Während Justitia, sollte sie einmal dargestellt sein, die streng auszulegende Rechtsordnung verkörpert – alles, was 'recht' ist, ist Aequitas diejenige, welche alle Umstände, alles menschliche Verhalten abwägt, – alles, was 'billig' ist.

Die geläufige Allegorie der Justitia mit Schwert und Waage, wie sie sich in dieser Form seit Mitte des 13. Jahrhunderts durchgesetzt hat, wird selten in Aktion handelnd dargestellt, sondern statuarisch (vgl. Abb.50). Dennoch birgt sie den Ansatz des Kämpfens in sich, auf den nicht zuletzt das Schwert hinweist. Es läßt sich noch mit anderen Bezügen unterlegen. Ihre eigentliche Ausprägung erhielt die Justitia im 1. nachchristlichen Jahrtausend mit seiner Vorliebe für Allegorien und Personifikationen, als antike und heidnische mit christlichen Vorstellungen zu einer Bildersprache verschmolzen, die dem Analphabetentum der Bevölkerung Rechnung trug.

Der Aspekt des Kampfes zwischen Recht und Unrecht läßt sich ausdehnen auf die Ebene des allgemein Guten und Bösen. In den Verkörperungen von Tugenden und Lastern konnte sowohl ein christlicher wie auch ein sittlicher Wertekanon installiert werden. Das gilt einerseits für die auf Platon zurückgehenden Kardinaltugenden Prudentia (Klugheit), Temperantia (Mäßigung), Fortitudo (Tapferkeit) und Justitia, andererseits für theologische Tugenden wie Glaube, Liebe, Hoffnung, ebenso wie für eine Reihe aus der Bibel abgeleiteten Tugenden wie Wahrheit, Keuschheit, Weisheit, Güte, Beständigkeit, usw., die jetzt verkörpert und mit bestimmten Attributen versehen für abstrakte, geistige Werte stehen. Vorbereiter der künstlerischen Entwicklung ist die allegorische Dichtung der Psychomachia des Prudentius (348 – 405), die vom teilweise gnadenlosen und hartem Kampf der Tugenden gegen die Laster berichtet. Der Unterschied zu den Lastern wird jetzt besonders krass auch in deren Verkörperungen herausgearbeitet. Der schon bei Dike und Adikia festgestellte Gegensatz von „schön" und „häßlich" wird weiter vertieft: die Personifikationen der Tugenden werden immer idealer, die der Laster entwickeln sich zu häßlichen Monstern. In dem Kupferstich des 16. Jahrhunderts nach Marten de Vos' „Justitia" (Abb.48) tritt die Justitia, das Schwert zum Zeichen des Sieges gen Himmel streckend, von einem kleinen Podest aus die Figur der Violentia zu Boden. Dieser

4 Zit. nach Kissel, a.a.O., S. 22

unten:
48. Nach Marten de Vos, Justitia, 16. Jh.
Düsseldorf, Graphische Sammlung
Kunstmuseum Düsseldorf (Kat.Nr. 31)

oben:
49. Léon Davent, Justitia, Mitte 16. Jh.
Düsseldorf, Graphische Sammlung
Kunstmuseum Düsseldorf (Kat.Nr. 32)

ist als Attribut eine brennende Fackel beigegeben, von ihrem Kopf züngeln Schlangen wie bei dem antiken Vorbild des Medusenhauptes; Drachenflügel wachsen auf ihrem Rücken. Im Bildhintergrund rechts sind eine Folterbank, ein Galgen und weitere Folterinstrumente zu sehen. Die strahlend schöne Justitia setzt sich gegen die grobschlächtige Violentia ab. Die Justitia tritt hier in Aktion auf. Die Waagschalen ihrer Balkenwaage sind nicht ganz austariert. Voller Anspielungen ist auch die Radierung „Justitia" von Léon Davent (Abb.49) aus dem 16. Jahrhundert. Die Justitia hat bereits die Laster in Form einer

Reihe von häßlichen Monstern besiegt und in Ketten gelegt, unter ihnen auf der linken Seite des Tondos die Gewalttätigkeit mit Fackel und die Bestechlichkeit mit Geldbeutel. Justitia thront in Siegerpose auf der Weltkugel, in ihrer Rechten ein Flammenschwert, hinter ihr der Sonnenball, über ihrem Haupt schwebt eine Krone. Die letzten Symbole betonen den theologischen Aspekt der Gerechtigkeit als einer christlichen und damit siegreichen Tugend: das Flammenschwert des Erzengels Michael, Christus als Weltenrichter in Gestalt des „sol justitiae“,[5] die Krone als Bezug zur Himmelskönigin Maria. Hier ist nicht die Seelenwägung im Vordergrund, sondern der Sieg der christlichen Tugend über menschliche, weltliche Laster.

Neben der Bedeutung der Justitia als Gerechtigkeit ist ihr aber noch eine weitere Bedeutung als Allegorie innewohnend: die der weltlichen Gerichtsbarkeit. Diese Bedeutung ist eng mit den Orten verbunden, an denen weltliche Gerechtigkeit anzutref-

oben:
50. Raphael Morghen (nach Raffael), Justitia, um 1800
Düsseldorf, Graphische Sammlung Kunstmuseum Düsseldorf (Kat.Nr. 35)

links:
51. Richtschwert mit der Darstellung der Justitia auf der Klinge, Anfang 18. Jh.
Solingen, Deutsches Klingenmuseum (Kat.Nr. 42)

5 Sol Justitiae (Christus als Sonne der Gerechtigkeit), Kupferstich von Albrecht Dürer um 1500. Vgl. Kissel, a.a.O., S. 37, Abb. Nr. 26.

fen ist: an Rathäusern, Gerichtsgebäuden, Fakultätsgebäuden, als Stadtbrunnenfigur oder als Dekor. Trotz der Vielzahl der Darstellungen und Aufstellungsorte ist an keiner Stelle der Namen, der Gerechtigkeit als Konsequenz der Gerichtsbarkeit, der sich der Verurteilte unterwirft, mit dem Urteil so stark verknüpft wie auf Richtschwertern. Ein Exemplar dieser besonderen Waffe aus dem Anfang des 18. Jahrhunderts, die sich von anderen Schwertern durch die abgerundete Spitze und etwas längere Klinge unterscheidet, findet sich mit einer Justitia-Darstellung versehen im Besitz des Deutschen Klingenmuseums (Abb.51). In die Klinge eingeätzt findet sich dort folgende Inschrift: „die herren Steuren dem unheil, ich Exquiere Ihr Endts urtheil. Wan Ich das Schwert thue aufheben wünsch ich Dem Sünder Das Ewig Leben.“ Der Justitia in einem durchsichtig flatterndem Gewand sind das erhobene Schwert und eine Waage beigegeben, auf der Rückseite der Klinge findet sich zusätzlich noch die Figur der Prudentia (Klugheit) aus dem ursprünglichen Kreise der Kardinaltugenden. In Zusammenhang mit dem Richtschwert verknüpfen sich die Darstellungen zu folgender Interpretation: daß das Urteil gerecht und klug sei, eine Konsequenz aus der Schwere des Verbrechens und eine Mahnung an alle, die Gesetze zu befolgen.

Auf dem Signet von Jost Amman für den Verleger Sigismund Feyrabend, um 1564, neigt sich die Waage der auf der Weltkugel sitzenden Justitia zugunsten des Armenrechts, vertreten durch zwei Bettler. Die Gegenpartei in Gestalt zweier Herren „wurde gewogen und zu leicht befunden“. Beide Parteien geben aber durch die knieende Haltung einer ihrer Vertreter zu verstehen, daß sie sich dem Urteil beugen.[6] Über den Augen der Justitia liegt eine durchsichtige Binde, die dritte Beigabe der Justitia. Ab etwa 1500 taucht gleichberechtigt neben der fortdauernden Darstellungsform mit unverbundenen die mit verbundenen Augen auf. Die Gründe dafür können nur spekulativ sein. Die älteste Darstellung ist Albrecht Dürers Holzschnitt „Der Narr legt der Justitia eine Augenbinde um“ aus dem Buch „Das Narrenschiff“ von ca. 1494. Sebastian Brant, selbst Jurist, schildert darin das Verhalten der Narren zur Besserung und zur Belehrung des Lesers. Das Buch war nach heutigem Verständnis ein Bestseller. Der erwähnte Holzschnitt[7] erscheint im Kapitel „Zanken und vor Gericht gehen“. Eine Hechel zwickt den Narr schon recht schmerzhaft ins Gesäß, er läuft Gefahr, in weitere am Boden liegende zu treten. Es nützt also nichts, der Justitia die Augen zu verbinden, also die Wahrheit zu vertuschen, am Ende ist er selbst der Gestrafte.

Mit dem schon früher einsetzenden Prozeß der Verweltlichung hat also für die Justitia ein entscheidender Wandel stattgefunden. Im Bereich der Göttinnen und auch im theologischen Sinn ist die Justitia außerordentlich scharfsichtig, sie blickt auf den Grund der Seelen und sieht die Wahrheit. Im weltlichen Bereich steht sie mitten im Rechtsgeschehen, ist blind gegen alle Manipulationskünste wie Bestechung, Verführung, Schmeicheleien. Sie hat sich als Begriff verselbständigt – Gerechtigkeit und Recht „ohne Ansehen der Person“. Pieter Brueghel d. Ä. hat sie in dieser Weise um 1550 dargestellt (Abb.52). In zeitgenössischer Tracht mit einem Schleier über einer Spitzkappe steht die Dame Justitia mit verbundenen Augen auf einem Podest mit dem Schwert in ihrer linken Hand. Meistens jedoch trägt sie das Schwert in der rechten, der Schwurhand, die Waage in ihrer Linken. Um sie herum spielt sich öffentlich das Rechtsgeschehen ab: rechts ist eine Prozeßszene zu sehen, die linke Bildseite beherrschen Szenen der Bestrafung und der zu vollstreckenden Urteile. Justitia steht losgelöst von diesen Erscheinungen, isoliert und ohne Einbindung in das Geschehen oder Anbindung an die Handelnden, unabhängig von an-

6 Kissel a.a.O., vgl. Abb. Nr. 31.
7 Ebda., vgl. Abb. Nr. 27.

52. Nach Pieter Brueghel d. Ä., Justitia, 1559
München, Staatliche Graphische Sammlung
(Kat.Nr. 33)

deren Faktoren, Werten oder Mächten. Damit kommt in der Darstellung die Gerechtigkeit als absoluter Wert zum Ausdruck. Gerechtigkeit wird zu einem in sich selbst ruhenden und damit notwendigerweise auch aus sich selbst heraus verständlichen und allein auf sich gegründeten Wert. Sie ist nicht mehr das traditionell oder göttlich Gewollte. Damit ist sie auch der Disposition der jeweils faktisch Mächtigen entzogen, seien sie nun weltlich oder kirchlich. In die Absolutheit des Wertes Gerechtigkeit eingeschlossen sind ebenso die ihr innewohnenden Grundsätze, die als Naturrechte jeder menschlichen Ordnung zugrundeliegen sollten.

Im Fall von Willkürherrschaft, in der das Rechtsgefühl mit dem praktizierten Recht kontrovers läuft, schließt die Absolutheit der Gerechtigkeit sogar das Widerstandsrecht gegen formal gesetzmäßig ausgeübte Gewalt ein. Idealerweise sollten die Absolutheit der Gerechtigkeit und die Rechtsanwendung kongruent sein. Darauf berufen sich Darstellungen der Justitia aus der Nachfolge der französischen Revolution. Der Kupferstich „La Loi“ von Jacques-Louis Copia nach Pierre-Paul Prud'hon von 1793 (Abb.53) vermittelt eine eindeutige Botschaft. Die Dame Gesetz schützt ein Mädchen, das sich in ihren Schoß geflüchtet hat, mit dem Schwert vor einem Angreifer mit erhobenem Dolch, wilde Nacktheit steht gegen zivilisiertes Gewand. Im Untertitel heißt es: „La Foible (sic) trouve sa force dans la Loi qui le protège“ (Der Schwache findet seine Stärke durch das Gesetz, das ihn schützt). Vermutlich steht dieses Blatt in Zusammenhang mit der Verfassung von 1793 und stimmt mit dem Ziel des 'Naturgemäßen' überein. So wie eine Mutter ihre Kinder

53. Jaques-Louis Copia, La Loi (Das Gesetz), um 1793
Hamburger Kunsthalle (Kat.Nr. 34)

54. Alfred Rethel, Ein Todtentanz, 1848
Berlin, Deutsches Historisches Museum (Kat.Nr. 36)

schützt, wird in den Verfassungsartikeln der Schutz des Einzelnen vor dem Mißbrauch der Staatsgewalt garantiert, der Schwache von der Gesellschaft unterstützt.

Justitia mit dem Schwert und der Waage – keine Allegorie hat vor allem wegen der weltlichen Bedeutung für die Gerichtsbarkeit und das Rechtswesen soviel Verwendung als Vehikel eines kritischen Zeitkommentars gefunden – von der Karikatur mit bevorzugt verbundenen Augen aus Platzgründen hier ganz zu schweigen. In Alfred Rethels berühmter Holzschnittfolge zur Revolution von 1848 „Ein Todtentanz“ wird in Blatt 1 (Abb. 54) der Tod als Revolutionsführer von List, Lüge, Eitelkeit, Tollheit und Blutgier bewaffnet und ausgestattet.[8] Die Figur der Justitia sitzt gefesselt und geknebelt in einem Raum im Hintergrund. Ihre Waage hat die Lüge geklaut, das Schwert übergibt die List. Auf den ersten Blick scheinen die weiblichen Figuren dem antiken, edlen Kanon zu entsprechen, erst auf den zweiten Blick sieht man ihre Krähenfüße und erkennt die negativen Attribute. Als Beispiel aus einer anderen Zeit sei hier genannt die Fotomontage von John Heartfield „Der Henker und die Gerechtigkeit“ vom 30.11.1933 mit dem Untertitel „Göring im Reichstagsbrand-Prozeß: Für mich ist das Recht etwas Blutvolles“[9]. Die Sitzfigur der Justitia ist in ein dünnes Gewand gehüllt, das Schnitt- und Blutspuren auch an den deutlich sich abhebenden Brüsten aufweist ebenso wie an dem vollständig bandagierten Kopf. In der bandagierten Rechten hält Justitia aufrecht ein Schwert, ihre Linke hält eine aus dem Lot gebrachte Waage in den bandagierten Fingerstümpfen. Der linke Arm der Justitia ist durchtrennt, er wird nur noch von einem Eisenkern zusammengehalten. Die Aussage ist ziemlich eindeutig: für den Reichstagsbrand wurden ein Holländer und drei bulgarische Kommunisten verantwortlich gemacht. Der Prozeß, der insgesamt eher ein Fiasko war, wurde dennoch als Anlaß benutzt, mit Notverordnungen „gegen kommunistische Gewalttaten“ wichtige Grundrechte außer Kraft zu setzen. Der Titel bezieht sich auf eine in der Sondernummer zum Reichstagsbrand der AIZ (= Arbeiter Illustrierte Zeitung) Nr. 36 von 1933 abgebildete Fotomontage von Heartfield mit dem Titel „Göring – Der Henker des Dritten Reiches“, der Göring mit einer besudelten Schlachterschürze und einem Schlachterbeil zeigt. Görings Schlachterbeil hat nun den Körper der Justitia getroffen, ihre Reinheit und Wahrheitstreue sind verletzt.[10]

Die sehr körperbetonte Darstellung bei allegorischen Figuren, besonders bei weiblichen, wird mit der Zugehörigkeit zu einer höheren Sphäre in Verbindung gebracht. Oft entsprechen sie dem gängigen Schönheitsideal ihrer Entstehungszeit. Die heroische Nacktheit oder die körperbetonte Darstellung dient aber auch dazu, den weiblichen Figuren einen Zustand von Reinheit und Unantastbarkeit zu bescheinigen.

Dieser allen weiblichen Allegorien gemeinsame Aspekt ist in einer eigenen waffentragenden Allegorie der Virtus (= Tugend) personifiziert (Abb.55). Sie ist bereit, ihre Keuschheit mit der Waffe, in diesem Fall einem Schwert und einer Lanze, zu verteidigen. Die Lüsternheit in Gestalt eines bocksbeinigen Satyrs windet sich unter ihren Füßen. Constantia (= Beständigkeit, Festigkeit), ebenfalls in einer Radierung von Claude Olivier Gallimard (Abb.56), ist wie die Virtus eine Personifikation ethisch christlicher Tugenden. Sie hält ein Schwert aufrecht in das Feuer, das ihre Hand umzüngelt. Das Schwert erhält seine Festigkeit durch das Schmieden in glühendem Zustand. In diesem Sinn ist die Allegorie auch zu deuten.

Justitia wie auch weitere Allegorien spielen heute keine Rolle mehr. Es entstehen neue Bilder, die durch andere Medien vermittelt werden. Taucht sie dennoch

8 Vgl. AK Eva und die Zukunft. Das Bild der Frau seit der Französischen Revolution. Werner Hofmann (Hrsg.). München 1986, S. 376.
9 Ebda., vgl. Kat.Nr. 358, S. 422.
10 Ebda., vgl. Kat. Nr. 358b, S. 421 f.

oben links:
55. Claude Olivier Gallimard, Gewappnete Virtus, 18. Jh., Düsseldorf, Graphische Sammlung Kunstmuseum Düsseldorf (Kat.Nr. 44)

oben rechts:
56. Claude Olivier Gallimard, Constantia, 18. Jh., Düsseldorf, Graphische Sammlung Kunstmuseum Düsseldorf (Kat.Nr. 43)

rechts:
57. Fips, Das neue Gesetz. Aus der Zeitschrift „Stürmer", 1935 Dortmund, Institut für Zeitungsforschung der Stadt Dortmund (Kat.Nr. 39)

einmal auf, z. B. als Werbung für eine Rechtsschutzversicherung, verspricht sie im alten Sinn gültig zu sein.

Nationalallegorien

Verkörperungen von Nationen entstehen abhängig von Nationalgedanken und sind als Projektionsfläche starken Änderungen und Schwankungen unterworfen. Anders als in unserem Nachbarland Frankreich, in dem die Marianne im Alltagsleben präsent ist, Briefmarken und Rathäuser schmückt, ist die Germania schon längst aus dem Bewußtsein der Deutschen verschwunden. Der Name „Germania" geht auf Tacitus zurück und beschreibt ursprünglich das Territorium der Germanen.[11] Mit dem Aufkommen des nationalen Gedankens, angestoßen durch die Französische Revo-

lution als einem Prozeß nicht nur der individuellen Selbstbewußtseinswerdung und Selbstbestimmung, sondern auch des Kollektives Nation, das eine sprachliche, kulturelle und politische Einheit bildet, prägt

11 Konrad Kraft: Zur Entstehung des Namens „Germania". Sitzungsberichte der wissenschaftlichen Gesellschaft an der Johann Wolfgang Goethe-Universität Frankfurt/Main, Bd. 9, Jahrgang 1970, Nr. 2, Wiesbaden 1970.

58. Albert Teichel nach W. von Kaulbach, Germania, nach 1862
Düsseldorf, Graphische Sammlung Kunstmuseum Düsseldorf (Kat.Nr. 53)

sich die Figur der Germania heraus. Basis ist die teils romantisch geprägte, teils wissenschaftlich untermauerte Vorstellung von Germanentum. Bewaffnet mit dem Schwert, das nicht nur die eigentliche Waffe bedeutet, sondern auch die Gerichtsbarkeit der Germanen und damit ihren Existenzanspruch als Nation verkörpert, tritt sie in Gestalt einer streitbaren Walküre auf. Trotz eindeutiger Gestalt wird sie die „vieldeutige Personifikation einer deutschen Nation"[12]. In Gerhard von Kügelgens 1815 entstandenen Allegorie des Sieges (vgl. Abb.93) ist sie in Anlehnung an die Gestalt der Erdgöttin Kybele, der Herrscherin über Pflanzen und Tiere, als Brustbild dargestellt. Sie ist lorbeerbekränzt und trägt eine Krone mit den Donnerkeilen des Krieges. Ihre Hand umschließt einen Dolch mit den Jahreszahlen 1812 und 1813 und ruht auf einem Säulenstumpf. Ihr Blick geht heroisch nach rechts aus dem Bild heraus. Die Jahreszahlen erinnern an die verheerende Niederlage der Großen Armee Napoleons gegen den Zaren und den Sieg der alliierten Österreicher, Preußen und Russen über Napoleon in der Völkerschlacht von Leipzig. Der außen schwarz und innen rot gehaltene Mantel bildet zusammen mit dem goldenen Gorgoneion an ihrer Brust den Farbklang Schwarz-Rot-Gold, der zur Trikolore der deutschen Nationalbewegung wurde. Die Allegorien aus der Zeit der napoleonischen Befreiungskriege sind Sinnbilder für eine abgewendete Gefahr für die Freiheit des Kollektives Nation, die unter Opfern erhalten wurde.

Die erste Germaniafigur, die die Nation als kulturelle und politische Einheit unter der Prämisse der Selbstbestimmung verkörpert, ist die des Nazareners Philipp

12 AK Freiheit, Gleichheit, Brüderlichkeit. 200 Jahre Französische Revolution in Deutschland. Hrsg.: Detlef Hoffmann: Germania – Die vieldeutige Personifikation einer deutschen Nation, Nürnberg 1989.) Lothar Gall: Die Germania als Symbol nationaler Identität im 19. und 20. Jahrhundert; Nachrichten der Akademie der Wissenschaften in Göttingen, 1. Philologisch-Historische Klasse, Jahrgang 1993, Nr. 2; Göttingen 1993.

59. Die Germania des Niederwalddenkmals bei Rüdesheim, Photogravüre nach der Skulptur von Johannes Schilling, nach 1883
Solingen, Deutsches Klingenmuseum (Kat.Nr. 56)

Veit für die Frankfurter Nationalversammlung in der Paulskirche 1848 geschaffene.[13] Vorausgegangen ist das Fresko-Triptychon „Die Einführung der Künste durch das Christentum in Deutschland" von 1834 -1836 für das Städelsche Kunstinstitut.[14] Die flankierende Germania erscheint inmitten der Symbole des zerstörten Reiches, dem Doppeladler-Schild, dem Reichsschwert, der Goldenen Bulle, der Kaiserkrone auf einem Kissen, den Wappen der sieben Kurfürsten. Trotz der zerstörten politischen Ordnung des ersten deutschen Reiches, für das auch der unvollendete Kölner Dom steht, bildet das Volk eine Einheit – eine Nation.

Der Germania entspricht Italia auf der anderen Seite des Triptychons, ebenso ein Volk ohne Reich.[15] Die Botschaft ist eindeutig: bei aller Reichsromantik und Nostalgie sind die Völker dauerhafter als ihre Reiche. Sie umfassen als mit sich selbst identische Einheiten Natur und Kultur. Dieser Inhalt wird transportiert in die monumentale 1848er Germania, die Veit zusammen mit dem Malerkollegen Edward von Steinle anfertigt. Hinter dem Präsidentenstuhl in der Frankfurter Paulskirche angebracht, verkörpert sie wiederum die mit sich selbst identische Nation, unabhängig von der jeweils gültigen Ordnung. Hier steht sie im Zeichen des revolutionären Aufbruchs. Der Wechsel der Ordnung ist dramatisch sichtbar gemacht: statt der untergehenden Sonne ist nun die aufgehende gezeigt. Zu ihren Füßen liegt anstelle der Kaiserkrone eine geöffnete Fessel, die nun frontal stehende, nicht mehr thronende Figur hält in ihrer Hand die weit schwingende, nun nicht mehr verbotene Fahne in den Farben Schwarz-Rot-Gold (hier stand Delacroix' berühmtes Gemälde von 1831 Pate, seit dem die jeweilige nationale Galionsfigur mit der jeweiligen Landesfahne zum Freiheitssymbol wurde). Den Doppeladler trägt sie nun auf der Brust. Bekleidet ist sie mit einem roten Kleid, darüber einem blau gefütterten, bis zum Boden reichenden goldockerfarbenen Mantel. In der Rechten hält sie ein aufrecht stehendes Schwert mit einem Ölbaumzweig als Zeichen für friedliche Absichten. Diese Germania fand weite Verbreitung in Radierung, Graphik etc.

Gerade die weite Verbreitung der beiden Veit'schen Germania-Figuren förderte den Prozeß der Verkörperung des Wesentlichen und Eigentlichen, nämlich des Dauerhaften gegenüber wechselnden Ordnungen. Nach dem Scheitern der Revolution war es genau dieses Moment, das die Germania zur Galionsfigur der romantisch-restaurativen Bewegung machte. Das Einigkeitsgefühl und Einheitsbestreben, egal unter welcher gesellschaftlichen und politischen Gestaltung, wurde noch verstärkt in der Projektion auf einen gemeinsamen Feind nach 1870/71. Lorenz Clasen schuf bereits 1860 die „Germania auf der Wacht am Rhein"[16] als eine in der Tat kampfbereite Walküre mit gezücktem Schwert und grimmigem Blick. Als Illustration zu dem gleichnamigen Lied weit verbreitet, wirkte sie wie die Veitschen Darstellungen stilbildend. Nach dem Sieg

13 Vgl. AK Marianne und Germania 1789 – 1889, Berlin 1996, Abb. S. 31.
14 Ebda., vgl. Abb S. 32.
15 Norbert Suhr: Philipp Veit: (1793-1877). Leben und Werk eines Nazareners. Monographie und Werkverzeichnis, Weinheim 1991, S. 95 und 101. Vgl. Lothar Gall, a.a.O., S. 44. Veits Darstellung bezieht sich auf Overbecks Gemälde „Italia und Germania" von 1828, dieses hat aber keine politische Dimension.
16 AK Marianne und Germania a.a.O., vgl. Abb. S. 39.

60. W.A. Wellner, Völkerfrühling, 1896
Dortmund, Institut für Zeitungsforschung der Stadt Dortmund (Kat.Nr. 59)

über Frankreich brach eine wahre Germania-Flut aus, Vereine nannten sich Germania, Weinetiketten, Spielkarten, Postkarten wurden mit ihrem Bild geschmückt, 1872 wurde das Germanische Nationalmuseum gegründet. In gewisser Weise gipfelte der Germania-Kult im Niederwalddenkmal in der Nähe von Rüdesheim am Rhein, in dessen Folge zahllose Denkmäler entstanden (Abb.59). Das Niederwalddenkmal ist kein Sieges- oder Triumphdenkmal, sondern ein Nationaldenkmal. Die Botschaft des Denkmals lautet, die Nation braucht den Schutz einer Staatsmacht, wenn sie sich an der empfindlichen Stelle der Rheingrenze behaupten will. Demgemäß spricht die Hauptinschrift des Denkmals vom „Andenken an die einmüthige Erhebung des Deutschen Volkes" und der „Wiedererrichtung des deutschen Reiches 1870/71". Der Schöpfer des Niederwalddenkmals, Johannes Schilling, fand dafür eine eindeutige Sprache. Die Germania steht vor einem Kaiserthron, in der Linken hält sie das Schwert zum Zeichen des gesicherten Friedens mit der Spitze zu Boden gerichtet. In der Rechten hält sie hoch erhoben die Kaiserkrone, um sie sich aufs eigene Haupt zu setzen und auf dem Thron Platz zu nehmen. Ihre Ausrichtung ist nicht gegen Frankreich gerichtet, sondern sie wendet sich ins eigene Land. Sie präsentiert sich dem eigenen Volk identisch als Reich und Nation, gibt aber keinen Hinweis darauf, wem sie die Souveränität übertragen will. Die Geste der erhobenen Krone machte für die Monarchisten hingegen ganz klar, wen sie mit der Krone schmücken wollte.

Bismarck, dem die Veitsche Germania der Paulskirche wohl noch vor Augen stand, war der Germaniakult ein Dorn im Auge. Er blieb den Einweihungsfeierlichkeiten des Niederwalddenkmals 1883 fern. In einem Gespräch mit Eduard von Lade, der selber meinte „die ganze Conception des Denkmals" trage „den Stempel republikanischer Empfindung", äußerte

61. Franz Stassen, „An das deutsche Volk!" 12.01.1917, Frankfurt am Main, Historisches Museum (Kat.Nr. 61)

Bismarck: „Die Figur der Germania finde ich nicht passend. Ein weibliches Wesen mit dem Schwert in dieser herausfordernden Stellung ist etwas Unnatürliches. Jeder Offizier wird dies mit mir empfinden".[17] Bismarck hätte lieber ein Denkmal gesehen, das den Anspruch des Kaisers als Zentralfigur des Reiches untermauerte. Doch die Germania des Lorenz Clasen und die des Niederwalddenkmales werden mehr und mehr zum Synonym der Politik des deutschen Reiches. Dementsprechend findet die Germania auch ihren Niederschlag in der politischen Karikatur. Aus diesem weiten Feld soll ein Beispiel angeführt werden. W. A. Wellners „Völkerfrühling" aus den Lustigen Blättern (Abb.60)[18] bezieht sich auf ein von Kaiser Wilhelm II. entworfenenes und von Prof. Hermann Knackfuß 1895 ausgeführtes Gemälde „Völker Europas, wahret eure heiligsten Güter", das vor der „Gelben Gefahr" warnt. In Wellners Druck wird der Sachverhalt dahingehend verfremdet, daß die Völker (von links England, Italien, Rußland, Österreich, Deutschland und Frankreich) nur einen Feind zu fürchten haben: den mit der Reaktion verbundenen Militarismus. Dieser Feind steht bereits in Flammen. Aus dem streitbaren Erzengel Michael bei Knackfuß ist der Friedensengel mit der Jahreszahl 1896 geworden. Leider behielt die Vision des Ungeheuers Militarismus Recht. Sozusagen in Germanias Namen ruft Kaiser Wilhelm 1917 das Volk zur Rettung der Nation auf (Abb.61). Die Akzentuierung der wehrhaften und kriegerischen Germania wirkt hierbei besonders impertinent. Mit dem Ende des Deutschen Reiches verliert die Germania ihre Bedeutung als Allegorie. Dieses Schicksal teilt sie mit weiteren Nationalallegorien (Abb.62, 63), die bis auf die französische Marianne als Identifikationsfiguren keine Bedeutung mehr haben. Eine ebenfalls schwerttragende Verwandte findet sich im Kreis der Nationalallegorien in der Figur der Helvetia.

Auch bei den allegorischen Frauengestalten scheint gültig zu sein, daß nur durch das Sein und Handeln aus dem übergeordneten Anspruch heraus und nur in Verbindung mit Tugendhaftigkeit und Reinheit des Körpers, die stelllvertretend für die Reinheit der Seele stehen, die Darstellung mit der Waffe überhaupt ausgebildet werden konnte.

17 Zit. n. Lothar Gall, a.a.O., S. 53.
18 AK Marianne und Germania a.a.O., S. 95.

62. Adrian Collaert, America, um 1595/1600
Düsseldorf, Graphische Sammlung
Kunstmuseum Düsseldorf (Kat.Nr. 50)

63. Theodor Galle, America, um 1600
Coburg, Kunstsammlungen der Veste Coburg,
Coburger Landesstiftung (Kat.Nr. 51)

Renate Philipp
Politische Kämpferinnen

Gewalttätige Auseinandersetzungen wie Kriege oder Revolutionen werden in der Regel als eine Männerdomäne angesehen. Dabei wird vergessen, daß in der Geschichte häufig Frauen als Soldatinnen, Kriegerinnen und Kämpferinnen an bewaffneten Konflikten beteiligt waren.[1] Im großen Glaubenskrieg, den Kreuzzügen, kämpften Frauen an der Seite der Männer für die Christianisierung der Nichtgläubi-

64. Anonym, Kenau Simons Hasselaer, 1661 Amsterdam, Rijksprentenkabinet, Rijksmuseum Amsterdam (Kat.Nr. 101)

1 Vgl. Herrad Schenk: Frauen kommen ohne Waffen. Feminismus und Pazifismus-München, 1983 S. 11.

65. Anonym, Triomphe de l'Armée Parisienne Reunis au Peuple (Rückkehr der Pariser Marktfrauen und der Nationalgarde nach Paris), 1789
Coburg, Kunstsammlungen der Veste Coburg, Coburger Landesstiftung (Kat.Nr. 103)

gen.[2] Bei der Verteidigung von Burgen und Städten im Mittelalter werden Frauen erwähnt, die sich gegen ihre Feinde mit Waffen verteidigten.[3] Durch die Jahrhunderte hindurch hat es immer Frauen gegeben, die als Mann verkleidet in den Heeren ihren Dienst taten.[4] Viele wurden erst nach ihrem Tod, wenn sie in der Schlacht gefallen waren, als Frau identifiziert.

Die Gründe, warum Frauen mit Waffen in der Hand kämpften und kämpfen, sind verschiedenartig. Einige Frauen kämpften aus sozialer und wirtschaftlicher Not, um Hab und Gut zu verteidigen, andere wiederum, um für ihre Ideen oder das Vaterland zu streiten (Abb.64). Jeanne d' Arc ist die bekannteste Freiheitskämpferin, die für ihr Vaterland in den Krieg zog. Im Hundertjährigen Krieg führte sie die französischen Truppen, ausgestattet mit Rüstung, Schwert und Lanze, gegen England an. Für die Franzosen war und ist Jeanne d'Arc, die Jungfrau von Orléans, die Symbolfigur der Freiheit.[5]

Verstärkt finden sich Zeugnisse von kämpfenden Frauen in der Französischen Revolution, den folgenden Besetzungskriegen unter Napoleon, der Revolution von 1848/49 und nicht zuletzt in den kriegerischen Auseinandersetzungen des 20. Jahrhunderts.

Die Revolutionärinnen in der Französischen Revolution

Seit Ende des 18. Jahrhunderts kamen mit der Zeit der Aufklärung neue politische Strömungen auf, die einen besonderen Boden für Revolutionen schufen. Die größte aller Revolutionen war die Französische Revolution, die ihre Impulse durch die Freiheitskämpfe in Amerika erhielt. Neben den Ereignissen in Amerika waren wirtschaftliche Nöte ein weiterer Nährboden der Unzufriedenheit, die zur Revolution führte.

Auch die weibliche Bevölkerung dieser Zeit wurde von diesem Zeitgeist erfaßt. In der Französischen Revolution nahmen besonders viele Frauen aus den unterschiedlichsten Schichten an den Geschehnissen teil.

Mit dem „Marsch nach Versailles" griffen die Frauen aktiv in das politische Geschehen ein: Am 5./6. Oktober 1789 zogen bewaffnete Pariser Marktfrauen spontan nach Versailles, um den König auf die wirtschaftlichen Nöte aufmerksam zu machen. Frauen aus allen Schichten der Bevölkerung zwangen den König und seine Truppen, mit ihnen nach Paris zurückzukehren und die Verfassung der Nationalversammlung anzuerkennen. Die Frau-

2 Vgl. Régine Pernoud: Frauen zur Zeit der Kreuzzüge. Pfaffenweiler, 1993, S. 28 ff. – Die nach Jerusalem gingen: Emerias, Ricarda und Stephanie – Die Beteiligung von Frauen an den Kreuzzügen. In: Frankfurter Rundschau v. 30.12.1995, S. 18.
3 Vgl. Schenk a.a.O., S. 21.
4 Vgl. Gabriella Hauch: Frau Biedermeier auf den Barrikaden. Frauenleben in der Wiener Revolution 1848. 1990, S. 222.
5 Auf die Geschichte der Jeanne d' Arc soll hier nicht näher eingegangen werden. Vgl. hierzu u.a. Gerd Krumeich: Jeanne d'Arc in der Geschichte. Historiographie – Politik – Kultur. Sigmaringen, 1989.

Ruinen d. Bastille

en waren bewaffnet mit Mistgabeln, Bajonetten, Piken und Säbeln, um die Forderungen zu unterstreichen.

Der „Zug der Frauen nach Versailles“ von 1789 (Abb.65) ist von vielen zeitgenössischen Künstlern nicht nur innerhalb Frankreichs in ihren Werken festgehalten worden. Auch in den Nachbarstaaten wurde dieses Ereignis der Revolution bildpublizistisch festgehalten[6] (Abb.66, 67).

Durch die Begeisterung für die Ideen der Revolution und das allgemeine Gefühl der Gleichheit und Schwesterlichkeit (Brüderlichkeit) wurde in den ersten beiden Jahren der Revolution eine große Anzahl von Frauenklubs gegründet. In den Frauenklubs wurden politische Ideen und Ziele formuliert und öffentlich gemacht. Eine ihrer Hauptforderungen war es, gleichberechtigt neben den Männern für die Ziele der Revolution zu kämpfen. „So tragen junge Frauen, in Gruppen oder als einzelne, in den gesetzgeberischen Gremien die Forderungen vor, im Umgang mit Waffen ausgebildet zu werden, in die Armee einzutreten und Frauenbataillone bilden zu dürfen“.[7] So hatten sich seit Juli 1790 zahlreiche Frauenlegionen gebildet, die offiziell ein Amazonencorps forderten; die revolutionären Französinnen verstanden sich als die Nachfolgerinnen der legendären Amazonen. Mit einer eigenen Uniform und einem Marschlied für die Amazonenregimenter unterstrichen sie die Forderungen nach militärischer Bewaffnung. Sie hatten genaue Vorstellungen, wie die Legionen bewaffnet werden sollten: Die ersten vier Legionen sollten mit Säbeln, Pistolen und Piken ausgerüstet sein, die fünfte Legion sollte Pfeil und Bogen besitzen.[8]

In der Aufbruchstimmung der Revolution wurden die Forderungen der Frauen noch wohlwollend vom Konvent zur Kenntnis genommen. Man gestattete den Frauen, in den Provinzen Amazonenregimenter zu bilden, während man für die Pariser Revolutionsmetropole nur einzelne bewaffnete Frauen duldete, aber keine Frauenlegionen.[9]

Die Aktivitäten der Frauen wurden von den männlichen Führern der Revolution zumeist negativ betrachtet. Kurz nach Beginn der Revolution (ab 1792) wurden die Klubs von den gesetzgebenden Gremien verboten und die Frauen wieder aus dem politischen und aktiv „kämpfenden“ Leben verdrängt.[10]

Neben dem Heer der unbekannten, anonymen Frauen, die entscheidend die Revolution beeinflußt hatten, gibt es auch Frauen, die namentlich bekannt sind. Als ein Beispiel sei die royalistisch eingestellte Charlotte Corday genannt, die bis zum Attentat auf den Revolutionsführer Jean Paul Marat eine unbekannte Person war. Sie war der Überzeugung, daß sie das Volk von der Tyrannenherrschaft der Jakobiner befreien mußte, deren Anführer Marat war. Charlotte Corday suchte ihn in seiner Wohnung auf und tötete ihn mit einem Messer.

Dieses Attentat auf Marat ist in der bildenden Kunst in unterschiedlichster Weise dargestellt worden. In einem Blatt von Heinrich Sintzenich nach Elisabeth Sintzenich 1795 (Abb.68) inszeniert die Malerin das Attentat auf Marat wie ein Bühnenbild, der geöffnete Vorhang führt den Betrachter in das Geschehen ein: Die Mörderin Charlotte Corday hält in ihrer Rechten noch das Messer, mit dem sie Marat getötet hat. Der Raum wird bevölkert von Abgeordneten, die zur Hilfe eilen, unter ihnen auch Robespierre und Brissot, die zum politischen Umfeld Marats gehörten. Im Zentrum des Bildes befindet sich der getötete Marat. Das politische Motiv der Mörderin wird durch die Anwesenheit der Abgeordneten noch unterstrichen[11] (Abb. 69).

Eine andere, moderne Interpretation des Themas findet sich bei dem Künstler Michael Mathias Prechtl. In seinem Aquarell „Der unglückselige Tod des Jean-Paul Marat“ 1976 (Abb.70) wertet der Künstler das politische Motiv der Charlotte Corday

oben:
66. F.G., Aufruhr der Pariser Fischer Weiber im Oktober 1789, 1789
Berlin, Staatliche Museen zu Berlin, Kunstbibliothek (Kat.Nr. 104)

unten:
67. Johann Heinrich Lips, Der Landsturm. Aus: Neu-helvetischer Almanach, 1799
Köln, Stadt- und Universitätsbibliothek (Kat.Nr. 108)

6 Vgl. AK Sklavin oder Bürgerin?: Französische Revolution und Neue Weiblichkeit 1760 – 1830. Hrsg. von Victoria Schmidt-Linsenhoff, Frankfurt am Main 1989, S. 433.
7 Gerda Marko: Das Ende der Sanftmut. Frauen in Frankreich 1789-1795. München. 1993, S. 51.
8 Vgl. Inge Baxmann: Feste der Französischen Revolution. Inszenierung von Gesellschaft als Natur. Weinheim, 1989 S. 111f.
9 Marko S. a.a.O., S. 51.
10 Schenk a.a.O., S. 23. Und AK „und drinnen walten die Webern, die Tachern und die Karchern“ Bürgerlicher Alltag im Biedermaier. Kaiserslautern 1997, S. 11.
11 AK Sklavin oder Bürgerin? a.a.O., S. 460 f.

68. Heinrich Sintzenich nach Elisabeth Sintzenich, Die Ermordung Marats, 1795
Reiss-Museum Mannheim (Kat.Nr. 107)

69. Joseph Francois Tassaert, Bildnis der Maria Anne Charlotte Corday, 1793
Hamburger Kunsthalle (Kat.Nr. 106)

um und gibt der Mordszene ein erotisches Moment. Für ihn ist der Mord verbunden mit der 'Verführung', die die Frau benutzt, um ihre Ziele (hier die Ermordung Marats) zu erreichen: „Sie will ihn nicht wirklich verführen, sie will ihn mit Hilfe der weiblichen Erotik betören, um ihren Zweck sicher zu erreichen."[12] War der Mord an Marat die Tat einer einzelnen Frau, die zu keiner politischen Gruppierung gehörte, so gab es Aktivistinnen, die mit Gleichgesinnten für ihre Ziele kämpften.

Eine von diesen Frauen war Théroigne de Méricourt, eine militante Kämpferin für die Revolution. Sie war von Anfang an aktiv am Geschehen beteiligt: Es wird berichtet, daß sie bei der Erstürmung der Bastille, dem „Zug nach Versailles" und der Sprengung von Gittertoren der Waffenarsenale dabei gewesen sei. Bei ihren Aktivitäten trug sie ein Amazonenkleid und war bewaffnet mit Säbel und Pistole (Abb.71).[13]

Andere Frauen, wie z.B. die Bauerntochter Renée Bordereau, kämpften als Mann verkleidet für die Befreiung ihrer Region (Vendée) und des Königs, gegen die Armeen der Republikaner.[14]

Viele Schrift- und Bildzeugnisse aus dieser Zeit belegen, daß die französischen Frauen einen wichtigen Anteil an der Revolution hatten. Neben den Männern haben unzählige Frauen während der Französischen Revolution für oder gegen die Ideen der Revolution mit der Waffe in der Hand gekämpft.

Frauen im Kampf gegen äußere Feinde der Französischen Revolution

Die Kampfbereitschaft der Frauen beschränkte sich nicht nur auf Frankreich. Durch die Kriegserklärung Frankreichs an

12 AK Eva und die Zukunft. Das Bild der Frau seit der Französischen Revolution. Hrsg. Werner Hoffmann. Hamburg 1986, S. 357.
13 Schenk a.a.O., S. 22.
14 Marko a.a.O., S. 287.

70. Michael Mathias Prechtl, Der unglückselige Tod des Jean-Paul Marat, 1976
Nürnberg, M.M. Prechtl (Kat.Nr. 117)

Österreich, das die gestürzte französische Monarchie unterstützte, weitete sich die Revolution in gleichem Maße auf andere Länder aus. Die Kämpferinnen sahen es als ihre Pflicht an, die Ideen der Revolution auch gegen äußere Feinde zu verteidigen. Zu Anfang des Krieges nahmen sie als Freiwillige offiziell an dem Revolutionskrieg teil, mit Billigung des Konvents.

Eine Radierung von 1792 zeigt eine in das Feld ziehende Französin (Abb.72). Sie hält das Bajonett geschultert und trägt einen Degen an ihrem Gurt. Die Unterschrift lautet: „Ich bin ein aus Paris beherzt franzossen Weib. Und trag mein Gewehr und Waffen an dem Leib. Womit ich jeden Feind der mir komt zu genau Ohn all Barmherzigkeit zu Boden schnell und hau“[15]. Dieses Beispiel für die Kampfbereitschaft von Frauen änderte jedoch nichts an der Tatsache, daß sie als Soldatinnen im Heer nicht mehr erwünscht waren: Als die erste Euphorie des Kampfes vorbei war, wurden die Frauen für die sinkende Moral des Heeres verantwortlich gemacht und mußten die Armee verlassen.[16] Um dieses Verbot zu umgehen,

71. A. Bosselmann nach A. Raffet, Théroigne de Méricourt, um 1830 (?)
Paris, Nationalbibliothek

15 AK Sklavin oder Bürgerin? a.a.O., S. 470.
16 Schenk a.a.O., S. 23.

72. Anonym, „Abbildung einer in das Feld ziehenten Franzossin ...", 1792
Nürnberg, Germanisches Nationalmuseum
(Kat.Nr. 105)

verkleideten sich die Frauen als Männer, um weiter in der Armee kämpfen zu können.

Die Ereignisse der Französischen Revolution, die sich mit den Eroberungskriegen unter Napoleon auf ganz Europa ausweiteten, hatten zur Folge, daß sich der Freiheitsgedanke rasch verbreitete. Dieser Freiheitsgedanke stand aber nicht in Einklang mit den Machtbestrebungen Frankreichs; die unterdrückten Völker lehnten sich vielmehr gegen die Fremdherrschaft auf.

Die Besetzungskriege Napoleons

Bald nach der Besetzung der Nachbarstaaten regte sich der Widerstand gegen die französischen Truppen. Im Jahre 1798 wehrten sich vor allem Schweizer Frauen gegen die napoleonischen Truppen. Mit Sensen und Hacken kämpften sie gegen die feindliche Übermacht, der sie schließlich unterlagen; zahlreiche Kämpferinnen verloren in dieser Schlacht ihr Leben. Dieses Ereignis ist in der Geschichte als die Schlacht bei Fraubrunnen festgehalten worden. Fast hundert Jahre später greift der deutsch-schweizerische Künstler Ferdinand Hodler das Thema auf. Für die Ausschmückung des Sitzungssaales des

Berner Rathauses reichte er Entwurfszeichnungen über die Schlacht bei Fraubrunnen ein. Heroisch wehren sich die Frauen gegen ihre Feinde, mit Sensen und anderem Gerät bewaffnet, stürmen sie in die Schlacht; von weiblicher Schwäche ist nichts zu spüren (vgl. Abb.91)[17].

In Spanien kam es ebenfalls zum Widerstand gegen die Besetzer. Der Spanier Francisco de Goya hält die Ereignisse des spanischen Bürgerkrieges gegen die Franzosen in seinen Blättern „La Guerra“ von 1810-15 fest. Auch hier stehen die Frauen nicht abseits, sondern helfen mit, sich durch Waffengewalt von der Fremdherrschaft zu befreien. In der Radierung „Las mugeres dan valor“ (Die Frauen geben Mut) von 1810-15 (Abb.73) zeigt Goya, wie die Frauen sich gegen die französische Besatzung zur Wehr setzen. Die Frauen metzeln die Gegner mit Säbeln und Dolchen nieder und stehen den Männern an Mut in nichts nach. Ihr Kampfesmut ist spontaner, er ist nicht geprägt von militärischer Ordnung wie der der Soldaten.[18]

Alle Schichten der Bevölkerung wurden in die Auseinandersetzungen mit hineingezogen. Die Gewalttätigkeiten machten weder vor den Toren der Geistlichen noch der Adeligen halt. In dem von James Gillray kolorierten Blatt „Spanische Patrioten greifen die französischen Banditen an. Loyale Briten helfen dabei“ von 1808 (Abb.74) wird ein Heer gezeigt, das fast nur aus Nonnen, Mönchen und Adeligen besteht. Klerus und Adel waren Gegner der französischen Besetzung und unterstützten den Freiheitskampf. Die Nonnen kämpften für die Freiheit mit Säbeln und Messern in der Hand.

In allen europäischen Ländern kam es zu Kämpfen gegen die französischen Truppen, dabei leisteten auch die Frauen ihren Beitrag zur Befreiung ihres Landes. Frauen aus allen Schichten kämpften mit der Waffe in der Hand für ihre Freiheit. Die Französische Revolution hatte die bestehende Ordnung in Frage gestellt und die revolutionären Forderungen von Freiheit, Gleichheit, Brüderlichkeit auch in die Nachbarstaaten getragen. Die Freiheitsbestrebungen der Länder mündeten schließlich in die Revolution von 1848/49.

73. Francisco de Goya, Las mugeres dan valor (Die Frauen geben Mut), 1810-15 Oldenburg, Stadtmuseum (Kat.Nr. 110)

Die Revolution von 1848/49

Der Freiheitsfunke ging, wie auch schon 1789, erneut von Frankreich aus. Er sprang auf fast ganz Europa über und versetzte die Länder in Aufruhr.

Das Volk revoltierte gegen die Monarchie und stritt für mehr Mitbestimmung. Überall kämpften Regierungstruppen gegen die sich bildenden Revolutionstruppen. Das Zeitalter der Aufklärung und die fortschreitende technische Entwicklung führten dazu, daß große Bevölkerungsschichten von den umwälzenden politischen und gesellschaftlichen Ereignissen Kenntnisse erhielten und Anteil daran nahmen.

Wie schon in der Französischen Revolution ließen sich die Frauen nicht davon abbringen, mit der Waffe in der Hand zu kämpfen. In Wien halfen Revolutionärinnen, Straßenbarrikaden zu errichten. Und als bei der Erstürmung des kaiserlichen Zeughauses in Wien die Aktivisten verhaftet wurden, stellte man fest, daß auch

17 Vgl. AK Hodler. Fondation Pierre Giandda, Martigny, Suisse. Catalogue réalisé par Jura Bruschweiler. Zürich 1991, S. 283. – AK Ferdinand Hodler. Vom Frühwerk bis zur Jahrhundertwende. Zeichnungen aus der Graphischen Sammlung des Kunsthauses Zürich. Sammlungsheft 15. Hannover 1991.
18 AK Eva und die Zukunft a.a.O., S. 359.

74. James Gillray, Spanische Patrioten greifen die französischen Banditen an. Loyale Briten helfen dabei, 15.8.1808 Hamburger Kunsthalle (Kat.Nr. 109)

Frauen in Männerkleidung an den Ausschreitungen beteiligt waren.[19] In Italien nahmen Frauen aktiv an Straßenkämpfen teil (Abb.75). In Baden zog Elise Blenker gemeinsam mit ihrem Mann als Anführerin in den Freiheitskampf. Sie trug Männerkleidung und war bewaffnet.[20] In fast allen europäischen Hauptstädten kam es zu bewaffneten Auseinandersetzungen. Die Frauen forderten bessere politische und gesellschaftliche Bedingungen, kämpften wie ihre männlichen Mitstreiter für die gleichen Ziele. Die Kämpferinenn in der Revolution von 1848/49 betrachteten, wie die Revolutionärinnen der Französischen Revolution, die Amazonen als Vorbild und kämpften genauso engagiert und mutig für die Ziele der Revolution wie ihre Vorgängerinnen. Auch wenn die Revolution von 1848/49 in fast allen Staaten scheiterte, die alte Ordnung ließ sich nicht mehr wiederherstellen. Das 19. Jahrhundert leitete eine neue Epoche ein, die auch für die Frauen gesellschaftliche Änderungen mit sich brachte.

Die bildende Kunst als Zeitdokument

Bildzeugnisse aus jener Zeit halten die verschiedenen Ereignisse fest und verbreiten als zeitgenössisches Medium Informationen über die Geschehnisse. In Darstellungen von zeitgenössischen Blättern werden Frauen, die aktiv in das politische Geschehen eingreifen, oft karikierend gezeigt, um sie lächerlich zu machen.[21] In dem Blatt „Aufruhr Der Pariser Fischer Weiber im October 1789“ (vgl. Abb.66) werden die „Heldinnen des Versailler Zuges“ gleichgesetzt mit dem Mob. Die zerstörte Bastille, der gehenkte Leibgardist (links im Bild), das scheißende Kind (Symbol der Verachtung) und das sich hemmungslos umarmende Paar (sexuelle Zügellosigkeit) stehen für die Entartungen, die die Revolution hervorrufen kann.[22]

Viele Darstellungen aus den Revolutionsjahren zeigen die Beteiligung der Frauen an den jeweiligen Ereignissen. Während in den Anfangszeiten der Revolutionsjahre die Frauen noch Lob und Anerkennung für ihr Engagement bei ihren männlichen Zeitgenossen hervorriefen, wurden ihre selbstbewußten Aktivitäten später mit Skepsis und Mißtrauen beobachtet, da sie nicht dem tradierten Frauenbild entsprachen.[23] Die Frauen wurden als Bedrohung angesehen, die das Staatsleben und damit den Erhalt der Ordnung in Frage stellten.[24]

19 Hauch a.a.O., S. 222.
20 AK 1848/1849 Revolution der deutschen Demokraten in Baden. Hrsg.: Badisches Landesmuseum Karlsruhe. Baden-Baden 1998, S. 337.
21 Vgl. Carola Lipp: Schimpfende Weiber und patriotische Jungfrauen. Frauen im Vormärz und in der Revolution 1848/49, 1986, S. 186 ff.
22 AK Sklavin oder Bürgerin? a.a.O., S. 432/433.
23 Vgl. Günter Barudio: Paris im Rausch. Die Revolution in Frankreich 1789 – 1795. Gütersloh 1989, S. 144.
24 Lipp Vgl. a.a.O., S. 187.

Zusammenfassung

Frauen haben sich besonders in kritischen Zeiten als 'wehrhaft' erwiesen. War den männlichen Zeitgenossen zu solchen Zeiten die Unterstützung der Frauen willkommen, so wurden sie in friedlicheren Zeiten wieder aus dem öffentlichen Leben, vor allem dem militärischen, zurückgedrängt. In den Bild- und Schriftquellen des 18. und 19. Jahrhunderts finden sich besonders viele Zeugnisse von Frauen, die am öffentlichen Leben teilgenommen haben. Die Revolutionen schufen ein neues gesellschaftliches und politisches Bewußtsein. Die Gedanken von 'Freiheit' und 'Gleichheit' wurden auch von den Frauen in Anspruch genommen. Den Freiheitsgedanken wollten die Revolutionärinnen auch für die Frauen verwirklicht sehen. Aus allen Schichten kämpften sie für ihre Ziele. Die Französische Revolution leitete ein neues Zeitalter ein, die Frauen begaben sich mit ihren Forderungen in die Öffentlichkeit und schufen dadurch eine 'Revolution in der Revolution'. Mit dem 'Schwert' in der Hand kämpften sie für ihre Ziele bis in unsere Zeit, wobei das Schwert allerdings heute nur noch symbolische Bedeutung hat.

Der Gedanke, daß Frauen mit der Waffe in der Hand töten oder getötet haben, ist vielleicht erschreckend. Dennoch gab und gibt es diese Frauen, sie sind nur nicht nach außen so präsent wie die Männer. In Armeen, die fast ausschließlich von Männern besetzt waren und sind, wird die Frau als Kämpfende oft nicht wahrgenommen.

75. L. Oeser, Ein Straßenkampf in Perugia, 1848/49
Berlin, Deutsches Historisches Museum
(Kat.Nr. 113)

Barbara Grotkamp-Schepers

Der Körper und das Handeln

Die Waffe in der Hand wird gewöhnlich dem Mann zugeordnet. Die tradierten Bilder des typisch Männlichen und Weiblichen – in ihrer Ausformung als bildnerisch-künstlerisches Produkt – geben vielfältige, aber präzise voneinander geschiedene, den beiden Polen zugeordnete Vorstellungen. Dabei erscheint der Mann als der Handelnde, nach außen Gerichtete, mimisch und gestisch eindeutig und zielgerichtet, körperlich überlegen. Die Frau wird anders präsentiert; die Beschreibung dieses Anderen ergibt sich aus den gegensätzlichen Begriffen des männlichen 'Typus': die Ruhende, auf sich und den Binnenraum Bezogene, mimisch und gestisch zurückgenommen und unscharf, körperlich unterlegen.[1]

Bezeichnenderweise werden die weiblichen Charakteristika aus der Negation der männlichen abgeleitet: Das Bild des Mannes dient als Bezugsrahmen für das Bild des Menschen schlechthin. Es ist schwer, wenn nicht geradezu unmöglich, eine eigenständige Beschreibung des historischen Bildes bzw. der Bilder der Frau zu geben, zu sehr sitzen inhaltliche und bildliche Imaginationen des Weiblichen als des Abgeleiteten vom und Komplementären zum Männlichen auch heute noch in unseren Köpfen.[2]

Wenn wir von stereotypen Bildern 'des' Weiblichen und 'des' Männlichen sprechen, so gehören das Bild der bewaffneten Frau und das Handeln der Frau mit der Waffe nicht dazu. Daß der Begriff 'die Waffen der Frau' zwar dasselbe Wort benutzt, aber in einer diametral entgegengesetzten Bedeutung, unterstreicht noch diese kategoriale Trennung. Wie aber werden die Ausnahmefrauen, die sich über die zugeschriebenen Rollen hinwegsetzen, in künstlerischen und künstlerisch-dokumentarischen Werken dargestellt? Gibt es eine eigene Bild- und Körpersprache, oder wird das Bildraster des männlichen Waffenträgers und Kämpfers auf die Darstellung der Frau übertragen? Und, was dieses Buch generell in Frage stellt bzw. korrigiert: Handelt es sich überhaupt um Ausnahmefrauen?

Die Bilder des Handelns

Historische Erkenntnisse über die aggressiv handelnde, durch die (Klingen-)Waffe mit dem nötigen Nachdruck versehene Frau können wir vor allem durch die überlieferten Bilder von ihr gewinnen, die ihrerseits historisch bedingt und vermittelt sind und nicht ein allgemein gültiges 'Wahres' wiedergeben. Auch sind es im wesentlichen die für bildwürdig erachteten Frauen und Ereignisse, die von Malern, Stechern und Bildhauern festgehalten wurden und heute zur Ansicht vorhanden sind. Unter diesen einschränkenden Prämissen und trotz aller Kontingenz gibt die erhaltene Bilderwelt der bewaffneten Frau vielfältige und zahlreiche Einblicke.

Es sollen im folgenden fünf Bild-Modelle bzw. Modifikationen der Darstellung der bewaffneten Frau vorgestellt werden. Dabei ist diese Fünfteilung innerhalb zweier großer, sowohl in den Inhalten wie in der körperlichen Präsenz der Dargestellten prinzipiell geschiedener Gruppen zu sehen: *Repräsentation* zum einen und *Aktion* zum anderen.

Unter Repräsentation sind neben der Herrscherinnen- und Heldinnen-Ikonographie Allegorien und Personifikationen zu verstehen. Die dieser Gruppe zugehörigen Darstellungsformen sind eher stereotyp und dem traditionellen Kanon der männlichen Bilder verpflichtet. Der Be-

1 Goffman gibt einen guten Überblick über heutige Weiblichkeitsbilder, wie sie in Werbung und Medien präsentiert werden. Erving Goffman: La ritualisation de la féminité. In: Actes de la recherche en Sciences Sociales. 14 avril 1977, S.34-50.

2 Hierzu z.B. Irene Dölling: Der Mensch und sein Weib. Frauen- und Männerbilder. Berlin 1991, bes. S.132ff. – Helga Möbius: Körper und Allegorie. Kunsthistorische Einsichten zur Geschlechterkonstruktion im Mittelalter. In: Frauen Kunst Wissenschaft. Heft 24, 1997, S.7-12. – Zur literarischen (nicht bildlichen) Präsenz der Frau, sowohl in bezug auf Beschreibungen der Frau durch den männlichen Schriftsteller wie auch auf die Arbeit weiblicher Autoren, vgl. Silvia Bovenschen: Die imaginierte Weiblichkeit. Exemplarische Untersuchungen zu kulturgeschichtlichen und literarischen Präsentationsformen des Weiblichen. Frankfurt 1979. Bovenschen stellt vor allem das Fehlen weiblicher literarischer Repräsentanz fest. „Meist jedoch bleibt das Schweigen der Frauen unbemerkt, es wurde zugedeckt vom Lärm der nie unterbrochenen stellvertretenden Rede über das Weibliche" (S.41).

griff Aktion verweist auf Kampf, Verteidigung, auf alltägliche und moralisch-freiheitliche Lebenszusammenhänge. Darstellungen, die dieser Gruppe zuzuordnen sind, lassen freiere Formen und eine offenere Körper- und Bildersprache zu. Die ästhetische 'Erfindung' und die künstlerische Formung (nicht die künstlerische Qualität des einzelnen Werkes) ebenso wie die Körpersprache der Dargestellten stehen in unmittelbarem Zusammenhang mit dem jeweiligen Inhalt.

Die Suche nach einer autonomen Körpersprache der Kämpferin in der bildenden Kunst ist zumindest in einer – ideologisch-künstlerisch sehr zugespitzten – Hinsicht nicht erfolgreich: Die Skulpturen der kämpfenden Nazihelden zeigen in den meisten Fällen extrem dramatische, wie 'eingefroren' wirkende Haltungen ohne Bezug zu einem inhaltlich-szenischen Zusammenhang. Alle diese Figuren sind männlich, ein weibliches Pendant gibt es nicht.[3]

Die unbewegten Heldinnen

Pallas Athene, die griechische Kriegsgöttin, gehört zu den frühesten Personifikationen eines Ideals, das sich auf Stärke, Wehrhaftigkeit und schützende Kraft bezieht. Sie wird seit der Zeit des Hellenismus (6./5.Jh.v.Chr.), neben den ausgesprochenen Kampfszenen, bevorzugt als stehende Gewandfigur mit Helm, Speer, Schild und dem Brustpanzer mit dem Gorgonenhaupt dargestellt (Abb.76). Der hier gezeigte klassizistische Nachstich aus dem frühen 19. Jahrhundert zeigt Athene ruhig stehend mit einer Andeutung des Standbein-Spielbein-Motivs. Ihr Blick ist leicht aus der Mittelachse zur Seite gewandt, die linke Hand umfaßt den auf den Boden gestützten Speer unterhalb der Klinge. Der Schild ist zur Hälfte hinter ihrem Körper versteckt. Die Gestalt ist durch die Zeichnung des Gesichts und die Ausprägung der Brust eindeutig als weibliche charakterisiert. Obwohl kräftig, ist der

links:
76. Peter Haas, Minerva, 1826.
Aus: Götter und Heroen...Berlin 1826, Tafel VII.
Solingen, Deutsches Klingenmuseum (Kat.Nr. 9)

rechts:
77. Hendrick Goltzius, Pallas Athene, 1596
Düsseldorf, Graphische Sammlung
Kunstmuseum Düsseldorf (Kat.Nr. 2)

3 AK Skulptur und Macht. Figurative Plastik im Deutschland der 30er und 40er Jahre. Berlin 1983, bes. Kat.Nr. 3.6, 3.7 und 3.8.

78. Léon Davent, Bellona und Mars, Mitte 16. Jh.
Düsseldorf, Graphische Sammlung
Kunstmuseum Düsseldorf (Kat.Nr. 1)

79. Jean-Baptiste Massé nach P.P. Rubens,
Maria de' Medici als Minerva, 1. H. 18. Jh.
München, Staatliche Graphische Sammlung
(Kat.Nr. 84)

80. Johann-Elias Ridinger,
Maria Theresia zu Pferde,
Mitte 18. Jh.
Düsseldorf, Graphische Sammlung
Kunstmuseum Düsseldorf (Kat.Nr. 85)

links:
82. Königin Wilhelmina der Niederlande in Marineuniform, 23.2.1892
Den Haag, Royal House Archives (Kat.Nr. 86)

rechts:
83. Anonym, Jacobe von Baden in Männerkleidung, um 1580
Düsseldorf, Eigentum des Landes Nordrhein-Westfalen, Nordrhein-Westfälisches Haupt-Staatsarchiv Düsseldorf (Kat.Nr. 83)

Körper weich modelliert und zeigt keine Muskelanspannung, d.h. gibt keinen Hinweis auf eine bevorstehende Bewegung bzw. Handlung. Sie gibt dem Ideal der Kriegsgöttin eine (weibliche) Gestalt, die Möglichkeiten der physischen Kraft und der Benutzung ihrer Bewaffnung werden nicht gezeigt, sondern bleiben als Potenz in ihrem Körper verinnerlicht.[4]

Frühe barocke Übernahmen des Motivs zeigen eine andere Interpretation (Abb.77). Für die auf Untersicht aufgebaute Darstellung der auf Wolken schwebenden Pallas Athene übernimmt Goltzius den Typus der religiösen Apotheose auf Altar- und Deckengemälden. Sie thront nach rechts gewandt mit gekreuzten Beinen auf ihrem Wolkensitz, die Linke auf den gorgonenbesetzten Schild gestützt, die Rechte auf den unteren Teil der locker geschulterten Lanze gelegt. Ihr Blick ist nach links in eine unbekannte Ferne gerichtet, Locken und Federbusch des Helmes flattern im Wind. Trotz der Verhüllung wird die kräftige Gestalt deutlich, was die sehr muskulösen unbedeckten Partien wie Arm und Hals betonen. Der Athene von Goltzius traut man ungeachtet ihrer ruhenden Position eine kraftvolle und entschiedene Aktion ohne weiteres zu. Daß der noch von Michelangelo beeinflußte Zeitstil einer voluminösen Körperlichkeit auch das Werk von Goltzius – unabhängig vom Thema – prägte, sollte hier natürlich in Betracht gezogen werden und eine zu pointierte Interpretation dämpfen.

Bildnisse von Herrscherinnen sind in großer Zahl überliefert. Auch war es durchaus gängig, daß die Nachkommen eines Herrscherhauses, Jungen wie Mädchen, den Ehrenoffiziersrang eines militärischen Verbandes erhielten.[5] Während jedoch die Thronfolger bzw. die Herrscher häufig in der Uniform ihres Regiments porträtiert wurden, war dies bei den Frauen nur selten der Fall. Kaiserin Maria Theresia ist auf einem Kupferstich als Reiterin und Anführerin der österreichisch-ungarischen Husaren dargestellt (Abb.80). Szepter, hermelingefütterter Umhang und der reich geschmückte Helm, den ein begleitender Husar mitführt, weisen sie als Herrscherin aus. Sie trägt ein prächtiges Kleid und sitzt im vorgeschriebenen Damensitz auf dem Pferd. Uniform oder auch nur Versatzstücke einer Uniform trägt sie nicht; den einzigen Hinweis auf

4 Zu den griechischen Skulpturen des 6./5.Jh. vgl. beispielsweise den Ausschnitt mit zwei Kriegern und Athene aus dem Westgiebel des Aphaiatempels auf Ägina (um 500 v.Chr., München, Glyptothek).
5 Im deutschen Kaiserreich war das 2. Pommersche Kürassier-Regiment der Königin zugeordnt. Vgl. Georg Hiltl,: Preußens Heer. Berlin o.J. (ca. 1871/75). Noch heute sind z.B. die Kinder, Söhne wie Töchter, des englischen Königshauses Regimentschefinnen bzw. -chefs. Prinzessin Anne ist Ehrenregimentschefin der 14th/20th King's Hussars, des Worcestershire and Sherwood Foresters Regiment, des Royal Corps of Signals, der Royal Scots und der 8th Canadian Hussars. Zusätzlich hat sie den Oberbefehl über zwei weibliche Truppenverbände, den Women's Royal Naval Service und den Women's Transport Service (frdl. Auskunft der Britischen Botschaft, Bonn).

81. Otto Flechtner, Cafe Maria Theresia, vor 1911
Münchner Stadtmuseum (Kat.Nr. 87)

ihre militärische Position gibt der Säbel an ihrem Gürtel. Ein solches Bild ist ausschließlich repräsentativ; die Kaiserin wird analog zum Reiterporträt des männlichen Herrschers in Szene gesetzt, mit Figuren- und Pflanzenstaffage im Vordergrund und Reitergetümmel und einer Ansicht Wiens im Hintergrund. Fraglos gedenkt sie ihren Säbel nicht zu gebrauchen.[6]

Ein modernes Porträt einer Herrscherin-'Soldatin', die offizielle Fotografie der jungen niederländischen Königin Wilhelmina in Marineuniform 1892 mit dem passenden Dolch an ihrer Seite, führt die jahrhundertalte Tradition der formellen weiblichen Regimentsführung weiter (Abb.82). Zugleich offenbart dieses Bildnis – verschärft durch die zeitliche Nähe zu unserem heutigen Blick – das Dilemma dieser nicht gelebten Verbindung von Frau und Waffe. Wilhelmina wirkt offensichtlich kostümiert.

In einer scherzhaft gemeinten Kostümierung ließ sich die junge Jacobe von Ba-

6 Zu den Husarensäbeln vgl. Anton Dolleczek: Monographie der k.u.k. österr.-ungar. Blank- und Handfeuerwaffen. Wien 1896, Reprint Graz 1970, S.10-14 und Tafel II.

den, die spätere Gemahlin des bergischen Kurfürsten Johann Wilhelm in Düsseldorf, porträtieren (Abb.83). Sie erscheint in dieser sehr ungewöhnlichen Darstellung in spanischer Tracht mit großem rundem Kragen, Federbusch, Wams mit Schößchen und engen Hosen. In der Rechten zeigt sie ein gezogenes Schwert, die Linke hält einen Schild mit der Umschrift „Mit allen valschen (Herzen; statt des Wortes ist hier ein Herz gemalt) soll man also schertzen." Wie war dieses Bild gemeint? Die jugendliche Jacobe legte das Aquarell einem koketten Brief an ihren Verehrer, den Grafen Fortunato Bertoldo de' Pazzi, bei. Sie spielt mit ihrer Rolle als begehrenswerte Frau, kehrt sie durch die Männerverkleidung um und wirft zugleich (in der Umschrift des Schildes) dem Grafen scherzhaft eine mögliche Falschheit vor, auf die sie wiederum mit der 'Falschheit' der Verkleidung reagiert. Durch ihre Bewaffnung betont sie den Rollenwechsel hin zu einem männlich besetzten Verhalten.[7]

Neben den der jeweiligen Zeit zugehörigen Darstellungen bewaffneter Frauen ist die bildnerische Rezeption legendärer, mythologischer oder (halb-)historischer Frauen aufschlußreich. Zwei Beispiele aus der großen Fülle posthumer Bildnisse der Jeanne d'Arc, deren Person eine ideale Projektionsfläche für immer wieder neue Phantasien zum Thema jungfräuliche Kämpferin Gottes bot, seien herausgegriffen.[8] Ein frühes Bildnis, wenige Jahrzehnte nach ihrem Tod entstanden, zeigt Jeanne in Rüstung ohne Helm mit erhobenem Schwert und der christlich-französischen Standarte (vgl. Abb.108). Ihre gewellten Haare sind streng im Nacken zusammengefaßt. Das Gesicht zeigt ebenmäßige, eher ausdruckslose Züge, der Kopf ist etwas zur Seite gewandt. Auffallend schmal und zierlich sind ihre Hände geformt, denen ein wirkliches Zupacken bei Schwert und Fahnenstange kaum zuzutrauen ist. Die Imagination der Gestalt der 'heiligen Jungfrau' blieb durch die Jahrhunderte auffallend konstant: Sie wird bestimmt durch die Verschmelzung von wehrhafter Ausstattung und mädchenhafter, jugendlicher Gestalt. Während die frühe Darstellung (vgl. Abb.108) Mädchenhaftigkeit mit Kraftlosigkeit – nicht Unentschlossenheit! – verbindet, betont der historisierend-mittelalterliche Entwurf von Steinle gerade die jugendliche Kraft der Heldin (vgl. Abb.109). Sie sitzt in der klassischen Paraderüstung des frühen 16. Jahrhunderts zu Pferde.[9] Der Darstellungstypus verweist auf die Reiterbildnisse der italienischen Condottieri im 15. Jahrhundert wie z.B. Niccolò da Tolentino und John Hawkwood.[10] Jeanne reitet, in Profilansicht, sehr aufrecht mit nach oben gewandtem Blick, bewaffnet ist sie mit einem großen Bidenhänder-Schwert. Ihre Hände in eisernen Handschuhen greifen energisch Standarte und Zügel. Der gesamten Erscheinung, verstärkt durch die halblangen, offenen Haare, haftet ein androgyner Zug an.[11]

Die Assoziation von Herrscherinnen-Bild, repräsentativer Körperlichkeit und Blankwaffe gilt noch heute. Bei der Fotoaktion „Mein Herz" der Künstlerin Bettina Flitner, bei der Frauen sich mit Hilfe verschiedener Requisiten, darunter immer eine Waffe, ihr eigenes 'Bild' herstellen konnten, wählte eine junge Türkin Krone und mittelalterliches Schwert und beschrieb sich bzw. ihr Bild so: „Ich bin Muslimin und will meine Freiheit. Ich habe mich für mein eigenes Leben entschieden..." (Abb.84).

Die Formen- und Ideensprache der Allegorien greift gerne auf das Attribut Schwert bzw. auf andere Klingenwaffen wie Speer, Lanze oder Axt zurück (Abb.85, vgl. Abb.55, 56).[12] Die Figur der Justitia gehört zu den bekanntesten und weit verbreiteten Allegorien, deren wesentliche Aussage sich neben der Waage auf das Schwert als dem Instrument des gerechten Richtens bezieht.[13] Die Darstellung der Justitia von Léon Davent (vgl. Abb.49) gibt – anders als die üblicherweise auf die

7 Vgl. Elfriede Heinemeyer: Brautschatz und Nachlaßinventar der Markgräfin Jacobe von Baden. In: Waffen- und Kostümkunde, 24. Band,1965, S.1f.

8 Ein authentisches Porträt der Jeanne d'Arc zu ihren Lebzeiten ist bis auf eine kleine, wohl fiktionale Randzeichnung in ihren Prozeßakten nicht erhalten. Vgl. hierzu Le Nordez: Jeanne d'Arc, Raccontée par l'Image d'après les Sculpteurs, les Graveurs et les Peintres. Paris 1898, S.367. Erst kürzlich, im Mai 1998, erhielt die Frage nach dem wahren Aussehen Jeannes durch den Fund eines angeblich zu ihren Lebzeiten entstandenen Porträts eine sensationelle Wende. Es handelt sich um ein Fresko in der Kirche Notre-Dame in Bermont, ganz in der Nähe ihres Geburtsortes Domrémy (Le Monde, 14.5.1998. Frdl. Hinweis von Prof. Gerd Krumeich).

9 Vgl. die Paraderüstung für Heinrich VIII. von England, um 1515. London Royal Armouries. Abgebildet bei Jan Eavens: The Tournament Armours of King Henry VIII of England. In: Livrustkammaren. 1993, S. 10 Abb. 7.

10 Paolo Uccello: Bildnis des John Hawkwood, 1436. Fresko, Florenz, Dom. Andrea del Castagno: Niccolò da Tolentino, 1456. Fresko. Florenz, Dom.

11 Zur Allegorie als bevorzugt weibliche Figur vgl. Möbius a.a.O.

12 Diese androgynen Anteile bzw. die körperliche Ähnlichkeit von schlanken, kämpfenden, 'männlich' gekleideten Frauen und jungen männlichen Kämpfern finden sich seit den Amazonenbildern der griechischen Klassik: Amazone oder Hoplit? Auch in den folgenden Zeiten gibt es immer wieder Darstellungen, die eine präzise Geschlechtsbestimmung nicht erlauben. Vgl. u.a. Renate Rolle: Oiorpata. In: Beiträge zur Archäologie Nordwestdeutschlands und Mitteleuropas, hrsg. von T. Krüger und H.G. Stephan. Materialhefte zur Ur- und Frühgeschichte Niedersachsens, Heft 16. Hildesheim 1980, S.275.

13 Vgl. auch den Beitrag von Vera Thiel in diesem Buch.

84. Bettina Flitner, „Ich bin Muslimin...“,
aus der Fotoserie: Mein Herz, 1995
Köln, Besitz der Künstlerin (Kat.Nr. 170)

Personifikation beschränkten Darstellungen – das ganze Pandämonium der an der allegorischen Aussage beteiligten Figuren und Staffagen. Justitia thront in der Mitte des Rundbildes, umgeben von den sieben Todsünden, die mit eisernen Halsringen gefesselt und an ihren Gürtel gekettet sind.[14] Über diesen zum Teil dramatisch bewegten Figuren erhebt sich vor einer leuchtenden Gloriole Justitia mit halb entblößter Brust. Mahnend und warnend zeigt sie die Waage und das erhobene Schwert mit lodernder Klinge. Der linke Fuß ruht auf der Weltkugel, über ihrem Haupt schweben eine Krone und ein Schriftband mit den Worten „Confringe eos in virga ferrea“ (Sie macht sie mit eiserner Fessel zunichte). Die Haltung der Hauptfigur entspricht dem Typus der Majestas Domini, dem thronenden Christus als Herrscher, und gibt ihr so eine besondere, durch die christliche Ikonografie herausgehobene Bedeutung. Aber neben der Position der Justitia – die en-face-Darstellung, die Plazierung in der Symmetrieachse des Bildes – scheint ein weiterer Aspekt der Frage nach dem Körperbild der bewaffneten handelnden Frau von Bedeutung zu sein: die ausdrückliche Darstellung von körperlicher Kraft und Größe. Dazu gehören die tatsächliche Größe im Vergleich zu den übrigen im Bild erscheinenden Figuren, es gehören dazu Körpervolumen und Muskelbildung, ausgreifende Gestik, Sitzhaltung mit gespreizten Beinen (was bei den antikisch gewandeten Frauengestalten auch mit Dezenz möglich war) und – nicht zu vergessen – die eindeutige Geschlechtszuweisung (vgl. Abb.48, 50).

Pierre Bourdieu hat die Korrelation von Größe = Macht und Authorität; Kleinheit = Schwäche und Machtlosigkeit als ein wesentliches Moment der sozialen, immer auch historisch bedingten Körperwahrnehmung betont. Er bezieht seine Untersuchung auf die heutige Zeit, legt jedoch Wert auf die Beobachtung, daß diese Konstanten sich in langen Zeiträumen

85. Francesco Valesio, Die Thronende Roma, um 1600
Düsseldorf, Graphische Sammlung Kunstmuseum Düsseldorf (Kat.Nr. 52)

ausgebildet haben. So steht z.B. das subjektive Wohlbefinden (aisance), das bei den Eigentümern von Macht und Herrschaft erheblich stärker angesiedelt ist, in direktem Zusammenhang mit der Wahrnehmung körperlicher Größe, unabhängig von der tatsächlichen Größe der Person. Umgekehrt ist das Selbstgefühl des Unbehagens (timidité) machtlosen, schwachen Menschen zu eigen, die in übermäßiger Entfremdung von ihrem eigenen Körper leben, und bewirkt bei anderen, die diese Menschen wahrnehmen, den Eindruck von Kleinheit.[15] Für frühgeschichtliche Reiternomadenvölker in Eurasien gibt Renate Rolle ebenfalls das Phänomen der „körperliche(n) Größe als Merkmal der sozialen Stellung“ an.[16] Diese Wahrnehmungsmechanismen gelten auch bei allegorischen Bilderfindungen, die zwar gedanklich einer abstrakten Ebene zuzuordnen sind, deren sinnlich-ästhetische Qualität jedoch die beschriebene individualpsychologische Wirkung hervorruft.

Körperliche Größe ist sicherlich auch ein wesentliches Moment für die Konstitution der Figur der Germania (vgl. Abb.59). Die Germania des Niederwalddenkmals bei Rüdesheim kann als ‘die’

14 AK Ruhm der Könige und Künstler. Druckgraphik der Schule von Fontainebleau aus dem Kunstmuseum Düsseldorf – Sammlung Kunstakademie. Düsseldorf 1995, S.98.
15 Pierre Bourdieu: Remarques provisoires sur la perception sociale du corps. In: Actes de la recherche en Sciences Sociales. 14 / avril 1977, S.51-52.
16 Rolle a.a.O., S.285.

89. Tremezza von Brentano,
Wer war Lukretia? (Cranach), 1998
Köln, Besitz der Künstlerin (Kat.Nr. 175)

Seite 103:
oben:
86. Jost Amman, Der Tod der Lukretia, 1568
Stuttgart, Graphische Sammlung der Staatsgalerie Stuttgart (Kat.Nr. 26)

unten links:
87. Hans Döring (Kopie nach Cranach), Lukretia, 1514
Wiesbaden, Museum Wiesbaden (Kat.Nr. 25)

unten rechts:
88. Lucas van Leyden, Lukretia, um 1510-20
Amsterdam, Rijksprentenkabinet, Rijksmuseum Amsterdam (Kat.Nr. 24)

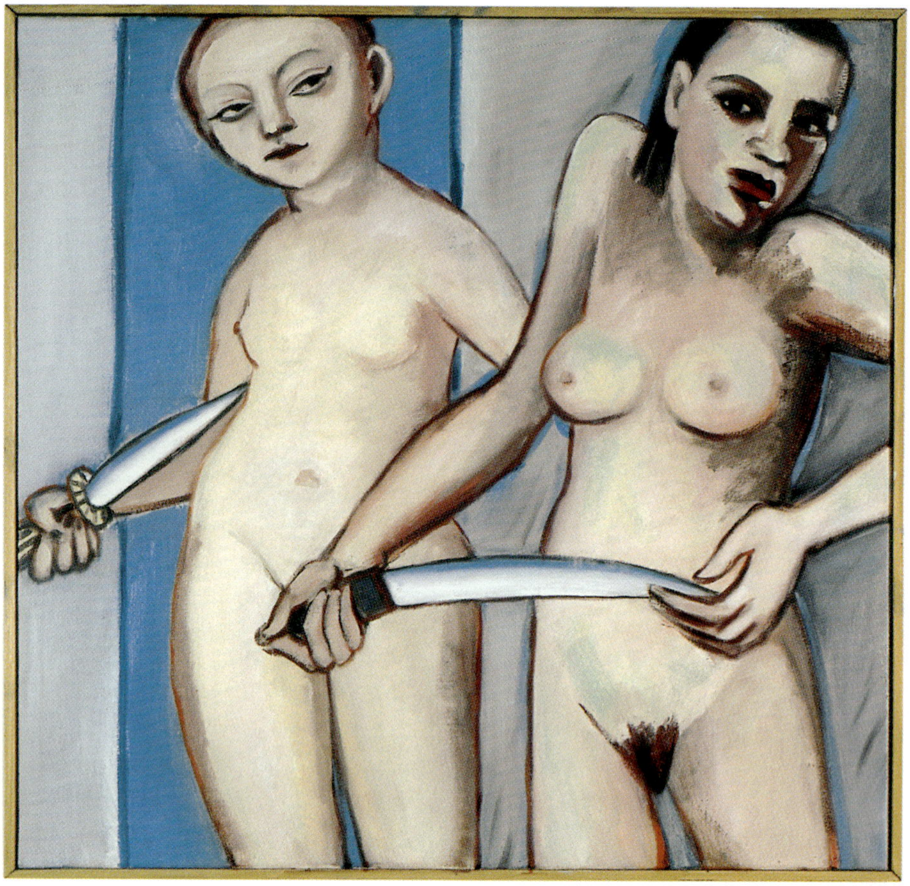

gründerzeitliche nationale Allegorie Deutschlands gelten. 'Größe' ist hier weniger das Ergebnis wahrnehmungspsychologischer Raffinesse, sondern einfach vorhanden: Die Figur ist rund 12 Meter hoch, das gesamte Denkmal inklusive Sockel 38 Meter. Sie weist die klassischen Details allegorischer Weiblichkeit auf: antikisches Gewand, Brustpanzer, entblößte Arme; dazu das riesige, mit Lorbeer umkränzte Zweihand-Schwert und die hoch erhobene Kaiserkrone. Die Figur ist auf hohem Sockel für Weitsicht und zugleich Untersicht konzipiert mit dem Effekt, daß der nahetretende Betrachter von der hochwachsenden Kolossin schier überwältigt ist. Die Ansprüche, die diese Germania aussendet, sind Stärke, Herrschaft und Wehrhaftigkeit, keine dieser Eigenschaften ist traditionell dem weiblichen Geschlecht zugehörig.[17]

Der moralische Tod

Lukretia, die legendäre Moralistin der Antike, transportiert zwar ebenfalls, wie die realen und allegorischen Herrscherinnen, einen hohen, weit über ihre Person und individuelle Geschichte hinausweisenden Sinnanspruch, jedoch auf eine völlig andere Weise. Der Diskurs über die bewaffnete Frau führt hier, obwohl Lukretia tatsächlich mit der Waffe handelt, zurück zu einem als typisch weiblich erachteten Verhalten, überhöht durch einen rigiden moralischen Impetus.

Worum geht es? Die Geschichte der Lukretia spielt angeblich im antiken Rom des 5. vorchristlichen Jahrhunderts.[18] Sie ist die Ehefrau des römischen Edelmannes Collatinus, die als sehr schön und zugleich äußerst keusch gilt. Aufgrund eines Wettstreites wird sie von Tarquinius Sextus,

17 Vgl. auch Ursula Zeller: Die Frühzeit des politischen Bildplakats in Deutschland. Stuttgart 1987, bes. S.53 ff.
18 AK Düsseldorf 1995, a.a.O., S.294f.

DVM VI TARQVI NI PATITVR LV
CRECIA STV PRVM
PERFORAT EN FERRO PECTO
RA CASTA TRVCI.
1·5·1·4·
H·D·M·

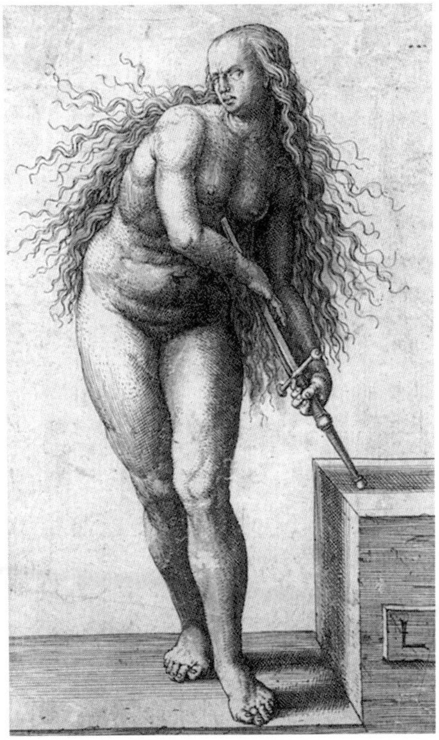
L

dem Sohn des tyrannischen Königs Tarquinius Superbus, bedrängt. Sie gibt ihre lange verzweifelte Abwehr erst dann auf, als Tarquinius ihr droht, sie zu ermorden und einen toten, nackten Sklaven zu ihr zu legen, um sie damit zu kompromittieren. Am nächsten Tag ruft sie ihren Vater, ihren Mann und die besten Freunde zusammen und berichtet von ihrer Schande. Obwohl ihre Familie sie von jeder Schuld freispricht, tötet sie sich kurz darauf mit dem Dolch. Sie sieht nach diesem Ereignis ihr Recht auf Leben verwirkt, unabhängig von persönlicher Schuld. Sie handelt bewußt vorbildhaft für alle Frauen, denn „...keine Unkeusche soll fortan sich auf das Beispiel der Lukretia berufen und leben."[19]

Die Geschichte der Lukretia bot offensichtlich einen äußerst reizvollen Stoff für die künstlerische Darstellung, die – mehr noch als das Judith-Thema – häufig und nahezu ohne Unterbrechung von der Renaissance bis heute zu verfolgen ist. Reizvoll war es zum einen, den schönen Körper einer jungen Frau zu zeigen, wozu sowohl die Vergewaltigungsszene Anlaß bot, als auch – weniger zwingend durch das Thema bestimmt – die als Darstellung bevorzugte Selbstmordszene. Zum anderen gab die fatale Attraktion von weiblicher Nacktheit und ihrer tödlichen Bedrohung durch die Blankwaffe – ein Vergänglichkeitsmotiv par exellence – der künstlerischen Phantasie immer neue Nahrung. Diese gefährliche, erotisierende Nähe wirkt auch heute noch, wie z.B. Modeaufnahmen zeigen, die auf die Konfrontation von weiblichem Körper und blanker Waffe setzen.[20]

Zwei Ausprägungen des künstlerischen Lukretia-Bildes entstehen in der Zeit um 1500: der Typus der vollkommen nackten Lukretia und derjenige der bekleideten, mit Pelz und Schmuck als vornehme Renaissance-Dame erscheinenden (Abb.86). Allerdings wird auch die bekleidete Lukretia in den meisten Fällen mit entblößter, den Dolchstoß empfangenden Brust gezeigt. Beide Typen wurden zwischen 1510 und 1530 wesentlich von Lucas Cranach d.Ä. formuliert und fanden bei den Zeitgenossen regen Widerhall (Abb.87).[21] Die Aktdarstellung entsprach zu Zeiten Cranachs, als die nordalpine Frührenaissance allmählich erst Platz griff, durchaus noch nicht den Sehgewohnheiten. Gleichzeitig aber entwickelten hiermit gerade Cranach und seine Zeitgenossen anhand von Themen wie Lukretia, Venus oder Eva eines der Stereotypen der Darstellung der Frau in der europäischen Kunst.

Ein weiteres Stereotyp ist die Körpersprache Lukretias. In den frühen Darstellungen Cranachs und seiner Umgebung neigt sie den Kopf und blickt in eine unbestimmte Ferne. Ihre Gestik ist trotz der schrecklichen Tat, die sie gegen sich verübt, verhalten und ermangelt der Muskelspannung. Lucas van Leyden dagegen zeigt seine Lukretia mit einer entschiedenen Geste des Selbstmordes: Sie stürzt sich in die Klinge eines langen Bidenhänderschwertes (Abb.88). Mit dem Schamgestus des vorgebeugten Körpers allerdings wird auch diese Lukretia den traditionellen Weiblichkeitsbildern zugewiesen.

Die späteren barocken Bilder variieren den Typus insofern, als nun der Blick dramatisch zum Himmel gerichtet ist. Die betonte Weiblichkeit jedoch und die Wiedergabe des Momentes unmittelbar vor der Ohnmacht bzw. dem Tod ist hier ebenfalls der vorherrschende Eindruck. Die entschiedene moralische Aussage Lukretias wird in der künstlerischen Darstellung nicht auf die Körpersprache übertragen.

Eine moderne Interpretation der Lukretia-Figur liefert die Malerin Tremezza von Brentano (Abb.89). Sie zitiert ein Cranach-Bild, in dem Lukretia als unbekleidete, zierliche junge Frau erscheint mit schmalen Schultern, blondem Haar und heller Haut. Sie setzt die Spitze des Dolches vorsichtig auf ihre Brust. Die charakteristischen mandelförmigen 'Cranach-

19 Laut der Überlieferung durch Livius, 1.Jh.v.Chr. Zitiert nach AK Düsseldorf 1995, a.a.O., S.294.
20 Vgl. z.B. das Titelblatt des Zeit-Magazins vom 01.09.1989.
21 Vgl. AK Lucas Cranach, hrsg. von Dieter Koepplin und Tilmann Falk. Kunstmuseum Basel 1976. Bd.2, S.660-668.

90. Zweikampf zwischen Mann und Frau, aus: Talhoffers Fechtbuch aus dem Jahre 1467 Solingen, Deutsches Klingenmuseum (Kat.Nr. 156)

Augen' schauen am Betrachter vorbei in die Ferne. Gegen diese Imagination des Renaissancemalers setzt Brentano ihre Version der Lukretia. Sie steht im Vordergrund, eine kräftige Figur mit breiten Schultern, großer Brust, gebräunter Haut und schwarzen Haaren. Ihre Scham wird deutlich gezeigt. Der Blick fixiert den Betrachter, der Mund zeigt einen Ausdruck zwischen Skepsis und Entschlossenheit. Die rechte Hand hält die säbelartige Blankwaffe, die Spitze der Klinge liegt locker abwägend in der linken. Die Waffe liegt parallel zum Körper, die moderne Lukretia richtet sie nicht gegen sich!

Die aggressive Geste

Die aggressive Frau – es gibt sie im inhaltlichen Zusammenhang und in der künstlerischen Präsentation.[22] Bildliche Überlieferungen dieser Art sind sicherlich Ausnahmeerscheinungen, sie entsprechen eindeutig nicht den traditionellen geschlechtsspezifischen Bildtopoi und drohen in der Fülle der rollenkonformen Bilder unterzugehen. Aber sie existieren in bemerkenswerter Zahl, wobei sicherlich die Dunkelziffer der historisch real geschehenen Ereignisse und Szenen, die nicht für bildwürdig erachtet wurden, hoch einzuschätzen ist.

Es seien drei beispielhafte Darstellungen herausgegriffen. Allen sind bestimmte Charakteristika gemeinsam: präsente Körperlichkeit, starke Bewegung, expressive Gestik, eine handlungsbestimmende Position im Bild. Ein frühes und erstaunlich klares Bild einer kämpfenden Frau gibt Talhoffers Fechtbuch von 1467[23] (Abb.90). Dargestellt und kommentiert wird ein gerichtlicher Zweikampf zwischen Mann und Frau. Es war im Mittelalter Brauch, daß nach einem Richtspruch der unterlegene Gegner Gelegenheit bekam, im Kampf mit Hilfe der göttlichen Vorsehung zu gewinnen und somit den Richtspruch aufzuheben. Die-

22 Zum Begriff Aggression und zu verschiedenen Aggressivitätstheorien vgl. Neidhardt, Sack, Würtenberger, Lüscher, Thiersch, Collatz: Aggressivität und Gewalt in unserer Gesellschaft. München 1994, hier besonders Klaus-Günther Collatz: Zur Information über Theorien der Aggressivität. S.127-138.

23 Talhoffers Fechtbuch aus dem Jahre 1467. Gerichtliche und andere Zweikämpfe darstellend. Hrsg. von Gustav Hergsell. Prag 1887.

91. Ferdinand Hodler, Kompositionsstudie mit vier kämpfenden Frauen, 1896
Zürich, Kunsthaus Zürich (Kat.Nr. 115)

92. Peter Haas, Merope, Königin von Messene, tötet ihren Sohn Aepytus, 1826.
Aus: Götter und Heroen... Berlin 1826, Tafel XXXII.
Solingen, Deutsches Klingenmuseum (Kat.Nr. 9)

ses Recht galt auch für Frauen! Der Autor und Zeichner widmet dem Kampf in seinem umfangreichen Buch immerhin neun Seiten und läßt die Frau gewinnen. Die Ausgangssituation stellte sich folgendermaßen dar: Mann und Frau tragen eng anliegende Anzüge mit Kapuze. Die Frau hat als Waffe einen schweren, in ihren Schleier gebundenen Stein, den sie gegen den Gegner schwingt. „Da statt die frow fry vnd wyl schlahen vnd hatt ain stain In dem Sleer wigt vier oder finf pfund.“[24] Der Mann ist mit einem Kolben bewaffnet und steht, um die unterschiedlichen Kräfte der beiden Kontrahenten auszugleichen, bis zur Hüfte in einem Erdloch. „So statt er In der gruben bis an die waichen vnd ist der kolb als lang als Ir der schleer von der hand.“[25] Die einzelnen Etappen des Kampfes, in dem die Frau äußerst energisch und schließlich auch siegreich mit dem Mann umgeht, geben ein durchaus gleichberechtigtes Bild der Beteiligten.

24 Ebda., Tafel 242.
25 Ebda.

Während Talhoffer eine für sich selbst kämpfende Frau zeigt, sind es bei Goya Frauen, die ihre Kinder oder Geschlechtsgenossinnen verteidigen. Die Szenen spielen im Spanischen Befreiungskrieg gegen die französichen Besatzer Anfang des 19. Jahrhunderts und geben drastisch die brutalen Geschehnisse neben den eigentlichen Kämpfen wieder. In dem Blatt „Las mugeres dan valor“ (Die Frauen geben Mut) ersticht eine Frau mit weit aufgerissenen Augen einen Sodaten, der mit ebenfalls gezogenem Säbel neben ihr zu Boden sinkt (vgl. Abb.73). Auf dem Blatt „Y son fieras“ (Und sie sind wie Raubtiere) sind es mehrere Frauen, die sich in heftiger Erregung und mit starker körperlicher Anstrengung gegen Soldaten wehren. Ihre Waffen sind Speer, Degen und ein großer Stein. Eine der Frauen liegt, einen Säbel mit gebrochener Klinge umklammernd, am Boden. Goya zeigt die Frauen in höchster Aggression, um ihr Leben und das anderer in dieser extremen Notwehrsituaton zu retten.[26]

Die Freiheitskämpferinnen in der „Schlacht von Fraubrunnen 1798“ in der Schweiz, die Ferdinand Hodler 1896 für ein großes Wandgemälde im Berner Rathaus konzipierte, geben ein ähnliches Bild bedrohlicher körperlicher Aktion. Das Wandbild wurde nicht ausgeführt, die Studien und Vorzeichnungen zu diesem historischen Ereignis im Jahre 1798 gegen die Franzosen sind jedoch erhalten (Abb.91). Mit großem Schritt, den Oberkörper zum Angriff geneigt, umfassen sie mit hoch erhobenen Armen ihre langstieligen Äxte und Sensen. Das Vorbild zu diesem Motiv entstammt einer antiken Szene, in der Merope, die Königin von Messene, im Begriff gezeigt wird, ihren Sohn zu töten (Abb.92).

Der ausgreifende Schritt als Zeichen für die Tat bzw. die Bereitschaft dazu ist bereits auf einem antiken griechischen Krater des 5. Jahrhunderts v.Chr. zu fin-

rechts:
93. Gerhard von Kügelgen,
Allegorie des Sieges, 1815
Berlin, Deutsches Historisches Museum
(Kat.Nr. 45)

links:
94. Moritz Rugendas, Allegorie der Freiheit, 1848/49
Augsburg, Städtische Kunstsammlung, Historischer Verein (Kat.Nr. 46)

26 Eines der eindrucksvollsten Bilder einer zielgerichtet handelnden, einen moralisch sanktionierten Mord begehenden Frau, die „Judith“ von Artemisia Gentileschi (nach 1612) hat in letzter Zeit auf zwei Ausstellungen in Düsseldorf (Die Galerie der Starken Frauen, Kunstmuseum, 1995) und in Bonn (Napoli! Das Museo Nazionale di Capodimonte zu Gast in der Kunst- und Austellungshalle der Bundesrepublik Deutschland, 1996) starke Beachtung gefunden.

95. Israel van Meckenem,
Judith mit dem Haupt des Holofernes, 2. H. 15. Jh.
Berlin, Staatliche Museen zu Berlin,
Kupferstichkabinett (Kat.Nr. 63)

den. Dargestellt ist eine Thrakerin, die mit gezogenem Schwert zum Kampf eilt (vgl. Abb.15).

Die verhaltene Tat

Nicht nur durch die unmittelbare, bedrohliche Aktion wird Spannung erzeugt, wobei Spannung durchaus in unterschiedlichen Bedeutungen zu verstehen ist: als inhaltliche Spannung durch das Ereignis, als körperliche Anspannung der Protagonistin und als ästhetische Verspannung der Bildfläche. Die Situation kurz vor oder nach dem Höhepunkt der Tat vermag ebenfalls Dramatik auszustrahlen und den Betrachter zu fesseln. Gerade dieser Moment des Innehaltens wird bei der Darstellung der bewaffneten Tat-Frau häufig gewählt. Ihn verkörpert z.B. Medea, die – zu ihren Füßen ihre Kinder – den Dolch aus der Scheide zieht, mit dem sie im nächsten Moment ihre Söhne töten wird (vgl. Abb.25). Er ist ebenfalls präsent in der Darstellung der Allegorie des Sieges von Gerhard von Kügelgen, in der die dargestellte Figur, eine frühe Verkörperung der anti-napoleonischen Germania, den Dolch zwar bereits gezogen hat, ihn aber noch auf dem Säulenstumpf ruhen läßt (Abb.93). Die „Allegorie der Freiheit" von Moritz Rugendas (Abb.94) bezeichnet den Augenblick gespannter Stille offensichtlich nach dem Kampf, die Fahne geschultert und den Degen noch zum Einsatz in der Hand – ein gänzlich anderer Ausschnitt aus den Ereignissen, als sie die vorwärts stürmende „Freiheit" von Delacroix markiert. Bemerkenswert sind bei allen drei Darstellungen die überaus entschlossenen Blicke der Frauen (bei der Figur der Medea durch Schmerz überlagert) und die Handhaltungen, die quasi die Sekunde vor oder nach der Handlung und damit den

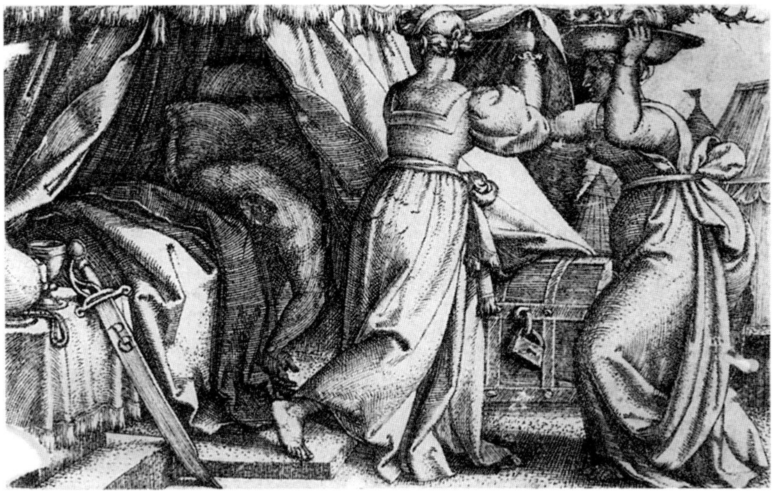

rechts:
96. Georg Pencz, Judith mit dem Haupt des Holofernes, um 1545
Solingen, Deutsches Klingenmuseum Solingen (Kat.Nr. 67)

links:
97. Albrecht Dürer, Tanzendes Bauernpaar, 1514
Düsseldorf, Graphische Sammlung Kunstmuseum Düsseldorf (Kat.Nr. 142)

Moment der größten Muskelanspannung wiedergeben.

Als eine 'verhaltene' Täterin ist auch Judith anzusehen, eine vor allem in Renaissance und Barock gerne und häufig dargestellte biblische Heldin.[27] Durch ihre weibliche Schönheit und List und durch einen Mord rettete sie viele Menschenleben. Der klassische Konflikt um Legitimität und moralische Notwendigkeit des Tyrannenmordes wurde in Geschichtsschreibung und Kunst bis in das 18. Jahrhundert dahingehend entschieden, daß Judith als Retterin und Heldin geehrt wurde.

Die Person Judiths und ihre Geschichte öffneten der künstlerischen Phantasie viele Räume; die Bild-Erfindungen und Interpretationen sind außerordentlich vielfältig. Eher selten wird Judith in aggressiver, tötendender Handlung wie auf dem Blatt von Coornhert (vgl. Abb.33) und eindrücklich auf dem bereits erwähnten Gemälde von Artemisia Gentileschi gezeigt. Der von den Künstlern weitaus bevorzugte Darstellungsmoment ist die Szene nach der Enthauptung, entweder unmittelbar nach der Tat, wenn Judith und ihre Dienerin noch am Lager des Holofernes stehen oder wenn die beiden Frauen auf dem Weg zu ihrem Volk sind bzw. ihm das Haupt präsentieren (Abb.95, 96, vgl. Abb.32, 34). Die künstlerische Ausformung dieser Szenen geschieht sehr unterschiedlich und folgt weniger als andere Themen – wie z.B. Lukretia, die National-Allegorien, die antiken und barocken Amazonenschlachten – einem festgelegten Bildkanon. Sie erscheint als vornehm gekleidete Edelfrau, umgeben von dem großen Szenario des Feldlagers, des Kampfes und der belagerten Stadt (vgl. Abb.95); als nackte Gestalt mit triumphierend erhobenem Haupt des Feindes (vgl. Abb.32); als huldvoll Ausschreitende, gefolgt von der das abgeschlagene Haupt tragenden Dienerin. Zwei Aspekte allerdings sind in fast allen Darstellungen betont: Judith wird von ihrer Dienerin begleitet, die neben der handelnden Heldin eine assistierende, jedoch wesentliche Rolle spielt, indem sie sozusagen die Tat nach dem tödlichen Schlag vollendet. Die Körperhaltung Judiths drückt den Nachhall der höchsten Spannung, den Moment nach dem dramatischen Höhepunkt aus. Ihre Stärke und Entschiedenheit zu einer solchen Ausnahmehandlung ist noch spürbar, gleichzeitig ist sie im Begriff, zur 'Normalität' zurückzukehren. Dabei hält sie entweder mit ausgestrecktem Arm das Haupt des Holofernes von sich und wen-

27 Zur Geschichte und zur künstlerischen Rezeption der Judith vgl. den Beitrag von Ulrike Karstedt in diesem Buch.

99. Urs Graf, Fähnrich und Soldatenmädchen, 1516
Basel, Kunstmuseum, Kupferstichkabinett

Seite 111:
oben:
98. Jost Amman, Ein Augspurger Magd, 1586
Aus: Manfred Lemmer: Jost Ammans Trachtenbuch, Faksimileausgabe: Im Frauenzimmer wirt vermeldt von allerley schönen Kleidungen und Trachten der Weiber... von 1586, Leipzig 1972.
(vgl. Kat.Nr. 145)

unten:
100. Monogrammist M.T. (Martin Treu zugeschr.), Die Frauen berauben den verlorenen Sohn seiner Kleidung, 1543
Solingen, Deutsches Klingenmuseum (Kat.Nr. 144)

det den Blick demonstrativ ab, oder sie schreitet in rascher Bewegung davon, die Dienerin mit der grausigen Last gedanklich und körperlich hinter sich lassend. Dabei hat sie das Schwert beiseite gelegt.

Nur selten wird Judith alleine, in weiblicher Schüchternheit und statuarischer Unbeweglichkeit dargestellt (vgl. Abb.35).

Die beiläufige Bewaffnung

Während es bisher um außergewöhnliche Personen und Situationen, um idealisierte oder allegorische Zusammenhänge ging, gibt es durchaus auch ein selbstverständliches Waffentragen bei Frauen. Dazu sind zum einen die vielfältig zu nutzenden Messer zu zählen, die Frauen zusammen mit anderen Utensilien am Gürtel trugen und die nicht nur zum Brotschneiden, sondern auch zu Angriff und Verteidigung verwendet werden konnten und wurden (Abb.97, 98, 99). Auf dem Kupferstich des Monogrammisten MT aus dem Jahr 1543 ist ebenfalls eine bewaffnete Frau abgebildet (Abb.100). Ein auffallend großer Dolch in einer dekorierten Scheide hängt an ihrem Gürtel, wobei der Inhalt der Szene die ungewöhnliche Dimension dieses Damendolches erklären mag. Es handelt sich um die Geschichte vom verlorenen Sohn, der hier in einem Bordell dargestellt ist. Die Frauen berauben ihn gerade seiner Kleidung, wobei es nachvollziehbar ist, daß für solche und ähnliche Handlungen eine Waffe dienlich sein kann.

Eine besondere Erscheinung war Kenau Hasselaer (1526-1588), eine holländische Witwe und Kauffrau aus Haarlem, die einen Pelzhandel und Schiffsbau betrieb (vgl. Abb.64). Sie gehörte zu einer Gruppe von Haarlemer Frauen, die sich an den Kämpfen der aufständischen niederländischen Provinzen gegen die spanische Herrschaft beteiligten. In einer Vielzahl von Porträts wird sie als vorbildliche Kämpferin gezeigt, stets umfangreich be-

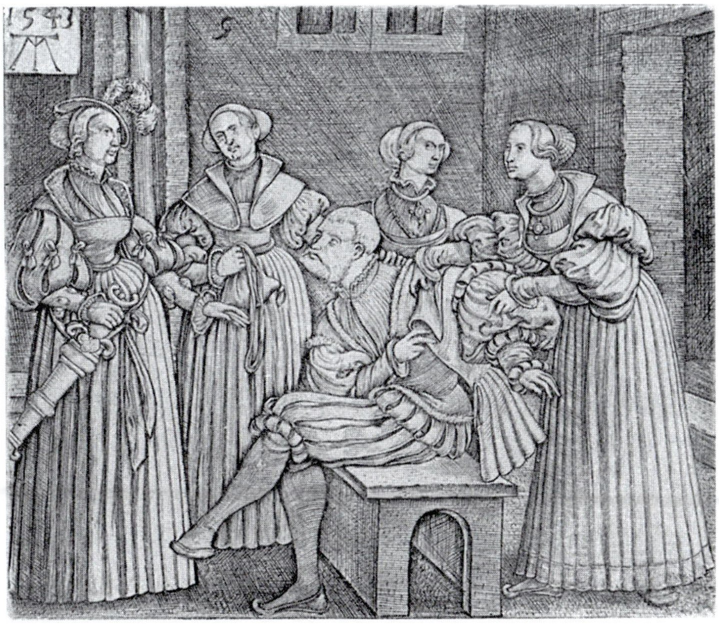

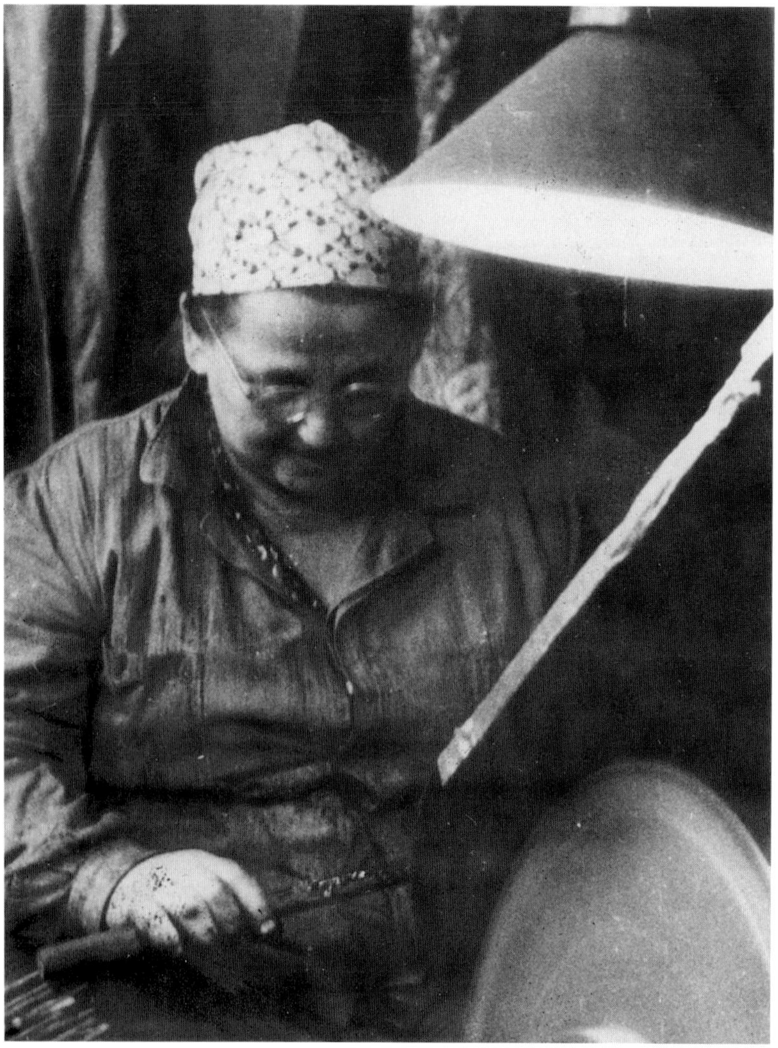

101. Solinger Schleiferin im Unterrüdener Kotten, 1962
Solingen, Stadtarchiv (Kat.Nr. 153)

waffnet mit Degen, Gewehr oder Pistole, Spieß oder Pike.[28] Sie wird legendär beschrieben als „mannin, die met wapen en geweer die vijand kwelt" (Männin, die mit Harnisch und Waffen den Feind quält.).[29] Sie steht in der schlichten zeitgenössischen Tracht groß im Vordergrund des Bildes. Hinter ihr öffnet sich der Blick auf einen Landschaftsausschnitt und ein hohes Gebäude. Den Degen an ihrer Seite trägt sie zusammen mit dem Spieß selbstbewußt, aber ohne drohendes „in-Positur-Stellen".

Schließlich ist der alltägliche Umgang mit der Klinge zu nennen, wie er traditionell bis in unser Jahrhundert auch durch Frauen bei der Produktion von Blankwaffen und Schneidgeräten geschah. Besonders in der Solinger Region mit seiner berühmten Klingenherstellung wurden Frauen in den Prozeß einbezogen, z.B. als Schleiferin, Poliererin oder Feilenhauerin (Abb.101). Allerdings war Frauen die Arbeit am „Großen Stein" zum Schleifen von langen Waffenklingen nicht erlaubt.[30]

Die sportliche Betätigung der Frauen mit der Klinge beim Fechtsport wurde erst seit Beginn des 20. Jahrhunderts, und das auch gegen etliche Widerstände, akzeptiert. Das Training körperlicher Geschicklichkeit und Stärke war und ist – wie auch bei den männlichen Fechtern – von großer Bedeutung. Viele Mannschaftsturniere wurden für beide Geschlechter ausgerichtet, so daß z.B. auch Trophäen wie das 'Solinger Schwert' ohne Unterscheidung der Geschlechter der jeweiligen siegreichen Mannschaft zugesprochen wurde (Abb.102, 103).

Fazit

Es gibt nicht 'den' Typus der bewaffneten Frau, weder als kriegerisch-martialisches Weib noch als zufällig-beiläufige Waffenträgerin in allegorischer Überhöhung. In den Zwischenstufen und -tönen, in den Verschränkungen verschiedener Details sind die konkreten gemalten, gezeichneten, gestochenen und skulpierten Bilder ausfindig zu machen.

Es ist aber festzustellen, daß die Anwesenheit einer Klingenwaffe einen wesentlichen Einfluß auf die Ikonographie der Frauendarstellung ausübt. Selbstverständlich werden durch die Waffe Inhalt und Wirkung des Bildes, aber auch die Körpersprache der Frau bestimmt. Körpergröße, Stärke, Muskelspannung, heftige Bewegung gehören zu den konstituierenden Momenten dieser Bilder. Besonders ausgeprägt findet sich der Typ der starken, bewehrten Frau bei den historischen oder legendären Figuren, die in der unmittelbaren Aktion mit der Waffe gezeigt werden: Amazonen, Medea, Frei-

28 Vgl. auch Fr.de Witt Huberts: Haarlem's heldenstrijd in beeld en woord: 1572-1573. 2. Auflage Den Haag 1944, Abb.55-61. Und die Zeitschrift „Ach lieve tijd": 750 jaar Haarlem, de Haarlemmers en hun rampen. Zwolle 1984, S.153-154. Ich danke Jan Piet Puype, Leger Museum Delft, für diese Hinweise.
29 Aus der Beschreibung zu dem Porträt der Kenau Hasselaer im Rijksmuseum Amsterdam, dem A. Willaerts zugeschrieben.
30 Karin Weingartz-Perschel: Vom 'Fliegen, Springen, Lückenfüllen'. Solinger Frauengeschichten. Köln 1996. – Vgl. auch Edeltraut Welling: Solinger Lieferfrauen. Mythos und Wirklichkeit. Solingen 1990.

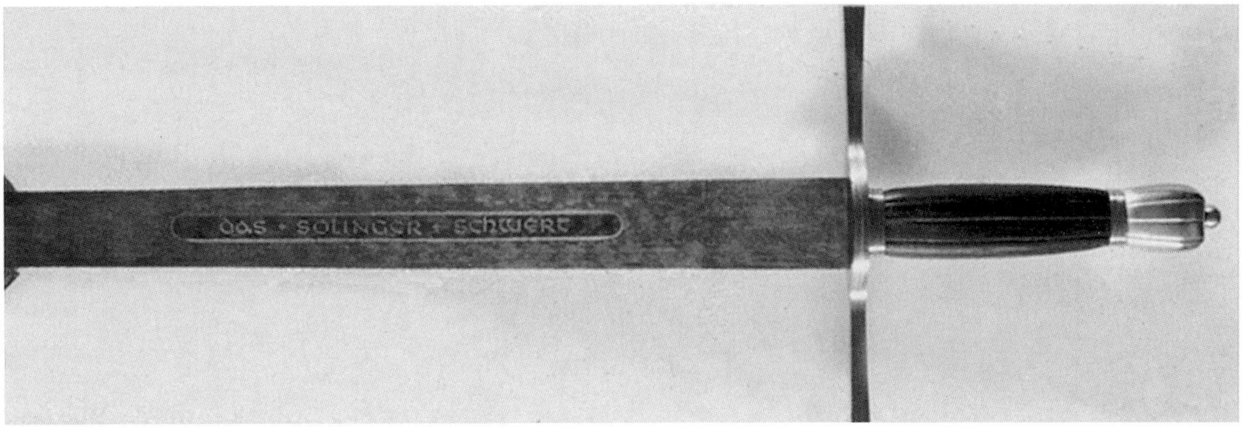

heitskämpferinnen, einige der Judith-Darstellungen.

Die Frage nach dem typischen weiblichen Gestus, nach dem gesellschaftlich 'noch akzeptierten Weiblichen' und nach dem 'absolut Unweiblichen', nur der abgehobenen Sphäre der Bilderwelt Zugehörigen, stellt sich bei jedem Bild, aber auch bei jeder Reflexion des historischen oder aktuellen Ereignisses neu.

102. Das 2. Solinger Schwert (Fechttrophäe), 1962
Olympischer Fecht-Club, Bonn e.V.
(Kat.Nr. 164)

103. Schultes, Deutsches Fechtturnier – Solinger Schwert, 1951
Kopie nach dem Plakatentwurf
Solingen, Privatbesitz (Kat.Nr. 162)

Martina Zsack-Möllmann

Kämpfende Frauengestalten in Mythos und Legende – am Beispiel germanischer Mythen und Legenden

„Man wird wahrhaft Mensch nur,
indem man [...] die Götter nachahmt.“[1]

Mythen

Mythen, Geschichten über Göttinnen und Götter, Heldinnen und Helden, sind mehr als bloßes Überbleibsel des mythischen Denkens vergangener Kulturen. Sie sind Bilder und Ideen von dem, was ein Volk, eine Kultur verehrt.

Mit der Interpretation unseres mythologischen Erbes prägen wir die Art und Weise, wie wir über uns selbst denken. Unsere heutige Kultur und Gesellschaft wurde beeinflußt durch griechische, römische, keltische, germanische, hebräische und christliche Vorbilder und Muster. Schriftsteller und Künstler, Philosophen und Theologen, Pädagogen und Psychologen, Politiker und Wissenschaftler haben sie benutzt, um mit Hilfe alter Quellen und Texte Ansichten auch über das weibliche Geschlecht zu formulieren und Frauen Vorschriften für ihr kulturelles und politisches Handeln zu machen. Daß gerade die weiblichen Mythen in unserer kulturellen Vergangenheit offenkundig nur wenige Spuren hinterlassen haben, gibt einen eindeutigen Hinweis auf die Bewertung der weiblichen Rollen in unserer Gesellschaft. Feministische Wissenschaftlerinnen haben in den letzten Jahren neue Belege über die Bedeutung weiblicher Mythen bei der Entwicklung von Kultur und Gesellschaft gefunden. Sie haben dabei die mythische Präfiguration in Form einer mächtigen Göttinnen-Religion entdeckt und diese, bezogen auf die damit verbundene Gesellschaftsform, als friedliches Matriarchat in Umkehrung des als zerstörerisch definierten Patriarchats interpretiert. Damit wurde eine ursprungsmythische, friedliche Kulturvorstellung entwickelt, die Vielschichtigkeit der Göttinnenkulte aber außer acht gelassen und die zerstörerischen und kriegerischen Eigenschaften weiblicher Gottheiten ignoriert. Neuere kritische Ansätze feministischer Arbeiten lenken ihr Augenmerk auf „machtvolle Göttinnen, weibliche Ahnen, Kulturheroinnen“.[2] Die Kenntnisse über die Kompetenzen längst vergessener Göttinnen und Heldinnen, so ihre Forderungen, sollen dazu dienen, geschlechtsspezifische Rollenzuschreibungen zu relativieren und neu zu formulieren.

Die Erforschung weiblicher Mythen muß jedoch eine Hürde vorab überwinden, die bei der mythischen Überlieferung von Göttern oder Helden nicht so ausgeprägt ist. Bei der Sichtung verschiedener mythologischer Werke gewinnt man den Eindruck, daß die Gottheiten und Heldenfiguren aller Kulturen zum größten Teil männlicher Natur waren. In vielen Mythen stehen deutlich die Götter und die Helden im Mittelpunkt des Geschehens. Die Heldentaten und die männlichen Heroen werden in allen Einzelheiten geschildert, während man die Eigenschaften und Leistungen der ihnen zugeordneten Göttinnen oder Heldinnen höchstens als schmückendes Beiwerk findet. Kämpferische Göttinnen und kämpfende Frau-

1 Eliade zitiert nach: Wilfried Kuckartz: Merlin. Pädagoge des Mythos. Essen 1988.

2 Zwiauer zitiert nach: Carolyn Larrington: Die mythische Frau. Wien 1997, S. 8.

en wurden, wenn von ihnen berichtet wird, selten als positive Vorbilder für Frauen interpretiert, sondern eher als furchterregend und dämonisch dargestellt, und eine Jungfrau in Rüstung war für viele 'ein Zerrbild der Natur'.

Schwierigkeiten in der Deutung der überlieferten Materialien liegen ferner vor allem in der Tatsache begründet, daß die meisten uns überlieferten vorchristlichen Texte in lateinischer Sprache von Männern und ab dem 4. bis 5. Jahrhundert von christlichen Mönchen verfaßt wurden. So ging in die Mythen häufig auch das männliche und/oder christliche Denken über Frauen ein. Erst Ende des 14. Jahrhunderts verfügte man über Papier. Pergament war bis dahin ein Luxusartikel, und Frauen waren in der Regel die Mittel und die Kenntnisse des Schreibens verwehrt, mit deren Hilfe sie ihre Mythen hätten schriftlich fixieren können, um ihnen damit eine ausdrücklich weibliche Perspektive zu geben.

Der Wandel weiblicher Mythen im Alten Europa

„Es ist die Frau, die Göttin, die das Geheimnis der Schöpfung kennt – das Geheimnis des Lebens, des Todes und der Wiedergeburt. Eines der größten mythischen Themen überhaupt."[3]

Funde aus prähistorischer Zeit belegen, daß es das große Mysterium des Zyklus von Geburt, Tod und Erneuerung des Lebens war, aus denen sich die frühesten religiösen Traditionen entwickelten. Symbole und Bilder standen in Verbindung zu einer parthenogenetischen, d.h. einer sich aus sich selbst heraus erneuernden Göttin als Quelle allen Lebens. In ihrem umfangreichen Werk weist Gimbutas[4] nach, daß sich 500.000 Jahre alte Spuren der Verehrung sogenannter 'Mutter-Göttinnen' oder 'Großer Göttinnen' finden lassen. Umfangreiche Untersuchungen dieses sehr frühen religiösen Symbolismus liegen nicht vor, aber eine systematische Erforschung für die Zeit des Paläolithikums und des Neolithikums.

Das frühe Sozialwesen des Alten Europa war aller Wahrscheinlichkeit nach eine „matristische Göttinnenzivilisation". Der Einfluß der Frauen auf Landwirtschaft, Kunst, Handwerk und gesellschaftliche Funktionen war groß und erreichte in der Jungsteinzeit ihren Höhepunkt. Alle wichtigen Göttinnen erlebten ihre Personifizierung als Herrin, Fürstin oder Königin. Sie erhielten Attribute der Allmacht und Allwissenheit. Sie waren von etlichen Priesterinnen umgeben, was auf einen hohen sozialen Rang der Frau im weltlichen Leben als Königin oder Sippenmutter im Kreis von Ratgeberinnen schließen läßt. „Es war eine endogame Gesellschaft, an deren Spitze eine Älteste von hohem Ansehen stand – die große Klanmutter, unterstützt von ihrem Bruder oder Onkel und einem Rat von Frauen als regierende Körperschaft. Es galt matrilineares Erbrecht, in dem Führungsstellung und materielles Erbe innerhalb der weiblichen Linie weitergegeben wurde."[5] Im Gegensatz zu anderen AutorInnen widerspricht Gimbutas jedoch der Vorstellung eines Matriarchats als Spiegelbild einer patriarchalischen Kultur, eines auf Unterdrückung des anderen Geschlechts basierenden Gesellschaftssystems. Sie geht von einer Sozialstruktur aus, in der beide Geschlechter eine mehr oder weniger gleiche Stellung besaßen.

Die Verehrung einer Göttin als „Primordialgöttin", einer Göttin des Beginns, ist für alle prähistorischen Gesellschaften belegt. In der Skulpturenkunst der Altsteinzeit lassen sich nach Gimbutas keine männlichen Gottheiten nachweisen. Erst mit Beginn der neolithischen Kunst tritt der männliche Gott als Gefährte der Göttin sowohl in den Mythen als auch in der Höhlenmalerei in Erscheinung. Die Götter machen jedoch in der Gesamtmenge

3 Eliade zitiert nach Kuckartz a.a.O., S. 108.
4 Marija Gimbutas: Die Zivilisation der Göttin. Frankfurt/Main 1996.
5 Ebda., S. 349.

104. Rune Mields, Die schwarze Göttin, Morrigan (Irland), 1994
Köln, Besitz der Künstlerin (Kat.Nr. 166)

der neolithischen Skulpturenfunde nur drei bis fünf Prozent aus. Bereits zu diesem Zeitpunkt kannten die Menschen verschiedene Aspekte der Gottheit, die grob in vier Kategorien einzuteilen sind. Zu diesen Kategorien gehört die Göttin der Lebensschöpfung, die Todesgöttin mit ihren zerstörerischen Kräften, sowie die Göttin der Lebenserneuerung oder Wiedergeburt. Als vierte Kategorie entwickelte sich die männliche Gottheit als Beschützer der Natur oder Sinnbild der Lebensenergie. Der Niedergang des Alten Europa als seßhafte, matrilokale und matrilineare Gesellschaft erfolgte durch kriegerische Kurganvölker, die von 4500 v. Chr. an als berittene Kriegerinnen und Krieger zu einer tödlichen Gefahr für die Völker des Ackerbaus wurden. Mit dem Wachsen der Kenntnisse über Metallverarbeitung wuchs die Möglichkeit des Herrschens mit Hilfe von Waffen. Diese Zeit der europäischen Geschichte war geprägt von Massakern durch die Reitervölker der Skythen, Sarmaten, Hunnen, Awaren, Kelten, Römer und Slawen. Mit ihrem gewaltsamen Eindringen ging eine Umwälzung der Gesellschaftsstrukturen in weiten Teilen Europas einher. Zwei völlig unterschiedliche Kultursysteme begannen sich langsam zu vermischen: „Der Wandel von einer mutterzentrierten und matrilinearen Gesellschaft zu einer patrilinearen und patriarchalischen Gesellschaft war in vollem Gange“[6]. Die Funktionen und Bilder der Gottheiten änderten sich: Zunächst wurden die Aspekte der Göttin um die einer kämpfenden ergänzt. Waren es am Anfang Schild und Doppelaxt, so wurden der negativen, tötenden Göttin später die Attribute Brustpanzer, Harnisch, Speer, Schwert und weitere wichtige Kriegswerkzeuge beigegeben. Mit der Erfahrung des Kampfes und des Krieges entwickelten sich neue Symbole und neue männliche Gottheiten, Leben schöpfende und todbringende Funktionen wurden auch ihnen zugesprochen. Die neuen Religionen richteten sich auch auf die drehende Sonne und Himmelserscheinungen wie Blitz und Donner aus. Die Gottheiten strahlten nun „hell wie der Himmel“, und trugen „leuchtende Waffen“ und waren „mit kupfernen und goldenen Brustplatten, goldenen Scheiben und kupferbeschlagenen Gürteln geschmückt“[7].

Als sich die Kulturen hin zu einer paternalistischen verwandelten, wurde die 'Mutter-Göttin' mit einem 'Vater-Gott' verbunden, mit dem sie die Verantwortung fortan teilte. Und obwohl mit der Zeit die Hauptgötter männlich wurden,

6 Ebda., S. 401.
7 Ebda., S. 399.

gab es weiterhin gewichtige weibliche Mächte, die das Leben der Heldinnen und Helden in der Hand hatten. Das Schicksal blieb weiblich, „und die letzte Macht über Leben und Tod, über Fügung und Notwendigkeit war in der Gestalt einer Frau – oder als Gruppe von Frauen – personifiziert“.[8]

Als 'Mutter-Erde' wurde das Weibliche mit der Kraft der Erde und ihrer Fruchtbarkeit in Verbindung gesetzt und mit Ackerbau- und Fruchtbarkeitsriten verehrt, die Jahrhunderte überdauerten. Es entwickelten sich Mysterienkulte, und bis zum Aufstieg des Christentums blieb der Kult um die 'Große Göttin' die weitestverbreitete Religion in Europa. Isis stieg als oberste Göttin im römischen Imperium auf und wurde in einer Hymne des 1. Jh. v. Chr. mit Attributen verknüpft, die ansonsten nur den männlichen Gottheiten zugestanden wurden:

„Ich gab und erließ Gesetze für
Menschen, die niemand ändern kann.
Ich bin die, die von den Frauen Göttin genannt wird.
Ich teilte die Erde vom Himmel.
Ich brachte Frauen und Männer
zusammen.
Ich ordnete an, daß die Eltern von den Kindern geliebt werden
Ich enthüllte den Menschen Mysterien.
Ich machte daß Frauen von Männern
geliebt werden.
Ich setzte dem Morden ein Ende.
Ich bin in den Strahlen der Sonne.
Ich bin die Königin des Krieges
Ich gebiete den Regenstürmen.“[9]

Die materiellen Überreste der Göttinnenverehrung sind eindrücklich. Die ihnen geweihten Heiligtümer und Statuen blieben über Jahrhunderte wirkungsträchtige Symbole. Als Priesterinnen für die zahlreichen Kulte konnten Frauen in ganz Europa eigenständige Macht erreichen. Neben den Göttinnen und Priesterinnen verzeichneten die früheren Kulturen des Alten Europa die Existenz von Kriegerinnen, die ein fester Bestandteil der Kurganvölker waren und bis ins nördliche Europa vorgedrungen waren.

Die Mythen germanischer Kriegerinnen

Die Existenz einer Gruppe germanischer Volksstämme ist seit dem 6. Jh. v.Chr. archäologisch nachweisbar. Zu jener Zeit waren ihre nördlichen Nachbarn die Finnen und Lappen, im Osten die Balten, Skythen und Sarmaten und im Süden die Kelten. Das im Alten Europa entwickelte Mutterrecht hatte bis in die römische Besatzungszeit Gültigkeit. Und auch die Erbfolge in den Stämmen war noch matrilinear. Und bis ins 8. Jh. n. Chr. wurden in Skandinavien Besitz und Titel der Königshäuser über die weibliche Linie weitergegeben. Die Mythologie der GermanInnen des europäischen Festlandes wurde uns durch die römischen Besatzer überliefert, wohingegen die Mythen der nordischen GermanInnen erst im 12. Jh. n. Chr. von christlichen Mönchen schriftlich fixiert wurden.

In den Augen der Römer waren die GermanInnen ein Volk mit starken Licht- und Schattenseiten. Wenn auch bewundernd über das einfache Leben und den natürlichen Stolz der Besiegten gesprochen wurde, waren sie dennoch für die Eroberer ein Volk der Barbaren, ohne Charakter und ohne Kultur. Und nur der romantische Tacitus, der glaubte, daß den germanischen Frauen etwas „inesse quin etiam sanctum aliquid et providum putant“, etwas Heiliges und Sehendes zu eigen war, verfaßte 98 n. Chr. eine ihnen wohlwollende Monographie. Zu seiner Zeit verehrten die GermanInnen hauptsächlich die Götter Thor, Odin, Ziu und die 'Große Göttin' in „ihrer Verbindung zur Erde, zum Pflanzen, zum Schwein, zum Menschenopfer“. Ihr waren Lichtun-

8 Bonnie Anderson: Eine eigene Geschichte. Frauen in Europa. Frankfurt/Main 1995, S. 85.
9 Ebda., S. 87.

gen und Haine geweiht, die niemand betreten durfte. Bei den LangobardInnen gab es auf einer Insel einen heiligen Hain, in dem der Wagen der Göttin stand. In der Zeit, in der die Göttin mit ihrem Wagen umherzog, herrschte unter den Menschen Frieden. Wenn die Göttin der Menschen müde war, kehrte sie in ihren Hain zurück: „Dann werden Wagen und Tücher und, wenn man es glauben will, die Gottheit selbst in einem abgelegenen See gewaschen. Sklaven sind hierbei behilflich, und alsbald verschlingt sie die dunkle See. So herrscht ein geheimes Grauen und heiliges Dunkel, was das für ein Wesen sei, das nur Todgeweihte schauen dürfen.“[10] Trotzdem lebten die GermanInnen in den Augen Tacitus als Horden und Stämme, denen zwar manchmal ein König vorstand und die auch Volksversammlungen einberiefen, aber „die Krieger gehorchen ihm heute und kehren ihm morgen trotzig den Rücken“, und über den Status der weiblichen Stammesmitglieder mußte Tacitus erkennen: „Es ist nicht die Frau, die eine Mitgift ins Haus führt, sondern umgekehrt der Mann, der seiner Braut Geschenke bringt [...] und diese bestehen nicht aus Frauenputz [...], nein, ein gezäumtes Pferd, ein Schild, ein Schwert, das ist der Brautschatz. ... wird sie gleich bei der Einweihung zur Ehe daran erinnert, daß sie von jetzt ab Arbeit und Gefahr mit dem Manne teilt.“[11] Barbarisch jedoch fand er die germanischen Priesterinnen, die den Göttern Kriegsgefangene opferten und aus deren strömendem Blut und den Eingeweiden die Zukunft des Stammes prophezeiten.

Wieviel der germanischen Kultur und Mythen Tacitus tatsächlich bekannt war, ist nicht sicher. Das Römische Reich und damit die Besetzung des europäischen Festlandes zerbrach im 5. Jahrhundert. Mit dem Zusammenbruch einher ging eine Periode großer Unruhen, die eine Massenwanderung der Völker auslöste. Zu den inneren Auseinandersetzungen kam die äußere Bedrohung durch den Einfall der Hunnen. „Die Völker mußten sich entscheiden, ob sie römische oder hunnische Goten, Gepiden, Eruler, Skiren, Burgunder, ja selbst Franken werden wollten.“[12] Im gesamten Gebiet zwischen Donau und Rhein brach das Chaos aus, das eine Massenwanderung der Völker auslöste und großen religiösen, politischen und sozialen Wandel mit sich brachte. An deren Ende gehörte der größte Teil der seßhaften GermanInnen dem christlichen Kulturkreis an. Die heiligen Stätten der Göttinnen wurden zerstört und mitunter an gleicher Stelle durch neue christliche ersetzt. Bis ins 3. Jahrhundert verfolgt, breitete sich das Christentum ab dem 4. Jahrhundert immer weiter aus und war schließlich im 9. Jahrhundert die bevorzugte Religion auf dem gesamten Kontinent. Die Christianisierung der germanischen Völker erfolgte unter aktiver Mitwirkung der Frauen, die als Märtyrerinnen zu Heldinnen künftiger Generationen wurden. Bereit zu sein, für die eigene Überzeugung zu sterben, symbolisierte Tapferkeit und Macht, die eine fromme Christin aus ihrem Glauben ziehen konnte. Gelegenheit zum Märtyrertod boten die Angriffe durch die Westgoten, die Hunnen und die Wikinger. Beispielhaft hierfür steht die Heilige Ursula, die der Legende nach mit 11.000 Jungfrauen nach einer Pilgerfahrt bei Köln von Hunnen ermordet worden sein soll.

Die Kenntnisse über die Geschichte der nördlichen Germanen wurden mündlich überliefert. Die wichtigsten heute noch verfügbaren Quellen fußen auf den 'Skaldendichtungen'. Diese wurden bisweilen in Runen auf Steine und Hölzer geritzt, gelangten dann aber erst mit Ende der Wikingerzeit durch den Gebrauch der lateinischen Schrift aus dem skandinavischen Raum in den Westen Europas. Die ältesten Niederschriften stammen aus dem 12. Jahrhundert. Die 'Völuspa', die weise Frau, eine Seherin, geboren vor Anbeginn

10 Tacitus zitiert nach Joseph Campbell: Mythologie des Westens Band 3. Basel 1992, S. 539.
11 Tacitus zitiert nach Wilhelm Grönbech: Kultur und Religion der Germanen. Darmstadt 1997.
12 Herwig Wolfram: Das Reich und die Germanen. Berlin 1990, S. 184.

dieser Welt, wurde von Odin, dem Göttervater, gebeten, die Geschichte der Welt zu erzählen. Als sie einmal damit begonnen hatte, hörte sie nicht wieder auf, selbst als die Götter nichts mehr über ihren eigenen Untergang hören wollten. Und es entstand das bekannteste Götterlied, die Edda. Am Anfang der germanischen Ursprungsmythologie war das Nichts. In dieser Leere gefror Eis und nahm die Gestalt des Riesen Ymir an. Dieser brachte als nächste Generation die RiesInnen aus sich selbst, seinen Füßen und Achselhöhlen hervor. Diesen uralten chtonischen Kräften entstammten mütterlicherseits die ásynjur, die Asinnen und Asen, ein Götterstamm von jeweils zwölf gleichmächtigen weiblichen und männlichen Göttern. Die Götter bauten Hallen und Tempel, sie erschufen Asgard, die Götterwelt, und lebten dort das Goldene Zeitalter. „Sie pflogen heiter im Hof des Brettspiels, nichts aus Golde den Göttern fehlte –, bis drei gewaltge Weiber kamen, Töchter der Riesen, aus Thursenheim."[13] Diese drei Töchter waren die Schicksalsgöttinnen Urd, Verdandi und Skuld, die den Asen den Weltuntergang verkündeten. Mit dem Orakelspruch der Nornen begann der Krieg der Asen gegen die Vanen, 'die Glänzenden', das friedliebende Volk der Göttin, die 'lichten Kulturgottheiten', deren Hauptgöttin Freya war. Freya war eine Kriegsgöttin, die wie Odin auf das Schlachtfeld ritt. Sie besaß einen goldenen von Katzen gezogen Triumphwagen. Und obwohl die Vanen das stärkere Göttergeschlecht – da unsterblich – waren, vermischten sich am Ende des Krieges beide Völker.

Für viele Forscher läßt sich der Name der Asen und deren Herkunftsland Asaland oder Asaheimr von Asien ableiten. Manche behaupten sogar, daß die Asen aus Troja stammten und in das Land der Vanen eindrangen. Tatsächlich hat der Ursprungsmythos der GermanInnen viele Übereinstimmungen mit der Wanderungsbewegung der Indoeuropäer, und die Asen erscheinen wie die Vergöttlichung der Kurganvölker, die das Volk der Göttin, die Vanen, bekämpften. Die Dichtung selbst verkörpert Macht und Herrlichkeit der Wikingerflotten „in ihrer Kunst des Krieges, in der Kunst der Skaldendichtung und in der Weisheit der Runen".[14] Als zwar schattenhafte, aber starke Figuren gaben die Nornen die Bahn vor, in der das Leben der mächtigen Männer und selbst der Götter verlaufen konnte. Sie traten in der Regel als Triade Urd, Verdandi und Skuld auf: Vergangenheit, Gegenwart und Zukunft, und lebten in einer Höhle am Grund des Lebensquells Urdabrunnr unter der Wurzel des Weltenbaumes Yggdrasil. Von ihnen wurde das Ende der Welt durch die Kinder – Wunderwolf, Weltwurm und Hela – des Asen Loke und der Riesin Angboda verkündet. Sie waren aber auch Schlachtgöttinnen, die massiven Einfluß auf den Verlauf einer kriegerischen Auseinandersetzung nahmen: „Mit Schwertern schlagen wir dieses Siegesgewebe. Hildr, Hjorthrimul, Sangridr, Svipul kamen zu weben mit gezogenen Schwertern. Schaft wird zerkrachen, Schild zerbersten, die Axt in die Rüstung dringen. Winden wir, winden wir das blutige Gewebe des Speeres! [...] Die Walküren haben des Kampfes Kür. Die Nordleute sollen siegen und die Iren unterliegen. [...] Nun reiten wir auf den Hengsten mit gezogenen Schwertern fort von hier."[15]

Sowohl die Riesinnen und die Nornen als auch die Göttinnen hatten wie ihre männlichen Mitspieler starke kriegerische Aspekte. Sie ritten mit auf das Kampffeld, zogen im goldenen Triumphwagen durch die Welt, trugen Brünne und Schwert und scheuten sich nicht, auch die Götter selbst zum Kampf aufzufordern. Besonders die Walküren traten als 'Schlachtenjungfrauen' hervor. Das Grimnismál nennt genau 13 Walküren, die als nordische Totenengel über die Schlachtfelder gingen und die Seelen der toten Krieger nach Walhalla be-

13 Felix Genzmer: Die Edda. München 1997, S. 38.
14 Campbell a.a.O., S. 556.
15 Richard Meyer: Altgermanische Religionsgeschichte. Stuttgart ohne Jahr, S.160.

105. Braun und Dessauer nach Alfred Rethel, Wie Gunther und Hagen und Kriemhilde erschlagen wurde, 1840
Dresden, Staatliche Kunstsammlungen, Kupferstich- Kabinett (Kat.Nr. 132)

gleiteten. Ihnen eine bloße Nebenrolle im Schauplatz einzuräumen, hieße ihre Fähigkeiten als Kriegerinnen zu unterschätzen. Ihre Namen stehen gleichzeitig für ihre Charakteristik: „Hrist = Speerwerferin, Mist = Nebel, Hild = Kämpferin, Trud = Kraft, Hlökk = Kampflärm, Herfjötur = Heerfesslerin, Göll = Lärm, Geirahad = Speerkämpferin, Randgrid = Schildzerstörerin, Radgrid = Raddreherin, Reginleif = Gottgesandte, Skeggjöld = Axtbesitzerin, Skagul = Größte, Gondul = Trägerin des Zauberstabes, Gunn = Kämpferin, Geirskogul = Erd-, Waldgöttin, Skuld = Göttin des Fluches."[16]

Sie konnten sich verwandeln und besaßen wie die keltischen Kriegsgöttinnen Schwanenkleider. Wenn sie in ihren Schwanenfedern über das Schlachtfeld flogen und Zauberformeln sangen, dann brachen sie die Stärke der Feinde. Wurde ihnen aber das Federkleid von einem Mann gestohlen, so mußten sie ihm jeden Wunsch erfüllen. Sie erschienen auch als Raben und schrien dann als 'Kraken oder Krähen' in die Richtung, aus der der Tod erwartet werden konnte. „Vom Himmel kamen behelmte Mädchen – der Schwertlärm schwoll und schützten den König; Sigrún sprach da – Speermaide flogen, der Riesin Roß fraß Rabenspeise."[17] Das Recht, Waffen zu tragen, stand in der Wikingerzeit jedem Freien zu. Mitunter waren sie auch verpflichtet, je nach Status, Schiffe zu bemannen und auszurüsten. Auch Brynhild weist, bevor sie Sigurds Werben nachgibt, auf ihre Verpflichtungen als Kriegerin hin: „Es ist nicht unser Schicksal, daß wir zusammen leben. Ich bin eine Schildmaid und habe einen Helm bei den Heerkönigen. Ich muß sie unterstützen und es ist mir nicht leicht zu kämpfen."[18] Brynhild war eine Walküre und gleichzeitig die Tochter des Königs Budle und Schwester des Hunnenkönigs Attila. Nachdem sie sich einer Anweisung Odins widersetzt hatte, wurde sie von diesem bestraft und in einen todesähnlichen Schlaf versetzt. Als Sigurd sie fand, lag sie in voller Rüstung in einer Schildburg: „Wer schnitt die Brünne? Wie brach mein Schlaf? Aus fahlen Fessel wer befreite mich? Der Sohn Sigmunds: Sigurds Klinge löste des Raben Leichenzweige."[19] Sie lehrte den Held als Dank die wichtigsten Zauberrunen, daß „du Neues und Ruhm von meiner Weisheit erlangst und du dich an das erinnerst, über was wir reden"[20], und tauschte mit ihm als Eheversprechen Ringe. Im Verlauf des Mythos wurde sie von ihrem Bräutigam, den sie sich als gleichrangig ausgesucht hatte, enttäuscht und betrogen. Ihre Rache bedeutete für Sigurd und seine gesamte Familie den Untergang. „Da lag in der Schwebe

16 Ake Ohlmarks: Forn. Nordiskt Lexikon. Södertälje 1983, S. 379 – Übersetzung, die Autorin.
17 Genzmer a.a.O., S.396.
18 Strerath; Ulrike Bolz: Isländische Vorzeitsagas. München 1997, S. 72.
19 Genzmer a.a.O., S. 323.
20 Strerath; Bolz a.a.O., S. 72.

lange mein Mut, ob ich kämpfen sollte, Krieger fällen, kühn in der Brünne um des Bruders willen. Geworden wäre das weit bekannt, manchem Manne zum Mißgeschick."[21] Die tragische Geschichte der Schlachtenkriegerin Brynhild war die Vorlage der mittelalterlichen Nibelungensage. Aus dem Helden Sigurd wird der Drachentöter Siegfried, Besitzer des sagenhaften Nibelungenschatz. Als ergebener Vasall des Burgunderkönigs Gunther unterstützt er diesen bei seiner Brautwerbung, um die sagenhafte Königin Brunhild von Island. Mit Hilfe einer Tarnkappe täuscht und bezwingt er für seinen König Brunhild im Zweikampf. Nach ihrer Niederlage, ihrer Machtsymbole Ring und Gürtel beraubt, unterwirft sie sich und ihr Land dem König. Als sie von dem Betrug erfährt, zettelt sie die Ermordung Siegfrieds an. Sein Tod ist der Auslöser für zwei Schlachten zwischen den Burgundern und dem Hunnenkönig Etzel.

Brynhilds/Brunhilds historischer Hintergrund ist wahrscheinlich „die Bärin, Bruna", die Tochter des Westgotenkönigs Athanagild. Sie lebte im 6. Jahrhundert als Frankenkönigin in Worms. Brunichildis, „Kämpferin im Panzer", nannten sie wahrscheinlich nur die Franken. Bischof Gregor schilderte sie als „Jungfrau von feiner Gestalt, schön von Angesicht, zart und wohlgefällig in ihrem Benehmen, klugen Geistes und anmutig im Gespräch". Nach dem Tod ihres Mannes Sigibert regierte sie erfolgreich von der Burgunderresidenz Worms das Reich. Worms galt zu dieser Zeit als Zentrum für Goldwäscherei; daraus und aus der legendären Mitgift, die sie in die Ehe brachte, entwickelte sich die Sage um den unheilvollen Schatz der Nibelungen.

Daß die nordischen Kriegerinnen eine historische Wirklichkeit waren, belegt unter anderem auch die Geschichte der „röda flickan – Ingen Ruaidh" der rothaarigen Jungfrau, die 900 v. Chr. an der Spitze einer Wikingerflotte Ulster belagerte

106. Ernst Barlach, Kriemhild erschlägt Gunther, 1922/ 1935
Düsseldorf, Staatliche Kunstakademie, Bibliothek (Kat.Nr. 135)

und später in Irland eindrang. Von ihr wird berichtet, daß „das Unglück, unter dem Erinn bislang zu leiden hatte, nichts war im Vergleich zu dem Unglück, das ihm von diesen Truppen angetan worden war".[22] Kriegerinnen wie sie gab es in den großen Schlachten zwischen Dänemark und Schweden. „Hetha und Visna, deren Frauenkörper die Natur männlichen Mut zuteilte und Vebiorg, mit demselben Geist ausgestattet"[23], führten die Truppen, Hetha und Visna auf der einen, Vebiorg auf der anderen Seite an. Und noch im 12. Jahrhundert schrieb Saxo über die „dänischen Frauen, die ihre Gestalt nach Art von Männern verkleideten und fast die ganze Zeit damit verbrachten, kriegerische Fertigkeiten zu üben, [...]. Als hätten sie

21 Genzmer a.a.O., S. 281.
22 Bugge zitiert nach Judith Jesch: Frauen der Vikingzeit. Wien 1993, S. 167.
23 Jesch a.a.O., S. 262.

107. Barbara Schimmel, Kriemhild – wer war das? – nur eine Kreuzworträtselfrage, 1996-1998 Köln, Besitz der Künstlerin (Kat.Nr. 173)

ihr angeborenes Los vergessen und würden Unbeugsamkeit den Reizen vorziehen, strebten nach Kriegen statt nach Küssen, kosteten Blut, nicht Lippen, suchten eher dem Dienst der Waffen zu gehorchen, so daß sie nicht mehr nach dem Bett, sondern nach dem Tod trachteten und die mit Speeren angriffen, die sie mit ihrem Aussehen hätten besänftigen können."[24]

Auf archäologische Funde weist ein Aufsatz Diecks hin, der 1975 von einer Gruppe von vierzehn „Mädchenmoorleichen" berichtet, „die, wie Männer gekleidet und bewaffnet – im Kampf getötet worden sind"[25]. Die älteste dieser germanischen Kriegerinnen stammt aus der Zeit um 350 v. Chr., die jüngste aus dem 7. Jh. n. Chr. Die Gruppe der wehrhaften Frauen hatte Schilde, Schwerter und Speere bei sich sowie Pfeil und Bogen; alle starben während des Kampfes.

Der weibliche Mythos als Symbol für Macht und Stärke

„Der erfreuliche Anblick so vieler blendender Heldinnen bereitete mir äußerstes Vergnügen und machte mich empfänglich für den Vorteil, den ich da ich ein Frau bin, [...] besitze."[26]

Unsere heutige Kultur ist zutiefst von der Vorstellung durchdrungen, daß der Mensch nach dem Abbild eines Mannes – nicht nach dem einer Frau – und dieser nach dem Bild Gottes geschaffen wurde. Sie findet es selbstverständlich, die Gestalten eines Vaters und eines Sohnes anzubeten, ohne sich Göttlichkeit jemals in Gestalt einer Mutter oder Tochter vorzustellen, wie das in unserer vergangenen Kultur üblich war. Mit der Abwertung der weiblichen Gottheiten ging die Abwertung der Frauen einher. In einem langsamen, aber nicht ohne Gewalt ausgeübten Prozeß wurden die Frauen ihrer Machtattribute beraubt und diese den Männern alleine zugesprochen. Diese historische Ungleichheit zwischen den Geschlechtern, die seit dem Beginn des Christentums mit der Minderwertigkeit der Frauen gerechtfertigt wurde, konnte seit der Aufklärung dem Gleichheitsideal des Bürgertums nicht mehr gerecht werden. Um aber die tradierte Rollenverteilung zu erhalten, brauchte man neue Argumentationsmuster. Der Ausschluß der Frau aus Macht und Politik wurde nun mit den universellen Unterschieden zwischen den Geschlechtern begründet, die der Frau Eigenschaften zuschrieben, die im Gegensatz zu denen des Mannes stehen. Die damit getroffene Festlegung der weiblichen Natur beschränkte die Frau zwangsläufig auf den häuslichen Bereich und schrieb dem Mann die öffentliche Herrschaft zu. Und obwohl der Frau nun im Namen der Gleichheit die Möglichkeit zum politischen Handeln zugestanden wurde, wurde ein Konflikt zwischen Weiblichkeit und Staatlichkeit vorausgesetzt.

Bleiben Frauen als Kriegerinnen, nicht nur in unseren Mythen, sondern auch in der historischen Erscheinung eine Ausnahme, so vermitteln diese Frauen doch Bilder von Macht und Stärke. Damit soll die Lage von Frauen jedoch nicht romantisierend verklärt werden. Es besteht kein Zweifel daran, daß Frauen in der Vergangenheit an den physischen Gefahren von harter Arbeit, Geburt, männlicher Gewalt und Sklaverei litten. Und es besteht ferner kein Zweifel daran, daß ihnen noch immer die Teilnahme an politischer Macht und kulturellem Handeln – in einzelnen Teilen der Welt sogar vollständig – untersagt oder zumindest erschwert wird.

24 Saxo zitiert nach Jesch a.a.O.; S. 261.
25 Alfred Dieck: Germanische Kriegerinnen. 1975, S. 93.
26 Manley zitiert nach Anderson a.a.O., S. 309.

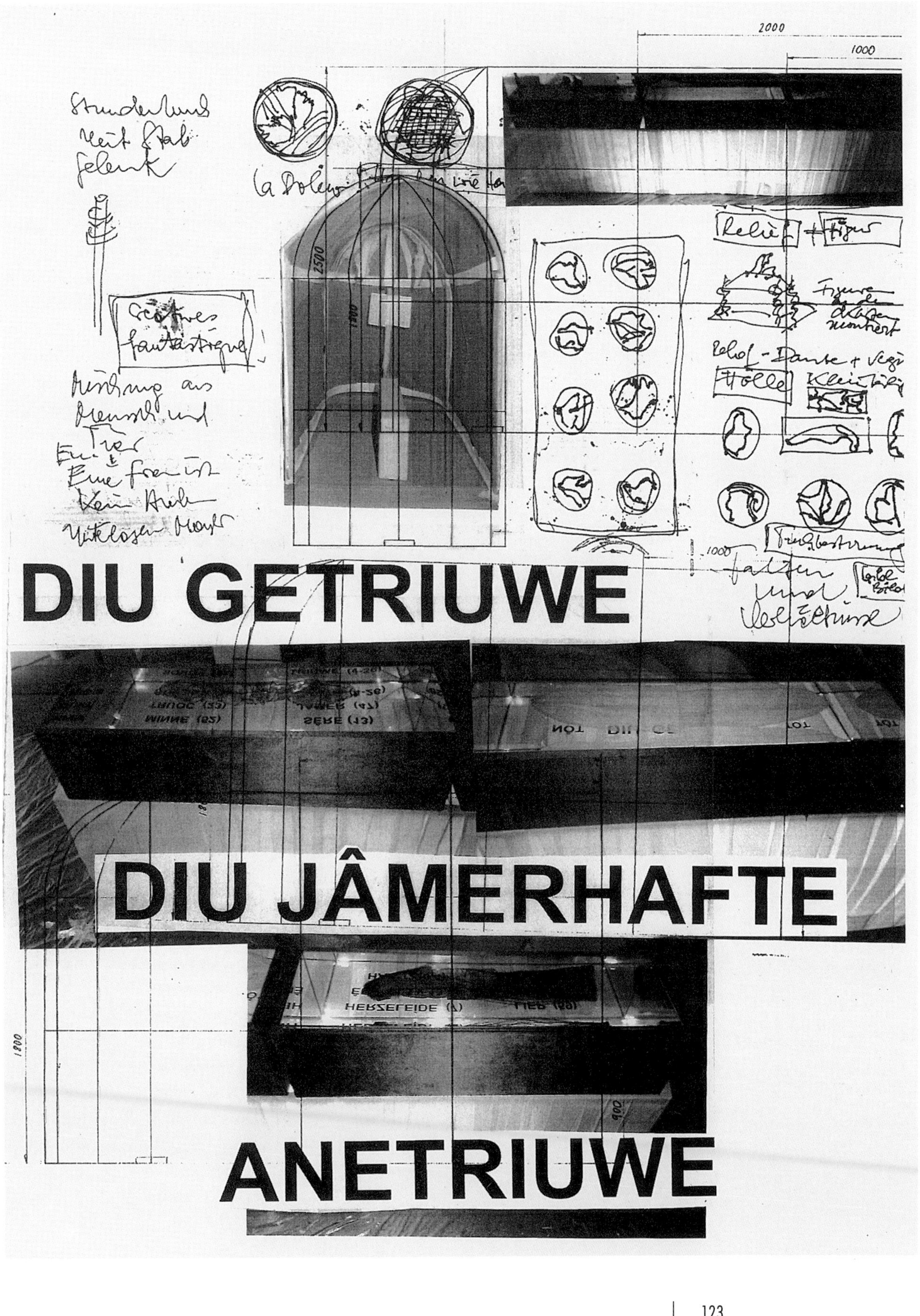
DIU GETRIUWE
DIU JÂMERHAFTE
ANETRIUWE

Susanne Brandt / Arne Krasting

Dürfen Frauen im Kino Schwerter tragen?

In der Eingangsszene von Wes Cravens genialem Film „Scream" telefoniert Casey Becker (Drew Barrymore) noch nichts ahnend mit ihrem Mörder. Der Anrufer, der sich angeblich verwählt hat, verwickelt sie in ein Gespräch. Casey wendet sich vom Herd ab, auf dem sie in einer Aluform Popcorn macht und lehnt sich auf die Küchentheke. In der linken Hand hält sie das Handy. Und während sie mit dem Anrufer über ihren Lieblings-Horrorfilm spricht, zieht sie spielerisch ein langes Messer aus dem rechts neben ihr stehenden Messerblock. Ihre Finger spielen mit dem Griff, dann schiebt sie das Messer in den Spalt des Messerblocks zurück.

Damit ist dem Zuschauer sofort klar, daß die junge Frau das erste Opfer dieses Films werden wird, das rasche Zurückschieben des Messer kündigt an, daß sie sich nicht oder nur wenig verteidigen wird. Ihre Chance hat sie vertan. Und so geschieht es auch: Zwar bewaffnet sie sich noch mit einem Brieföffner und dem Küchenmesser, doch ihr Widerstand ist von Anfang an gebrochen. So kauert sie auch, immer noch am Telefon mit ihrem sie bedrohenden Mörder, mit angstverzerrtem Gesicht neben dem Fernseher, wie ein Kind, das die Bilder des Fernsehens noch nicht von der Realität unterscheiden kann und hinter dem Gerät Schutz vor den beängstigenden Bildern sucht bzw. auf die reale Bedrohung mit den Mitteln eines Horrorfilmzuschauers reagiert. Mit dieser Szene ist bereits das Leitmotiv des Films beschrieben, denn der ehemalige Literaturprofessor Craven hat einen Horrorfilm gedreht, der die Gesetzmäßigkeiten des Genres gnadenlos offenlegt und dem Zuschauer durch seine Hauptfiguren, die allesamt enthusiastische Horrorfilmfans sind, die Regeln des Überlebens verkündet. Sein Ziel scheint es, die Strukturen, nach denen Horrorfilme erzählt werden, bloßzulegen und damit das Genre zu zerstören. Doch am Beispiel der Hauptdarsteller erkennen wir auch, daß allein das Wissen um die Regeln noch nicht bedeutet, daß sie beherzigt werden. Und so werden wir auch nach „Scream" weiter Horrorfilme sehen, „Scream 2" zum Beispiel.

Das Messer ist hier ein *icon,* mit dessen Hilfe der Verlauf der Geschichte in kürzester Zeit erzählt (und vorbereitet) werden kann. Das *icon* wird vom Zuschauer in eindeutiger Weise gedeutet und lenkt die Erwartung an die noch zukünftige Handlung bereits in die richtige Bahn.

Für die Ausstellung „Schwert in Frauenhand" haben wir ein Video zusammengestellt, das aus legendären und unbekannten Filmszenen zusammengesetzt ist: Frauen verteidigen sich gegen Angreifer – wie Grace Kelly in „Dial M for Murder", die im Überlebenskampf dem von ihrem Mann angeheuerten Killer eine Schere in den Rücken rammt. In „Mord im Orientexpress" töten 12 Angehörige einer im Strudel eines Entführungsfalles umgekommen Familie den Täter, der seiner Verurteilung entkam. Im Schlafwagenabteil sticht jeder einmal auf den betäubten Gangster und nennt dabei seinen Grund für den Dolchstoß. Norman Bates, der unter einem Mutterkomplex leidende Mörder aus „Psycho", ersticht in Verkleidung seiner Mutter „und als deren Exekutor" eine junge Frau unter der Dusche. Und der fantastische Film „Noroît" widmet sich beinahe ausschließlich den Fecht- und Messerduellen rivalisierender Göttinnen. Die Kampfszenen sind vollendet abstrahiert und perfekt choreographiert.

Unser Film soll mehr als die Illustration einer Ausstellung sein. Das Video (und vor allem der vorliegende Text) sollen eine Art Werkstattbericht sein und aufzeigen, in welcher Form Filme die Grundlage wissenschaftlicher Forschung sein können. Der große Film- und Kinotheoretiker Siegfried Kracauer formulierte 1947 die These, daß Filme die Mentalität einer Nation unvermittelter reflektierten als andere Medien, weil sie erstens nie das Produkt eines Individuums, sondern eines „Produktionskollektivs" seien. Zweitens, weil Filme (als populäres Medium mit Massenpublikum) die herrschenden Bedürfnisse befriedigten: „... auf lange Sicht aber bestimmen die Bedürfnisse des Publikums die Natur der Hollywood-Filme"[1]. Nicht nur Kracauer bietet einen theoretischen Unterbau für eine Arbeit, die kämpferische Frauen im Film untersucht. Ebenso die Arbeiten des französischen Soziologen Maurice Halbwachs, der sich mit dem kollektiven Gedächtnis und seinem sozialen Rahmen auseinandergesetzt hat.[2] Halbwachs bestreitet vehement, daß es ein individuelles Gedächtnis gibt. Zwar habe der Einzelne Erinnerungen an Ereignisse, die unter Umständen nur er erlebt habe, doch die Strukturen, nach denen er die Erinnerungen speichere und abrufe, seien durch gesellschaftliche Gruppen geprägt.[3] Seiner Vorstellung nach gibt es keine Erinnerung in Form fertiger und konstanter Geschichten, die im Gedächtnis abgelagert werden. Vielmehr werde Erinnerung immer wieder neu geschaffen und zusammengesetzt, je nach den aktuellen Bedürfnissen.[4] Von der Vergangenheit, so die Überzeugung Halbwachs, bleibt nur, „... was die Gesellschaft in jeder Epoche mit ihren jeweiligen Bezugsrahmen rekonstruieren kann"[5]. Beide Theoretiker bieten eine Grundlage, um einen Filmbestand oder Genre zum Beispiel daraufhin zu untersuchen, wie bestimmte historische Frauengestalten dargestellt werden, so zum Beispiel die kämpfende (?) Jeanne d'Arc (s. u.) oder Charlotte Corday, die Marat im Bade erstochen hat. Wurden

108. Anonym, Jeanne d' Arc, 15. Jh.
Buchmalerei, französisch-flämische Schule
Aus: Herbert Nette: Jeanne d' Arc. 1977, S. 37.

diese Frauenfiguren vor dem Hintergrund aktueller Ereignisse in die eine oder andere Richtung nuanciert verkörpert? Anhand von Spielfilmen können aber auch Frauenbilder untersucht werden: Wertvorstellungen, denen sich Frauen beugen mußten, können ebenso herausgearbeitet werden wie bestimmte Haltungen gegenüber kämpfenden Frauen. Außerdem müßte (in einer Art Kulturgeschichte der Klinge) untersucht werden, ob der Kampf mit Messer oder Dolch anders gedeutet wird (und belegt ist) als der mit Schußwaffen oder Gift.

Bedingung für eine solche Untersuchung ist ein Quellenkorpus, der alle Filme, in denen Frauen mit Blankwaffen kämpfen, umfaßt. Ein mühsames Unterfangen, weil es kein Archiv gibt, in dem Videokassetten aller Filme (vergleichbar mit den Pflichtexemplaren in der Deutschen Bücherei) bewahrt werden müssen. Und die Vorführung ausgewählter Filme in Filmmuseen ist in der Regel sehr teuer.

Für den Film, der anläßlich der Ausstellung „Schwert in Frauenhand" entstand, haben wir versucht, zunächst einmal einen umfangreichen Katalog mögli-

1 Siegfried Kracauer: Von Caligari zu Hitler. Eine psychologische Geschichte des deutschen Films, Frankfurt/M. 1993², S. 12.
2 Maurice Halbwachs: Das Gedächtnis und seine sozialen Bedingungen, Frankfurt/M. 1985. Ders., Das kollektive Gedächtnis, Stuttgart 1967.
3 Halbwachs, a.a.O., S. 2.
4 Ebda., S. 55.
5 Halbwachs: Gedächtnis und seine sozialen Bedingungen. a.a.O., S. 390.

109. Edward von Steinle, Jeanne d' Arc, 1839
Hamburger Kunsthalle (Kat.Nr. 122)

cher Filme zu erstellen. Dabei haben uns zahlreiche Lexika und Enzyklopädien geholfen, die Filme einer bestimmten Ära, eines Genres oder eines Landes zusammenzustellen.[6] Über die Inhaltsangaben konnten wir herausfinden, in welchen Filmen längere (und für die Entwicklung der Geschichte relevante) Sequenzen kämpfender Frauen zu finden sind. Im folgenden Schritt haben wir versucht, möglichst viele der von uns ermittelten Filme anzusehen. Ein solches Unternehmen wird wesentlich erleichtert (bzw. überhaupt erst ermöglicht), wenn Bibliotheken über umfangreiche Film- bzw. Videobestände verfügen, wie zum Beispiel die Universitätsbibliothek in Freiburg.[7] Denn selbst, wenn man auf die Bestände großer Videotheken zurückgreifen kann, sind viele Filme schwer oder sogar unerreichbar. Ältere Filme, die nicht mehr häufig nachgefragt und verliehen werden, verschwinden aus dem Angebot der Videotheken. Erst ein Bibliotheksbestand also ermöglicht eine Arbeit, die auf einem (im günstigsten Fall) repräsentativen Quellenkorpus basiert.

Im letzten Schritt haben wir herausragende und repräsentative Szenen geordnet

6 Z. B.: Larry Langman: Daniel Finn, A guide to American crime films of the forties and fifties. Westport 1995. – Michael L. Stephens, Gangster Films: a comprehensive, illustrated reference to people, films and terms, Jefferson 1996. – Ulrich J. Klaus: Deutsche Tonfilme: Filmlexikon der abendfüllenden deutschen und deutschsprachigen Tonfilme nach ihren deutschen Uraufführungen. Berlin, Berchtesgaden 1988ff. (bisher erschienen: Bd. 1 = 1929/30 bis Bd. 8 = 1937). – Norbert Stresau (Hrsg.): Enzyklopädie des phantastischen Films. Meitingen 1992ff. – Holger Wacker (Hrsg.): Enzyklopädie des Kriminalfilms. 2. Bde., Meitingen 1995. – Ronald M. Hahn, Volker Jansen: Lexikon des Science Fiction Films, 2 Bde., München 1997[7]. – Leslie Halliwell: The filmgoer's companion. Frogmore, St. Albans 1973[3].

7 Zum Videobestand der Universitätsbibliothek Freiburg siehe: Susanne Brandt: Von Historikern, Filmen, Bibliotheken und Kriegen. In: Newsletter des Arbeitskreises Militärgeschichte (Freiburg), 1998, Nr. 6, S. 23-26.

110. Georges de Feure, A Jeanne Darc
Magazin de Nouveautés, 1896
Hannover, Sprengel Museum (Kat.Nr. 126)

und für das Video zusammengestellt.

Filme bieten unseres Erachtens eine bedeutende Quelle (allerdings nicht die einzige), um kollektive Gedächtnisse, Haltungen und Wertvorstellungen einer Gesellschaft zu rekonstruieren. Ein paar (für die Gesamtheit der Forschung nicht repräsentative) Beispiele mögen verdeutlichen, welchen Fragestellungen sich solche Untersuchungen widmen könnten: Der Filmpublizist Stefan Reinecke untersucht die amerikanischen Vietnam-Filme, die er als Reflexe kollektiver politischer und sozialpsychologischer Dispositionen deutet.[8] Er vertritt die These, daß die Amerikaner zwar den Vietnamkrieg militärisch verloren, ihn jedoch nachträglich 'gewonnen' hätten, indem sie den Rahmen, innerhalb dessen das Ereignis weltweit erinnert werde, durch die Hollywood-Filme festgelegt hätten.[9] Reinecke argumentiert, daß Hollywood das Leid der amerikanischen Soldaten (und Veteranen) in das Zentrum der Filme stelle. Die Opfer- und Täterrollen seien in den Hollywoodfilmen auf den Kopf gestellt und lasteten den vietnamesischen Gegnern, die durchweg als hinterlistig und bestialisch dargestellt würden, die von US-Soldaten

8 Stefan Reinecke: Hollywood goes Vietnam. Der Vietnamkrieg im US-amerikanischen Film. Hitzeroth 1993, S. 11.
9 Stefan Reinecke: Im Kino unbesiegt. Der Vietnamkrieg im US-amerikanischen Film. In: Frankfurter Hefte, 42 (1995), Nr. 11, S. 996 -1003, hier S. 996.

begangenen Untaten an.[10] Reinecke untersucht nicht nur die bekannten Filme, sondern plädiert dafür, auch die billigen Produktionen in einen Quellenkorpus einzubeziehen. Wenn man – Kracauer folgend – die wiederkehrenden Motive der Darstellung dieses historischen Ereignisses herausfiltern wolle, müsse man auch die sogenannten B-Movies in der Untersuchung berücksichtigen.[11] Er kommt zu dem Ergebnis, daß die Anzahl der in den Filmen erzählten Geschichten ebenso wie die typisierten Figuren gering seien.[12] Filme können einen ganz wesentlichen Rahmen liefern, innerhalb dessen sich die Erinnerung einer Gruppe entwickeln kann. Erinnern außerhalb dieses Rahmens ist nicht möglich.

In einem wie hier erst grob skizzierten Projekt über die Darstellung waffentragender und kämpfender Frauen könnten die folgenden Fragen erkenntnisleitend sein: Findet sich eine große Bandbreite von Beweggründen, die den Taten kämpfender Frauen zugrunde liegen, oder billigt man ihnen (als Wiedergängerinnen von Lady Macbeth) nur Neid, Gier oder Eifersucht als Antrieb ihres Handeln zu? Es gibt Ansätze, kämpferische Frauen in Spielfilmen zu untersuchen.[13] Doch oftmals beschränken sich die Beiträge auf einzelne Filme und interpretieren ihn (und die Heldin)[14] aus rein subjektiver Perspektive, ohne den Versuch zu unternehmen (oder den Anspruch zu vertreten), herauszuarbeiten, wie der Film auf eine größere gesellschaftliche Gruppe gewirkt hat. Fruchtbarer erscheint uns, zumindest ein Genre zu untersuchen, wenn nicht sogar Genregrenzen zu durchbrechen:

Unter der Überschrift „Die schrecklichen Frauen“ widmet sich der Verfasser einer Geschichte des *Thrillers* den Frauenfiguren des *Film Noir.* Seeßlen vertritt die These, daß der Zweite Weltkrieg zu einem tiefgreifenden Bruch geführt habe, denn erstmals seien Frauen als berechnende Verbrecherinnen und eiskalte Kämpferinnen dargestellt worden. Er führt diese Veränderung auf die brutalisierende Wirkung des Krieges zurück: Dieser habe die Frauen gezwungen, „... den Panzer ihrer traditionellen Rollenerwartungen zu durchbrechen“.[15] Seeßlen untersucht Filme und Frauenfiguren. Deren Beurteilung ist nicht eindeutig: Sie erscheinen zum einen als Beweis dafür, daß die Emanzipation letztlich mehr negative als positive Folgen habe. In den wenigsten Fällen gelingt es den „schrecklichen Frauen“ zum Beispiel, stabile Liebesbeziehungen aufzubauen, meistens werden sie durch Einsamkeit gestraft.[16] Auf der anderen Seite jedoch waren sie Idole, denn der Verlust von Sicherheit und Geborgenheit galt als verständliche Triebfeder der Frauen, sich an den Männern – den Schuldigen ihrer Verunsicherung „zu rächen“[17]. Auch in den Kriminalfilmen nach dem Zweiten Weltkrieg emanzipierten sich die Frauen, standen den Männern nicht nur helfend zur Seite, sondern lösten selber Fälle.[18] In den 50er Jahren jedoch, so Seeßlen, führt die Restauration patriarchalischer Strukturen dazu, daß der Typ dieser kämpferischen Frau in den Hintergrund gedrängt wurde, aber nie völlig verschwand.[19] Was Seeßlen – leider ohne Belege seiner Thesen, so daß letztlich auch hier der Verdacht bleibt, die Interpretation der Frauen spiegele in erster Linie seine eigene Sichtweise und nicht die der damaligen Zuschauer wider – für das Genre des *Thrillers* unternimmt, könnte auch in einem größeren Zusammenhang, genreübergreifend, erforscht werden: Sind in die Darstellung kämpfender Frauen oftmals negative Deutungen der Emanzipation verwoben? Werden ehrgeizige Frauen dafür bestraft, daß sie anstreben, was jedem Mann zugebilligt wird?[20] Antworten auf diese Fragen könnten zeigen, wie (oder ob) sich Frauenbilder im Laufe der Zeit verändert haben, inwieweit sie in bestimmten Gesellschaften voneinander abweichen (oder ähnlich sind), ob es vergleichbare Muster zur Abwehr emanzipatorischer Forderungen gibt, oder ob auf

10 Ebda., S. 997f.
11 Reinecke: Hollywood goes Vietnam. a.a.O., S. 8f.
12 Ebda., S. 9.
13 FrauenFilmInitiative (Hrsg.): Mörderinnen im Film. Berlin 1992. – Christiane Peitz: Marilyns starke Schwestern. Frauenbilder im Gegenwartskino. Hamburg 1995.
14 Bzw. die Darstellerin: Hans-G. Kellner: J. M. Thie, Meinolf Zurhorst, Der Gangster-Film. München 1977, (= Enzyklopädie des populären Films, hrsg. v. Bernhard Roloff, Georg Seeßlen, Bd. 8).
15 Georg Seeßlen: Kino der Angst. Geschichte und Mythologie des Film-Thrillers. Reinbek b. Hamburg 1980, (=Enzyklopädie des populären Films, hrsg. v. Bernhard Roloff, Georg Seeßlen, Bd. 9), S. 102. – Vgl.: Langman, Finn: guide to American crime films. S. XXf. „ E. Ann Kaplan (Hrsg.): Women in Film Noir. London 1989[6]
16 Seeßlen, a.a.O., S. 105.
17 Ebda., S. 106.
18 Langman, Finn: guide to American crime films, S. XIXf.
19 Seeßlen: a.a.O., S. 117.
20 So z. B. am Beispiel des Films „Lady Hamilton“ nachzuweisen. In diesem 1940/41 produzierten Propagandafilm, der in der amerikanischen Öffentlichkeit um Unterstützung für den Kriegseintritt gegen Hitler (als Wiedergänger Napoleons) werben sollte, wird die verheiratete Lady Hamilton, die Geliebte Lord Nelsons, als Vorbild der Kämpferin an der Heimatfront dargestellt. Mit ihren Mitteln kämpft sie gegen den Diktator Napoleon wie Nelson mit den seinen. Doch da der damals gültige *production code* (eine Selbstzensur der Filmwirtschaft) den Ehebruch einer Frau nicht ungestraft darstellen durfte, mußte nach zähem Ringen ein Rahmen um den Film konstruiert werden, der Lady Hamilton (nach dem Sieg über Napoleon) als verarmte, einsame Alkoholikerin, die in einer Gefängniszelle endet, zeigt. K. R. M. Short: 'That Hamilton Woman' (1941): propaganda, feminism and the production code. In: Historical Journal of Film, Radio and Television, 11(1991), Nr. 1, S. 3-19.

der anderen Seite Darstellerinnen Leitbilder der Frauenbewegung wurden.

Im folgenden soll an ausgewählten Beispielen gezeigt werden, daß allein die Tatsache, daß eine Frau ein Schwert trägt, noch nicht bedeutet, daß sie auch eine Kämpferin ist.

„Sie ist nicht nur schön. Sondern auch eine große Kriegerin – für eine Frau." (Conan)

In der Geschichte ist Jeanne d'Arc die Verkörperung der Frau in Waffen, sie wird häufig auch als die „Jungfrau in Waffen" bezeichnet. Der Jeanne d'Arc-Stoff ist vom Kino mit großem Interesse aufgenommen worden, mehr als 40 Mal ist ihr Leben verfilmt worden.[21] Aber es ist nie die gleiche Jeanne, die uns begegnet.[22] Mit einem anderen historischen und gesellschaftlichen Rahmen als Hintergrund wird auch die Geschichte Jeannes in einen anderen Kontext gesetzt.[23] Nicht zu vergessen, daß der Jeanne d'Arc Stoff in verschiedenen Ländern rezipiert worden ist, deren Interpretation des französischen Nationalmythos vor dem Hintergrund der eigenen Geschichte und nationalen Traditionen ganz unterschiedlich ausfällt.[24]

Im folgenden soll auf drei Filme ausführlicher eingegangen werden: „Johanna, das Mädchen", „Joan of Arc" und „Jeanne la pucelle"[25]. Am Beispiel dieser Spielfilme – die nicht repräsentativ für sämtliche Jeanne-Verfilmungen sind – soll die These belegt werden, daß die Jungfrau von Orleans das Schwert nur symbolisch trug und nie als wirkliche Kämpferin dargestellt wurde. Den Schritt zur völligen und dauerhaften Gleichstellung mit den männlichen Heroen schaffen erst einige Amazonen in *fantasy*-Filmen. In dem deutschen Film von 1935 „Johanna, das Mädchen" trägt Johanna in mehreren Szenen ein Schwert. Es ist allerdings sittsam an ihrer linken Hüfte festgebunden, unscheinbar hängt es an ihrer Seite, scheint eher Bestandteil ihrer Kostümierung als eine zu gebrauchende Waffe. Beim Angriff gegen die Engländer schreitet sie mit hochgehaltenem Banner voran, ohne das Schwert aus der Scheide zu ziehen. Sie greift nicht aktiv in die Kampfhandlungen ein.

In dem ersten Jeanne d'Arc-Film nach dem Krieg, einer Hollywood-Produktion von Victor Fleming („Joan of Arc"), bleibt Jeannes Schwert nicht an ihrer Hüfte hängen. Zunächst bekommt sie auf dem Weg zum König von einem ihrer Begleiter ein Schwert zugesteckt, das sie, bevor sie es sorgsam an ihre Seite heftet, eine Weile nachdenklich und andächtig betrachtet. Die symbolische Bedeutung dieser Szene ist deutlich: Mit dem Tragen des Schwertes stellt sich Jeanne mit den Kriegern, die sie begleiten, auf eine Ebene. Es ist gewissermaßen ihr Ritterschlag. Und Jeanne wird das Schwert schließlich auch benutzen. Am Kampf nimmt Jeanne in silbern glänzender, kratzerloser Rüstung teil. Als Führerin der französischen Truppen reckt sie vor dem Kampf das Schwert in die Höhe und ruft, die Klinge wie ein Banner oder ein Kreuz schwingend, zum Angriff auf. Der dramatische Eindruck wird noch verstärkt durch den leuchtend rot und orangefarbenen Hintergrund, welcher der Szene einen surrealen Charakter gibt. Johanna, die ihr Schwert so mühelos schwingt, als sei es aus Plastik, wirkt unwirklich, wie eine göttliche Erscheinung. Nicht nur die Zuschauer, auch die verwundeten oder totgeglaubten Soldaten sind beeindruckt von dieser Erscheinung: Auf wundersame Weise richtet sich die Menge auf und stürmt auf die gegnerische Burg: „Los, los, Ihr Tapferen! Für Frankreichs Ehre! Gott ist mit uns!" Auf den Burgzinnen wiederholt sich die Szene: Johanna schwenkt ihr Schwert wild in der Luft, während um sie herum die Soldaten Frankreichs und Englands im Kampf Mann gegen Mann sterben. Johanna greift nicht in den Kampf ein.

Der erste Teil von Rivettes „Jeanne la Pucelle" enthält eine aufschlußreiche Sze-

21 Régine Pernoud: J'ai nom Jeanne la Pucelle. Paris 1994, S. 144.

22 Carola Hilmer vergleicht den Jeanne d'Arc-Stoff mit dem Amazonenmythos und der Figur der Judith. Carola Hilmer: Nicht alle Jungfrauen sind gleich. In: Die Femme fatale. Ein Weiblichkeitstypus in der nachromantischen Literatur. Stuttgart 1990, S. 80ff. – Grundlegend zum Vergleich Jeannes mit den Amazonen: Marina Warner: Joan of Arc, The image of female Heroism. London 1981. – Claudia Opitz: Eine Heldin des weiblichen Geschlechts. Zum Bild Jeanne d'Arcs in der frühneuzeitlichen „querelle des femmes". In Hedwig Röckelein, Charlotte Schoell-Glass, Maria E. Müller (Hrsg.): Jeanne d'Arc oder Wie Geschichte eine Figur konstruiert. Freiburg, Basel, Wien 1996, S. 111-136, hier S. 120ff.

23 Siehe die einleitenden Worte „Actualité de Jeanne" in: Michel Estève (Hrsg.), Jeanne d'Arc à l'écran, in: Ètudes cinématographiques, Nr. 18-19, Herbst 1962, S. 1f.– Franz Ulrich: Eine Jungfrau für jede Jahreszeit. Jeanne d'Arc und ihre Darstellung im Kino. In: Filmdienst Nr. 18, 30. 8. 1994, S. 4-8. – Christian-Marc Bossé-no: Des frères Lumière à Rivette: Une héroïne de cinema". In: L'Histoire Nr. 210, Mai 1997, S. 70f.

24 Gerd Krumeich geht in seinem Aufsatz „Le tour du monde de la Pucelle". In: L'Histoire, Nr. 210, Mai 1997, S. 68f., vor allem auf die erstaunlich vielfältige und schillernde Rezeption Jeannes in Deutschland ein. – Siehe auch: Ders., Jeanne d'Arc von Deutschland aus gesehen. In: Etienne François, Hannes Siegrist, Jakob Vogel (Hrsg.): Nation und Emotion. Deutschland und Frankreich im Vergleich. 19. und 20. Jahrhundert. Göttingen 1995, S. 133-146.

25 „Johanna, das Mädchen", Regie: Gustav Ucicky, Deutschland 1935; „Joan of Arc", Regie: Victor Fleming, USA 1948; „Jeanne la Pucelle, Regie: Jacques Rivette, Frankreich 1994.

111. Eugène Grasset, Sarah Bernhardt als Jeanne d' Arc, 1889/1890
Essen, Deutsches Plakat Museum
(Kat.Nr. 125)

ne, in der Johanna verdeutlicht, welche Bedeutung das Schwert für sie hat. Als auf dem Weg zum König eine Rast eingelegt wird, zieht sie ihr Schwert (von realistischer Größe), prüft sein Gewicht und führt einige Trockenschläge aus. Sie bekennt ihrem Begleiter, daß sie mit dem Gewicht zu kämpfen habe. Als er Jeanne beibringen will, wie man das Schwert richtig führt, erwidert sie: „Ich will niemanden töten. Hiebe und Stöße, soviel Du willst.“ Das Schwert als Symbol der Männer- und Kriegerwelt erhebt sie zwar aus ihrer bisherigen Rolle als Bauernmädchen. Aber Jeanne will und wird das Schwert nicht in seiner eigentlichen Funktion einsetzen. Das Schwert hat für sie rein symbolische Bedeutung. Jeannes erste Übungsversuche lassen eine gewisse Bewunderung für die Waffe erkennen, dennoch wird deutlich, daß sie sich von den männlichen Kriegern unterscheiden will: In einem gespielten Kampf gegen ihren Begleiter schlägt sie diesem lediglich mit der flachen Seite der Klinge gegen den Arm.

Die differenzierte Benutzung des Schwertes in den untersuchten Sequenzen, von zunächst zurückhaltend (Johanna, das Mädchen), dann emphatisch (Joan of Arc) zu schließlich realistisch mit einem kleinen Schuß Ironie (Jeanne la Pucelle) spiegelt wider, wie der Charakter der Jungfrau in dem jeweiligen Spielfilm gezeichnet wird: Dem passiven Umgang Johannas mit dem Schwert in dem deutschen Film von 1935 entspricht insgesamt ihre Charakterisierung als äußerst demütige und einfache Person, mit glockenheller Stimme. Sie ist ein Mädchen aus „dem Schoße des Volkes“[26], das in der Männerwelt am Hofe des Königs nur durch den starken Glauben an Gott und sich selbst bestehen kann. Johanna sieht sich selbst nur als Instrument einer übermenschlichen Kraft mit dem Auftrag, das französische Volk und vor allem den König zu retten.[27] „Staatspolitisch und künstlerisch besonders wertvoll“ lautet die Bewertung dieses Films, der einer der ersten Ergebnisse der nationalsozialistischen Filmindustrie ist. Die Instrumentalisierung Johannas und die politische Essenz des Films ist schwer zu fassen: Sollten Johanna und Hitler als Retter des Vaterlandes gleichgesetzt werden, Hitler gewissermaßen als Reinkarnation Johannas? Oder wird die Jungfrau von dem französischen König, dem Führer, zum Wohle des Volkes geopfert? Die Kritiker waren sich über den propagandistischen Hintergrund

26 Aus dem Vorspruch des Films; zitiert nach: Klaus Kanzog: „Staatspolitisch besonders wertvoll“. Ein Handbuch zu 30 deutschen Spielfilmen 1934-1945. München 1994, S. 89.
27 Der funktionale Charakter ihrer Persönlichkeit wird noch einmal zum Ende des Films deutlich, als sie zum Wohle Frankreichs geopfert wird und Charles in einem längeren Diskurs die Notwendigkeit des Märtyrertods von Jeanne rechtfertigt.

des Films, der laut UFA besondere Parallelen mit der Gegenwart aufweisen sollte, uneinig.[28] Das Kinopublikum wußte mit diesem Film jedenfalls wenig anzufangen; trotz Staraufgebots verschwand er schnell aus den Kinos.[29]

Eine wesentlich pathetischere Jeanne begegnet dem Zuschauer im Film von Fleming: Nicht nur, daß sie mehr Nutzen aus ihrem Schwert zieht, ihr fehlt auch der demütige Charakter der 'deutschen' Johanna. Vielleicht wird mit ihrer Darstellung dem Bedürfnis einer starken Frauengestalt nach dem Ende des Zweiten Weltkrieges Rechnung getragen. Johannas Leben wird bei Fleming auf die spektakulärsten Elemente reduziert, Leben und Leiden sind Anlaß zu einem bunten Bilderbogen, der tiefergehenden ethischen oder religiösen Fragestellungen aus dem Weg geht. „Joan of Arc" entspricht der Kategorie von Johanna-Verfilmungen, die ihr episches und spektakuläres Leben als Vorwand nehmen, daraus einen farbenprächtigen Film zu produzieren, der sich an ein breites Publikum wendet.[30] So ist auch der Fleming-Film die bisher erfolgreichste Jeanne d'Arc Verfilmung.[31] Die pathetische Tendenz der beschriebenen Filmsequenz durchzieht den ganzen Film. Viele Amerikaner könnten in dem Film aber durchaus eine aktuelle politische Botschaft gesehen haben, indem der Sieg der Jungfrau als historische Vorlage für den erwünschten Sieg über den atheistischen Kommunismus verstanden wurde.[32]

Entgegengesetzt zu den vorangegangenen Filmen enthält Rivettes Film ein sehr menschliches, einfühlsames Bild von Jeanne: Sie ist weder demütiges Bauernmädchen noch emphatische Heldin. Sie wird nicht wie ein „entrücktes Wesen [gezeichnet], sondern als starke junge Frau"[33], die unbefangen und offen ist, wie auch die beschriebene Szene suggeriert. Jacques Rivette sucht die 'geschichtliche Wahrheit' hinter dem dramatischen Geschehen und den großen Emotionen. Sein Film ist sehr detailgenau, versucht, den atmosphärischen Hintergrund der Zeit Jeannes einzufangen. Gerade diese Detailversessenheit und das Suchen nach dem richtigen Hintergrund macht den Film so wenig eingängig.

Auffällig ist, daß Johanna in keinem der drei Filme in den eigentlichen Kampf 'Mann gegen Mann' eingreift. Das Schwert wird also nie in seiner eigentlichen Bedeutung als Waffe benutzt, abgesehen von den Übungsversuchen in Rivettes Film. Johanna trägt das Schwert nicht zum Kämpfen und Töten: Sie ist die 'Jungfrau in Waffen', aber keine Kriegerin. Das Schwert hat für sie vielmehr symbolischen Charakter, sie trägt es wie ein Banner vor den Soldaten oder wie ein die Krieger einendes Kreuz. Das Motiv Johannas ist bekannt und in allen drei Filmen wiederzufinden: Durch die Gnade Gottes sieht sich Jeanne zur Retterin des französischen Volkes und seines Königs erkoren. Nur als Auserwählte wird sie zur Schwertträgerin, und in diesem Fall ist das Schwert ein positiv besetztes Objekt, das – von einer Frau benutzt – eine andere Wirkung erzielt als bei männlichen Schwertträgern.

Weiterführende Fragen an einen größeren Korpus von Jeanne d' Arc-Filmen könnten sein: Hat sich die Verwendung des Schwertes durch die 'Jungfrau in Waffen' vom frühesten bis zum letzten Film verändert? Lassen sich kontinuierliche Konventionen ausmachen, wie die Kämpferin Johanna dargestellt wird? Stimmt die Darstellung im Film mit der Charakterisierung in anderen bildlichen Darstellungen, in Geschichtsschreibung und Literatur überein?[34] Übereinstimmungen oder Abweichungen können ein Indiz für ein verändertes Geschichts- und Frauenbild sein.

Der Typus der echt weiblichen Kriegerin findet sich dagegen in einer Reihe von neueren *fantasy*-Filmen: „Sie ist nicht nur schön, sie ist auch eine große Kriegerin – für eine Frau". So urteilt der große

28 Siehe vor allem bei Heinz Steinberg: Das Mädchen Johanna de Gustav Ucicky ou Jeanne et Goebbels. In: Michel Estève (Hrsg.), Jeanne d'Arc à l'écran. In: Ètudes cinématographiques: Nr. 18-19, Herbst 1962, S 53–57. Steinberg stellt verschiedene Reaktionen auf den Film gegenüber, ohne diesen jedoch gesehen zu haben. Er glaubte, der Film sei verloren.

29 Karlheinz Wendtland: Geliebter Kintopp. Sämtliche deutsche Spielfilme von 1929 „ 1945 mit zahlreichen Künstlerbiographien. Jahrgang 1935 und 1936, Berlin 1989, S. 45.

30 Dagegen stehen Filme wie die von Carl Theodor Dreyer (La Passion de Jeanne d'Arc, 1928) oder Robert Bresson (Procès de Jeanne d'Arc, 1962), die das Leben als Vorwand für breite religiöse und moralische Reflexionen nehmen.

31 Die historische Jeanne gab während des Prozesses an, statt des Schwertes im Kampf zumeist ein Banner getragen zu haben, um Kampfsituationen zu vermeiden. Sie habe auch nie jemanden getötet: Pernoud: J'ai nom Jeanne la Pucelle, S. 29. Der Film entspricht in der Funktion von Jeannes Schwert den meisten ikonographischen Darstellungen Jeannes, in denen Banner und Schwert als Symbole austauschbar sind.

32 So Vincent Pinel: Joan of Arc de Victor Fleming ou l'hagiographie spectaculaire, in: Michel Estève (Hrsg.): Jeanne d'Arc à l'écran. In: Ètudes cinématographiques. Nr. 18-19, Herbst 1962, S. 58–63.

33 Filmdienst Nr. 18, 30. 8. 1994, S. 24.

34 Gerd Krumeich hielt anläßlich des die Ausstellung begleitenden Symposiums (04.12.1998) einen Vortrag zum Thema: Jeanne d'Arc und ihr Schwert.

Conan, Held des *fantasy*-Films über Red Sonja, seine Partnerin in der Serie „Conan der Barbar".

Jeanne, noch in Männerkleidung, um Anerkennung zu erhalten, verweist bereits in Richtung der kämpfenden Frau. Die Amazonen in den *fantasy*-Filmen der 80er und 90er Jahre haben diese Verkleidung nicht nötig: Sie behalten ihre Weiblichkeit und sind mit äußerst knappen, im Kampf nicht besonders schützenden Stoffen bekleidet. Stellen sie ihre weiblichen Reize als zusätzliches Mittel der Kampfführung bewußt heraus? Oder ist die aufreizend knappe Bekleidung ein selbstbewußtes Bekenntnis, daß Frauen auf ihre Art Krieger sein können? Das Schwert liegt diesen Amazonen jedenfalls sicher in der Hand. Im Gegensatz zu Jeanne hat das Schwert bei ihnen mehr als nur symbolische Bedeutung: Sie setzen ihr Schwert zum Kämpfen und Töten ein. Die Heldinnen der *heroic fantasy*[35] sind genauso verwegen, tapfer und kampfgierig wie ihre männlichen Partner. Red Sonja, rothaarige Amazone aus dem gleichnamigen Film, kann nicht einmal von dem Hünen Kalidor (gespielt von Arnold Schwarzenegger) besiegt werden. Sie benutzt ihr Schwert, an dessen Spitze das frische Blut ihrer Widersacher klebt, vielleicht noch besser als dieser, da sie erheblich wendiger und geschickter ist. Sonja vereint die scheinbaren Gegensätze 'Krieger' und 'Frau', wenn auch als Ausnahme in der männlich bestimmten Welt des *fantasy*-Films. Doch die Ignoranz der Männer scheint anachronistisch, sieht man, daß auch Sonjas Gegenpart, die böse Königin Gedren, mit dem Schwert umgehen kann. Zwei Typen Kämpferinnen, zwei gegensätzliche Amazonen begegnen sich im Film „Red Sonja": Die 'gute' Amazone ist durch ihr helles Haar schon äußerlich leicht zu erkennen. Sie ist – wie der männliche Held – eine Einzelgängerin, vollkommen selbständig und nicht auf die Unterstützung durch einen Mann angewiesen. Sie kämpft für Gerechtigkeit und die Rettung der Welt gegen die 'böse' Amazone, deren Motivation Machtstreben und Wollust ist. Beiden gemeinsam ist die perfekte Beherrschung des Schwertes.[36] In den Händen der guten Amazone liegt das Schwert allerdings noch sicherer. Den entscheidenden Schwertkampf am Ende des Filmes übersteht Sonja siegreich, da sich Gedren nicht mehr auf die Kraft ihres Schwertes verläßt und Zauberkräfte zur Hilfe nimmt. Gegen die positive Kraft in Sonjas Händen kommt sie jedoch nicht an.

Die heldenhafte Kämpferin – die in der Tradition der antiken Amazone steht – ist aus diesen Filmen nicht wegzudenken. Eine amerikanische Filmhistorikerin sieht die *fantasy*-Filme als Medien, die neuen Frauenbilder in der Gesellschaft zu verankern und ihnen Akzeptanz zu verschaffen, zugleich aber auch als Ausdruck eines veränderten Rollenverständnisses: „More and more women have entered arenas which are traditionally male, and we now require myths which account for women's experience as heroic women, as women who face the same challenges and dragons as their male counterparts."[37]

35 *Heroic fantasy* ist ein Subgenre des *fantasy*-Films. Zur Klassifizierung der *fantasy*-Filme siehe: Ronald M. Hahn, Volker Jansen, Norbert Stresau (Hrsg.): Lexikon des Fantasy Films. München 1986, S. 8f. Das Genre der *heroic fantasy*-Filme ist in den 80er Jahren als eine Renaissance der eigentlichen *fantasy* entstanden. Die bekanntesten Filme sind „Conan, der Barbar", „Conan, der Zerstörer" und „Red Sonja". Der Conan „ Stoff ist Mitte der 90er Jahre als amerikanische Serie neu verfilmt worden.

36 Kristina M. Passman: The classical Amazon in contemporary cinema. In: Martin M. Winkler (Hrsg.): Classics and cinema. Cranbury, London, Mississauga 1991, S. 81-105, hier S. 90f.

37 Ebda., S. 101.

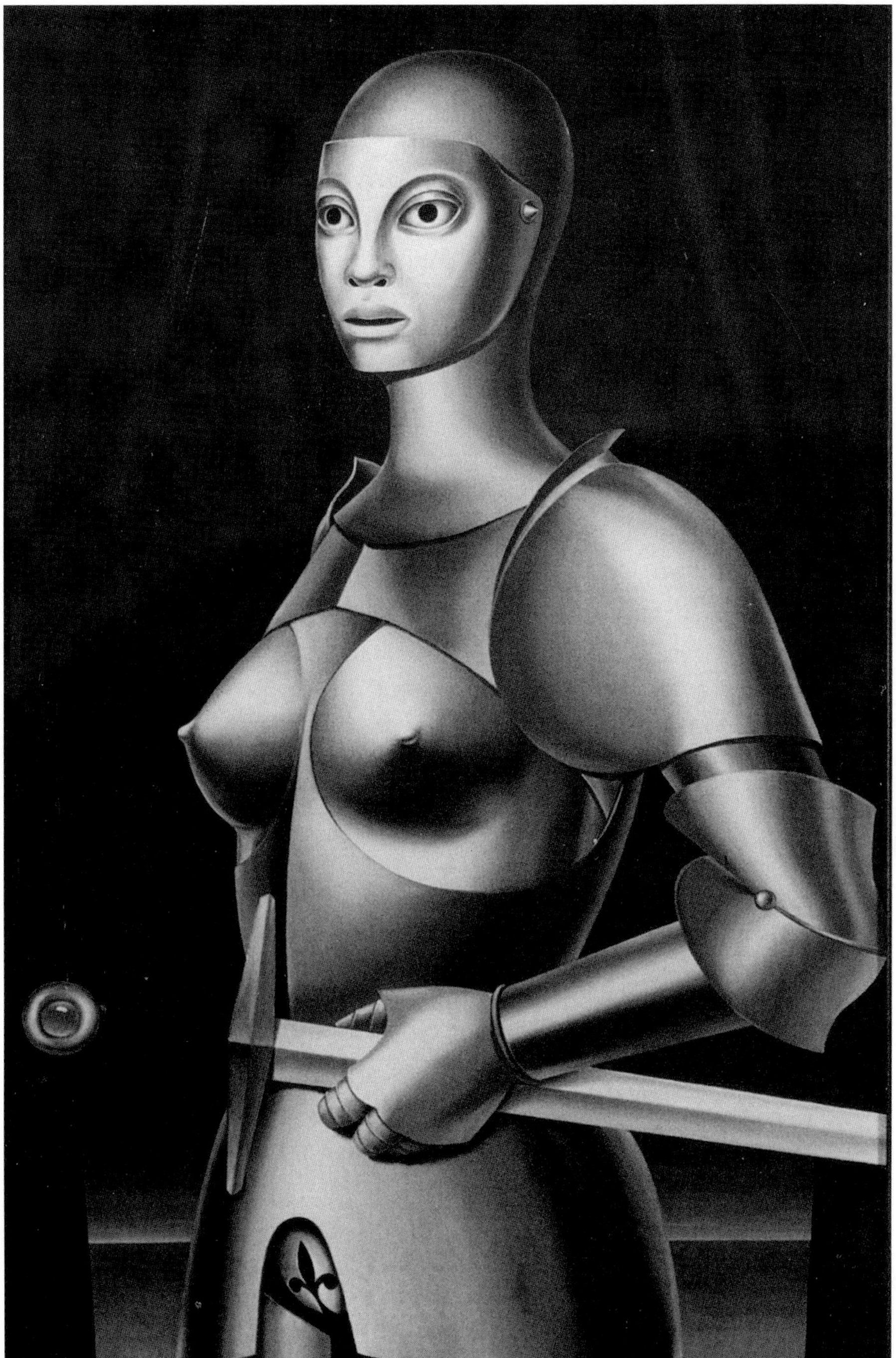

112. Felix Labisse, Jehanne du Lys, 1971
Verden/Aller, galerie pro Art (Kat.Nr. 131)

Renate Philipp

Zur Ausstellung im Deutschen Klingenmuseum

„Schwert in Frauenhand – Zur weiblichen Bewaffnung“: Was bedeutet der Titel der Ausstellung?

Schwerter, Degen und Dolche sind in der Regel Männersache(n) bzw. werden dafür gehalten. Doch auch Frauen sind verwickelt in gewalttätige Auseinandersetzungen in der Geschichte und der Gegenwart. Mit der Waffe in der Hand, hier speziell mit der Blankwaffe, haben sie im realen wie auch übertragenen Sinne für ihre Rechte und Ziele gestritten.

Die Ausstellung zeigt anhand von Graphik, Malerei und Skulptur Darstellungen zu den unterschiedlichen Aspekten dieses Themas. Von der Antike bis in unsere Zeit werden Beispiele aus der europäischen Kunst- und Kulturgeschichte gezeigt. Im folgenden soll die inhaltliche Struktur der Ausstellung, gegliedert in acht Gruppen, kurz vorgestellt werden.

1. Heldinnen der Antike Göttinnen – Amazonen – mythologische und historische Frauen

Die Kriegsgöttinnen der Antike, bekannt unter den Namen Athena[1] bzw. Minerva[2] und Bellona,[3] demonstrieren in Rüstung mit Speer und Lanze ihre Wehrhaftigkeit. Daß auch Aphrodite, die Liebesgöttin, ein Schwert trug, ist dagegen weniger bekannt.[4] Das legendäre Volk der ‘Amazonen’ gab schon immer Anlaß für Spekulationen im Hinblick auf ihre Existenz. Seit einigen Jahren konnte durch Grabungen die Existenz von Kriegerinnengräbern nachgewiesen werden.[5] Die antiken Heldinnen wußten durchaus das ‘Schwert’ in der Hand zu führen: Semiramis, die assyrische Königin, führte für ihren Sohn die Regentschaft (810-806 v.Chr.) und verteidigte das Land gegen Feinde (vgl. Abb. 4,5). Dido, die Gründerin von Karthago, tötete sich aus Liebe zu Aeneas. Lukretia, Ehefrau eines römischen Edelmannes, nahm sich nach einer Vergewaltigung das Leben, da sie für sich das Recht auf Leben verwirkt sah.[6] Medea, Zauberin und Weggefährtin Jasons, tötete aus Liebe zu ihm ihren Bruder; und als Jason sie verließ, erstach sie ihre Kinder.[7]

2. Biblische und christliche Heldinnen

Exemplarisch für die biblischen und christlichen Heldinnen stehen Judith und Delila. Judith tötete mit dem Schwert den feindlichen Feldherrn Holofernes.[8] Delila verriet ihren Ehemann Simson an die Philister. Seiner Kraft beraubt, die ihm Delila durch das Schneiden der Haare genommen hatte, wurde er gefangen genommen (vgl. Abb. 9,10).

3. Germanische Kämpferinnen

In der nordgermanischen Mythologie sind die Walküren die Botinnen von Sieg oder Niederlage in einer Schlacht. Die mit kriegerischen Attributen ausgestatteten Kampfjungfrauen haben die Aufgabe, die gefallenen Krieger nach Walhall zu bringen. Kriemhild rächt als Heldin der Nibelungensage Siegfrieds Tod, indem sie Gunther und Hagen mit dem Schwert tötet.

4. Herrscherinnen

Regentinnen zu allen Zeiten wurden mit den Insignien der Macht dargestellt. Die Kaiserin Maria Theresia wird als Reiterin und Anführerin der österreichisch-ungarischen Husaren dargestellt. Maria von Medici ließ sich als Kriegsgöttin Minerva porträtieren.

1 Athena: griechische Kriegsgöttin.
2 Minerva: römischer Namen der Athena.
3 Bellona: Allegorie des Krieges.
4 Vgl. den Beitrag Seifert.
5 Vgl. den Beitrag Rolle.
6 Vgl. den Beitrag Grotkamp-Schepers.
7 Vgl. den Beitrag Seifert/ Philipp.
8 Vgl. den Beitrag Karstedt.

113. Ernst Barlach, Stürzende Frau, 1912
Ludwigshafen a. Rh., Wilhelm-Hack-Museum
(Kat.Nr. 157)

Einen Schritt in Richtung Emanzipation gingen die Frauen des 17. und 18. Jahrhunderts, als sie an Turnieren teilnahmen. Turniere und Reiterspiele galten von alters her als typisch männliches Betätigungsfeld. Erst seit der zweiten Hälfte des 17. Jahrhunderts gewannen Reiterspiele an Bedeutung, die von Hofdamen bestritten wurden: die Damenringrennen und Damenkarussells.[9]

5. Freiheitskämpferinnen

Von den revolutionären Umwälzungen des 18. und 19. Jahrhunderts wurden auch viele Frauen erfaßt, die für bessere Lebensbedingungen und Freiheits- Gleichheitsideale kämpften. Ganz real mit der Blankwaffe in der Hand unterstrichen sie ihre Forderungen.[10]

6. Der alltägliche Umgang mit der Waffe Kleidung – Beruf – Sport – Der private Kampf

Blankwaffen gehörten zum normalen Alltag, ohne eine Besonderheit darzustellen. So gehörte lange Zeit das Messer zur Alltagstracht der Frauen, das neben Schlüsseln und Geldkatze am Gürtel getragen wurde. In der Solinger Region mit seiner berühmten Klingenherstellung wurden Frauen als Schleiferin, Poliererin, Feilenhauerin in den Produktionsprozeß einbezogen und als 'Lieferfrauen' transportierten sie die Klingen. Im sportlichen Bereich durften Frauen seit Anfang des 20. Jahrhunderts offiziell an Fechtturnieren teilnehmen. Im Mittelalter hatten Frauen die gleichen Rechte wie die Männer, bei einem nicht akzeptierten Gerichtsurteil im Zweikampf für ihr Recht zu streiten.[11]

9 Vgl. den Beitrag Schnitzer.
10 Vgl. den Beitrag Philipp.
11 Vgl. den Beitrag Grotkamp-Schepers.

7. Das Schwert als Symbol Allegorien

Symbolcharakter hat das Schwert bei Allegorien wie der Justitia und den Länderpersonifikationen. Justitia steht mit ihren Attributen Waage und Schwert als Sinnbild für Gerechtigkeit. Länderallegorien entwickelten sich verstärkt seit der Zeit der Französischen Revolution mit dem Aufkommen des nationalen Gedankens. 'Marianne' wurde für Frankreich die Symbolfigur der Nation, in anderen europäischen Nationen waren es die 'Germania', die 'Italia' oder die 'Helvetia'.[12]

8. Der zeitgenössische Blick

Zeitgenössische KünstlerInnen haben sich immer wieder mit dem Thema 'Frau und Blankwaffe' auseinandergesetzt. Dabei werden historische oder legendäre Figuren wie z.B. Judith, Medea und Kriemhild neu interpretiert. Eindrucksvoll und spektakulär sind die Fotoserien der Künstlerin Bettina Flitner, die Frauen 'sprechen' läßt mit dem Schwert oder dem Messer in der Hand.[13]

Das Thema 'Schwert in Frauenhand' erweist sich als außerordentlich vielfältig. Der Griff zur Waffe geschieht aus verschiedenen Gründen: aus 'edlen' und 'unedlen' Motiven. Die Reflexion in der bildenden Kunst zeigt die 'schwerttragende' Frau in immer neuen Zusammenhängen, aus denen die Ausstellung nur einen kleinen, aber aussagekräftigen Teil präsentieren kann.

12 Vgl. den Beitrag Thiel.
13 Vgl. AK Bettina Flitner, Mein Herz, Mein Feind, Mein Denkmal, Köln 1995.

Liste der ausgestellten Werke

(Maßangaben jeweils Höhe vor Breite)

I Heldinnen der Antike
Göttinnen – Amazonen – mythologische und historische Frauen

1. Léon Davent nach Francesco Primaticcio, Mars und Bellona, Mitte 16. Jh.
Radierung, 16,9 x 43,1 cm. Inv. Nr. KA (FP) 6305 (D)
Graphische Sammlung Kunstmuseum Düsseldorf

2. Hendrick Goltzius, Pallas Athene, 1596
Kupferstich, 32 x 25 cm. Inv. Nr. KA (FP) 3259 D
Graphische Sammlung Kunstmuseum Düsseldorf

3. Gabriel Grupello, Minerva, vor 1700
Bronze, hohl gegossen, patiniert, H 33 cm. Inv. Nr. P 1938-30
Kunstmuseum Düsseldorf im Ehrenhof

4. Maler von Berkeley, Amazone
Attisch-schwarzfigurige Halsamphora, um 520-510 v. Chr.
H 41 cm, Dm 27 cm, Höhe des Bildfeldes 20,1 cm. Inv. Nr. S 486
Bochum, Ruhr-Universität, Kunstsammlungen

5. Dem sog. Pan-Maler zugewiesen, Tätowierte Thrakerinnen
Attisch-rotfiguriger Krater, 460/450 v. Chr
Höhe 34,5 cm, Mündungsdurchmesser 28 cm. Inv. Nr. SH 2378 WAF
Staatliche Antikensammlungen und Glyptothek München, Fotographie: Christa Koppermann

6. Kreusamaler, Grieche und Amazone, Glockenkrater, lukanisch, um 380 v.Chr.
H 27,9 cm, Dm (Rand) 32,3 cm, Dm (Fuß) 14,8 cm. Inv. Nr. S 1087
Bochum, Ruhr-Universität, Kunstsammlungen

7. Antonio Tempesta, Die Schlacht der Amazonen gegen die Griechen, 1600
Radierung, 30,1 x 39,7 cm. Inv. Nr. KA (FP) 7874
Graphische Sammlung Kunstmuseum Düsseldorf

8. Lucas Vorstermann nach Peter Paul Rubens, Amazonenschlacht, 17. Jh.
Kupferstich, 85,3 x 119 cm. Inv. Nr. KA (FP) 16961
Graphische Sammlung Kunstmuseum Düsseldorf

9. Meno und Peter Haas, Stahlstiche nach antiken Monumenten. In: Götter und Heroen der Griechen und Römer, Berlin 1826
Solingen, Deutsches Klingenmuseum

10. Richard Werner, Clara Ziegler als Penthesilea, um 1880
Mischtechnik, 65 x 49 cm
München, Deutsches Theatermuseum

11. C.J. und A. Bernhardt, Zoologischer Garten, 1891
Lithographie, 31 x 42,5 cm. Inv. Nr. C 8072a
Historisches Museum Frankfurt am Main, Fotographin: Ursula Seitz-Gray

12. Lambert Barnard, Cassandra, Tomyris und Sinope, Fotographien nach drei Gemälden (Tempera auf Holz), um 1520
Chichester, District Museum

13. Georg Pencz, Dido, 1520
Kupferstich. Inv. Nr. St. N. 554 b
Germanisches Nationalmuseum, Nürnberg, Leihgabe der Stadt Nürnberg

14. Bonaventura Lamberti, Dido stürzt sich in das Schwert, um 1700
Feder in Braun mit farbiger Kreide und Lavierung, quadriert, 19,5 x 27,8 cm. Inv. Nr. KA(FP) 3428
Graphische Sammlung Kunstmuseum Düsseldorf

15. Giacinto Gimigniani, Semiramis, 1647
Radierung, 19,4 x 26,9 cm. Inv. Nr. KA (FP) 5370 D
Graphische Sammlung Kunstmuseum Düsseldorf

16. Pieter Schenk, Semiramis, 1701/1725 ?
Kupferstich und Radierung, 30,2 x 19,4 cm. Inv. Nr. Gr 55/1205
Berlin, Deutsches Historisches Museum

17. Verjüngung Aesons, 1516
Holzschnitt. Aus: Metamorphoseos vulgare, 1516, Sign.: WA VI 176
Stadt- und Universitätsbibliothek, Köln

18. René Boyvin, Medea tötet ihre Kinder, vor 1563
Aus einer Kupferstichfolge zur Argonautensage, erschienen 1563
Kupferstich, 16,9 x 24,4 cm. Inv. Nr. KA (FP) 11481 (D)
Graphische Sammlung Kunstmuseum Düsseldorf

19. René Boyvin, Medea zerstückelt ihren Bruder Apsyrtos, um die Verfolgung durch ihren Vater Aietes zu verzögern, vor 1563
Aus einer Kupferstichfolge zur Argonautensage, erschienen 1563
Kupferstich, 16,9 x 23,8 cm. Inv. Nr. KA (FP) 11476 (D)
Graphische Sammlung Kunstmuseum Düsseldorf

20. Andrea Alciati, Medea tötet ihre Kinder, 1601
Aus: Emblemata. 1601, Abb. 54, S. 299. Holzschnitt, 5,5 x 5,5 cm. Sign.: K1/414
Stadt- und Universitätsbibliothek, Köln

21. Alfons Maria Mucha, Sarah Bernhardt als Médée, 1898
Farblithographie, 208,5 x 75,0 cm
Sprengel Museum Hannover

22. Israel van Meckenem, Der Selbstmord der Lukretia, 2. Hälfte 15. Jh.
Kupferstich, 26 x 18, 4 cm
Staatliche Museen zu Berlin, Kupferstichkabinett

23. Anonym, Tischglocke mit der Figur der Lukretia, Italien, 16. Jh.
Bronze, H 14,7 cm. Inv. Nr. 105586
Kunstmuseum Düsseldorf im Ehrenhof

24. Lucas van Leyden, Lukretia, um 1510-20
Kupferstich, 11,5 x 7,0 cm. Inv. Nr. RP-P- OB-1719
Rijksprentenkabinet, Rijksmuseum Amsterdam

25. Hans Döring, Lukretia (Kopie nach Cranach), 1514
Öl auf Holz, 40,5 x 33 cm
Museum Wiesbaden

26. Jost Amman, Der Tod der Lukretia, 1568
Aus: Titus Livius und Lucius Florus: Von Ankunft und Ursprung des Römischen Reiches, 1568
Holzschnitt, 10,8 x 14,9 cm. Inv. Nr. A 1077
Graphische Sammlung der Staatsgalerie Stuttgart

27. Guido Cagnacci, Der Selbstmord der Lukretia, 17. Jh.
Leinwand, 89,7 x 77,5 cm
Kassel, Staatliche Museen Kassel, Gemäldegalerie Alte Meister

28. Joseph Fratrel d. Ä., Lukretia, um 1775
Gouache auf Birnbaumholz, 20,5 x 16 cm, Inv. Nr. 051
Reiss-Museum Mannheim, Kunstgeschichtliche Sammlungen

29. 'Liebesdolch', um 1530
Stahl, Silber vergoldet, Achat, L. 35 cm. Inv. Nr.1974.W.002
Auf der Klinge Ornamente nach Vorlagen des Virgil Solis und die Inschriften „Allein mein oder las gar sein", „In amore no se trabit".
Solingen, Deutsches Klingenmuseum

30. Scheibendolch, 15. Jh.
Stahl, Bronze (Griff ergänzt ?). L. 47,5 cm.
Inv. Nr. 1966.W.012
Solingen, Deutsches Klingenmuseum

II. Das Schwert als Symbol

31. Nach Marten de Vos (1532-1603), Justitia, 16. Jh.
Kupferstich, 16,3 x 9,9 cm. Inv. Nr. KA (FP) 11806
Graphische Sammlung Kunstmuseum Düsseldorf

32. Léon Davent, Justitia, Mitte 16. Jh.
Radierung, 28,6 x 29,8 cm. Inv. Nr. KA (FP) 5909 (D)
Graphische Sammlung Kunstmuseum Düsseldorf

33. Nach Pieter Brueghel d. Ä., Justitia, 1559
Kupferstich, 22,8 x 29,3 cm. Inv. Nr. 35790 D
Staatliche Graphische Sammlung München

34. Jaques-Louis Copia, La Loi (Das Gesetz), um 1793
Kupferstich, 10,9 x 13,9 cm. Inv. Nr. 1980/49
Hamburger Kunsthalle, Fotographin: Elke Walford, Hamburg

35. Raphael Morghen nach Raffael, Justitia, um 1800
Kupferstich, 45,8 x 39,8 cm. Inv. Nr. KA (FP) 5864
Graphische Sammlung Kunstmuseum Düsseldorf

36. Alfred Rethel, Ein Todtentanz (Titelblatt), 1848
Klischee, Typendruck, 36 x 40 cm. Inv. Nr. 1987/431.1
Berlin, Deutsches Historisches Museum

37. Rudolf Konopa (?), Zeichnet 8. Kriegsanleihe, 1918
Lithographie, 125,8 x 95 cm. P 73/ 1635 (MfDG)
Berlin, Deutsches Historisches Museum

38. John Heartfield, Der Henker und die Gerechtigkeit, 30.11.1933
Ganzseitige Illustration in der Arbeiter-Illustrierten Zeitung auf der Grundlage einer Fotomontage, XII. Jahrgang 1933, Nr. 32, S. 787
Berlin, Werkbund Archiv für Alltagskultur des 20. Jahrhunderts

39. Fips, Das neue Gesetz, 1935
Aus: Stürmer. 1935, Bibl. Stein Z 693 – 13,2 (= 1 Band)
Berlin, Freie Universität Berlin, Universitätsbibliothek

40. Justitia '84, 1984
Videoinstallation
Allianz Versicherungs-AG, München

41. Hirschfänger mit Scheide und Besteck, Solingen, 1660-80
Klingenschmied wohl Nachfolger von Andreas, Peter und Clemens Munsten; Kaufhändler Peter Weyersberg. Stahl, Hirschhorn
Länge 55 cm. Inv. Nr. 1997.W.010
Auf der Klinge Darstellung der Justitia
Solingen, Deutsches Klingenmuseum

42. Richtschwert, Solingen, Anfang 18. Jh.
Stahl, Griff Messing, gegossen, Reste von Vergoldung, L. 105,5 cm. Inv. Nr. 52.6.
Auf der Klinge Darstellung der Justitia und der Prudentia
Solingen, Deutsches Klingenmuseum

43. Claude Olivier Gallimard, Constantia, 18. Jh.
Radierung,14,2 x 8,7 cm. Inv. Nr. KA (FP) 15279
Graphische Sammlung Kunstmuseum Düsseldorf

44. Claude Olivier Gallimard, Gewappnete Virtus, 18. Jh.
Radierung, 14 x 8,8 cm. Inv. Nr. KA (FP) 15274
Graphische Sammlung Kunstmuseum Düsseldorf

45. Gerhard von Kügelgen, Allegorie des Sieges, 1815
Öl auf Leinwand, 75 x 60 cm. Inv. Nr. Gm 96/28
Berlin, Deutsches Historisches Museum

46. Moritz Rugendas, Allegorie der Freiheit, 1848/49
Öl auf Pappe, 43,5 x 27,5 cm. Inv. Nr. 5198
Augsburg, Städtische Kunstsammlungen, Historischer Verein

47. Jean de Paleoglu, Liberator Cycles & Automobiles, 1899
Lithographie, 149,5 x 109,5 cm
Deutsches Plakat Museum Essen

48. John Heartfield, Die Freiheit selbst kämpft in ihren Reihen, 19.8.1936
Ganzseitige Illustration in der Arbeiter-Illustrierten Zeitung auf der Grundlage einer Fotomontage, XV. Jahrgang 1936, S.16
Berlin, Werkbund Archiv für Alltagskultur des 20. Jahrhunderts

49. Natascha Cartu, Liberté, liberté, cherie (Kriegsanleiheplakat), um 1941/1944
Offset, 59,5 x 76 cm
Hamburg, Museum für Kunst und Gewerbe

50. Adrian Collaert, America, um 1595/1600
Kupferstich, 21,7 x 26,5 cm. Inv. Nr. KA (FP) 11824 (D) Düsseldorf
Graphische Sammlung Kunstmuseum Düsseldorf

51. Theodor Galle, America, um 1600
Kupferstich, 15,4 x 8,9 cm. Inv. Nr. VII,121,135
Kunstsammlungen der Veste Coburg, Coburger Landesstiftung

52. Francesco Valesio, Die Thronende Roma, zu ihren Füßen vier unterworfene Länder, um 1600
Kupferstich, 30,1 x 20,1 cm. Inv. Nr. KA (FP) 15070
Graphische Sammlung Kunstmuseum Düsseldorf

53. Albert Teichel nach W. von Kaulbach, Germania, nach 1862
Stahlstich, 48,3 x 40 cm. Inv. Nr. KA (FP) 23896
Graphische Sammlung Kunstmuseum Düsseldorf

54. Weinetikett mit der Darstellung der Germania, 1870
Aus einem Musterbuch des Speyerer Lithographen Carl Rücker
8,4 x 12,65 cm. Inv. Nr. 24. XII. 1920 – HMP 0/ 4480
Historisches Museum der Pfalz Speyer

55. Weinetikett mit der Darstellung der Germania, 1870/71
Aus einem Musterbuch des Speyerer Lithographen Carl Rücker
11,9 x 8,7 cm. Inv. Nr. 24. XII. 1920 – HMP 0/ 4479
Historisches Museum der Pfalz Speyer

56. Nach Johannes Schilling, Die Germania des Niederwalddenkmals bei Rüdesheim, 1883
Photogravüre, ca.70 x 40 cm. Inv. Nr. 1998.V.004
Solingen, Deutsches Klingenmuseum

57. Schwert zu Anderthalb Hand, um 1500/1520
Stahl, Eisen, Leder. L. 122 cm. Inv. Nr. 53.147
Solingen, Deutsches Klingenmuseum

58. Eugène Grasset, Histoire de France, vor 1894/95
Zinkätzung, 121,5 x 82 cm
Hamburg, Museum für Kunst und Gewerbe

59. W.A. Wellner, Völkerfrühling, 1896
Aus: Lustige Blätter, Jg. 11, Nr. 2 (2. Jan.), Berlin 1896, Farbdruck, 32,5 x 49 cm
Dortmund, Institut für Zeitungsforschung der Stadt Dortmund

60. Anonym, Helvetia hält Wache, 13.12.1914
Farblithographie, ca. 15 x 10,5 cm. Inv. Nr. C 46016, I
Historisches Museum Frankfurt am Main, Fotographin: Ursula Seitz-Gray

61. Franz Stassen, An das deutsche Volk! 12.01.1917
Holzstich-Buchdruck, 46,3 x 31,4 cm. Inv. Nr. C 45 622 c (Frankfurt)
Historisches Museum Frankfurt am Main, Fotographin: Ursula Seitz-Gray

62. Giovanni Capranesi, Sottoscrivete al Prestito, um 1917
Lithographie, 100 x 70,1 cm. Inv. Nr. DHM 1987/ 1882
DHM 1987/100
Berlin, Deutsches Historisches Museum

III. Biblische und christliche Heldinnen

63. Israel van Meckenem, Judith mit dem Haupt des Holofernes, 2. H. 15. Jh.
Kupferstich, 21,6 x 32,0 cm
Staatliche Museen zu Berlin, Kupferstichkabinett

64. Anonym, Judith mit dem Haupt des Holofernes, Ende 15. Jh.
Bronze, H. 20,5 cm
Kunstmuseum Düsseldorf im Ehrenhof

65. Hans Burgkmair d. Ä., Drei gute Jüdinnen, 1516-1519
Holzschnitt, ca. 19,5 x 13,2 cm. Inv. Nr. 5967
Germanisches Nationalmuseum, Nürnberg

66. Hans Sebald Beham, Judith und ihre Dienerin stehend, um 1531
Kupferstich, 10,8 x 6,8 cm. Inv. Nr. KA (FP) 426
Graphische Sammlung Kunstmuseum Düsseldorf

67. Georg Pencz, Judith mit dem Haupt des Holofernes, um 1545
Kupferstich, 5,0 x 7,9 cm. Inv. Nr. 54.130
Solingen, Deutsches Klingenmuseum Solingen

68. Dirck Volkertsz.Coornhert, Judith enthauptet Holofernes, Mitte 16. Jh.
Ätzung, Radierung, 24,3 x 19,7 cm. Inv. Nr. RP-P-OB-7313
Rijksprentenkabinet, Rijksmuseum Amsterdam

69. Dirck Volkertsz. Coornhert, Judith und ihre Dienerin geben Holofernes Kopf in einen Sack, Mitte 16. Jh.
Ätzung, Radierung, 23,7 x 19,4 cm. Inv. Nr. RP-P-OB 7314
Rijksprentenkabinet, Rijksmuseum Amsterdam

70. Antoinette Larcher, Judith mit dem Haupt des Holofernes, 1. H. 18. Jh.
Radierung, 27,5 x 18,3 cm. Inv. Nr. KA (FP) 7119
Graphische Sammlung Kunstmuseum Düsseldorf

71. Ludwig Wilhelm Busch, Judith, 18. Jh.
Leinwand, 39 x 29 cm. Inv. Nr. 1100
Braunschweig, Herzog Anton Ulrich-Museum

72. Luigi Paradisi nach Cristofano Allori (1577-1621), Judith, 19. Jh.
Kupferstich, ca. 45 x 30 cm gerahmt
Dortmund, Privatbesitz

73. Ignatius Taschner, Judith, vor 1897
Aus: Jugend 1897, Nr. 25, S. 421. Lithographie, Zeitschriftendruck
Solingen, Deutsches Klingenmuseum

74. Franz von Stuck, Judith und Holofernes, um 1926
Öl auf Holz, 54,5 x 50 cm
Baldham, Privatbesitz

75. Falchion, auch Malchusschwert genannt, Italien, 16. Jh.
Stahl, Leder, L. 75 cm. Inv. Nr. 1969.W.004
Solingen, Deutsches Klingenmuseum

76. Meister E.S., Samson und Delila, 15. Jh.
Kupferstich, 9,4 x 6,8 cm. Inv. Nr. K 541
Kunstsammlungen der Veste Coburg, Coburger Landesstiftung

77. Georg Pencz, Samson und Delila, um 1540
Kupferstich, 4,8 x 7,8 cm. Inv. Nr. 52.189
Solingen, Deutsches Klingenmuseum

78. Francesco Solimena, Simson und Dalila, 1689/90
Öl auf Leinwand, 149 x 205 cm. Inv. Nr.1012
Braunschweig, Herzog Anton Ulrich-Museum, Museumsfoto B. P. Keiser

79. Anonym, Hl. Katharina, 1493
Holzschnitt, 6,7 x 5,5 cm. Inv. Nr. 52.192
Solingen, Deutsches Klingenmuseum Solingen

80. Anonym, Hl. Katharina, Frankreich, Ende 15. Jh.
Kalkstein, Höhe ca. 80 cm. Inv. Nr. 55.59
Solingen, Deutsches Klingenmuseum

81. Umkreis des El Greco, Die heilige Katharina, 1. H. 17. Jh.
Öl auf Kupfer, 27,7 x 21,6 cm. Inv. Nr. 1997.V.003
Solingen, Deutsches Klingenmuseum

82. Heinrich Anton Mücke, Übertragung des Leichnams der heiligen Katharina zum Berge Sinai, 1836
Leinwand, 27 x 38 cm. Inv. Nr. 4895
Kunstmuseum Düsseldorf im Ehrenhof

IV. Herrscherinnen

83. Anonym, Jacobe von Baden in Männerkleidung, um 1580
Aquarell auf Papier, 32 x 20,5 cm. NWHSA Jülich-Berg II 1993, eingeklebt vor fol.1
Eigentum des Landes Nordrhein-Westfalen, Nordrhein-Westfälisches Haupt-Staatsarchiv Düsseldorf

84. Jean-Baptiste Massé, Maria von Medici als Minerva, 1. H. 18. Jh.
Kupferstich, 49 x 34,2 cm. Inv. Nr. 1960:1281D
Staatliche Graphische Sammlung München

85. Johann-Elias Ridinger, Maria Theresia zu Pferde, 18. Jh.
Kupferstich, Platte: 33,5 x 25 cm. Inv. Nr. 1933-185
Graphische Sammlung Kunstmuseum Düsseldorf

86. Foto der Königin Wilhelmina der Niederlande in Marineuniform, 23.2.1892
Den Haag, Royal House Archives

87. Otto Flechtner, Cafe Maria Theresia, vor 1911
Lithographie, Blattgröße: 124,5 x 91,5 cm. Inv. Nr. C 9/78
Münchner Stadtmuseum

88. Hirschfänger, Frankreich, um 1770
Klinge Stahl, Griff Gold und Amazonit, L. 54 cm. Inv. Nr. 56.1.
Der Hirschfänger war ein Geschenk der französischen Königin Marie Antoinette an ihre Schwester, Königin Caroline von Neapel.
Solingen, Deutsches Klingenmuseum

89. Adam Olearius, Auffzüge vnd Ritterspiele..., – Schleswig: Holwein, 1668. – 28 Bl. 1-9, 1.2, 34-40, Die Glückseligkeit, Madame Sybille als Glückseligkeit..., 1654
Kupferstich, 19,5 x 32 cm. Signatur: S.B.204 (H. Sax. B. 32)
Sächsische Landesbibliothek – Staats- und Universitätsbibliothek Dresden; Dezernat Deutsche Fotothek; Fotograph: R. Ridler, Mai 1998

90. Johann Samuel Mock, Wagen der Gräfin Cosel beim Damenringrennen, 1709
Pinsel, Deckfarben, goldgehöht, 58,5 x 91,3 cm. Inv. Nr. C 5697 (aus: Ca 198, Bl. 12)
Kupferstich-Kabinett, Staatliche Kunstsammlungen Dresden

91. C.H. Fritzsche, Aufzug zum Damenringrennen am 6. Juni 1709 in Dresden, 1710
Pinsel, Deckfarben, goldgehöht, 58,5 x 91,3 cm. Inv. Nr. C 1968-791 (aus: Ca 198, Bl. 28)
Kupferstich-Kabinett, Staatliche Kunstsammlungen Dresden

92. Johann Christoph Dehne, Dame mit Lanze zum Ringrennen, 1723
Aus: Johann Meßelreuter: Neu=eröffneter Masqven=Saal,(...). Bayreuth: Johann Lobern 1723
Radierung, 30,4 x 18,2 cm. Inv. Nr. B 1888, 2 Bl. 172
Kupferstich-Kabinett, Staatliche Kunstsammlungen Dresden

93. Deutsch (Monogramm E.B.), Damenkarussell am 14. Mai 1727 in Fürstenried, um 1727
Radierung, 20,6 x 32,7 cm. Inv. Nr. A 131540 (Sax.top II, 3,5)
Kupferstich-Kabinett, Staatliche Kunstsammlungen Dresden

94. Deutsch, Aufzug zum Damenkarussell in Wien, 1743?
Feder in Grauschwarz, Pinsel in Grau, 52,5 x 74,0 cm. Inv. Nr. C 6664
Kupferstich-Kabinett, Staatliche Kunstsammlungen Dresden

95. Deutsch, Damenringrennen in der Wiener Hofreitschule, 1743?
Graphit, Feder in Grau-Schwarz, Pinsel in Wasser-und Deckfarben, 73,5 x 52,3 cm. Inv. Nr. C 6663
Kupferstich-Kabinett, Staatliche Kunstsammlungen Dresden

96. Martin Schnell, Ringelstechlanze, 1719
Stecheisen, Holz, Fassung Lackmalerei golden auf grünem Grund (Bandelwerk)
L. 270,5 cm, Stecheisen 27,4 cm, Gewicht 2130 g. Inv. Nr. R 280
Rüstkammer, Staatliche Kunstsammlungen Dresden
Aufnahmen (Kat.Nr. 95-98): Sächsische Landesbibliothek Dresden, Staats- und Universitätsbibliothek; Dezernat Deutsche Fotothek, Herr Bregulla

97. Martin Schnell, Ringelstechlanze, 1719
Stecheisen, Holz, Fassung Lackmalerei silbern auf rosa Grund (Bandelwerk)
L. 269,5 cm, Stecheisen 26,5 cm, Gewicht 2000 g. Inv. Nr. R 276
Rüstkammer, Staatliche Kunstsammlungen Dresden

98. Martin Schnell, Ringelstechlanze, 1719
Stecheisen, Holz, Fassung Lackmalerei auf gelbem Grund (Bandelwerk)
L. 270 cm, Inv. Nr. R 282
Rüstkammer, Staatliche Kunstsammlungen Dresden

99. Martin Schnell (?), Ringelstechlanze, 1.V. 18. Jh.
Stecheisen vergoldet, Holz, Fassung Blattgold, Goldbronze, roter Bolus, Fransenhosen Goldgespinst, Griffbezug Samt blaugrün
L. 243,5 cm, Stecheisen 28 cm; Gewicht 1980 g. Inv. Nr. R 286
Rüstkammer, Staatliche Kunstsammlungen Dresden

V. Freiheitskämpferinnen

100. Eine reitende Frau greift einen Ritter an, um 1481
Aus: Jean de Mandeville, Reysen und Wanderschaften durch das gelobte Land, Basel, Bernhard Richel, um 1481, Folio 78r. Sign. 11.1.Geogr. 2°
Herzog August Bibliothek Wolfenbüttel

101. Anonym, Kenau Simons Hasselaer, 1661
18,8 x 13,2 cm. Inv. Nr. RP-P-OB-68.300
Rijksprentenkabinet, Rijksmuseum Amsterdam

102. Degen, um 1650
Gefäß Spanien, Eisen, Hilze erneuert. Klinge Solingen, Johannes Wirsberg
L. 121 cm. Inv. Nr. 51.8.
Solingen, Deutsches Klingenmuseum

103. Anonym, Rückkehr der Pariser Marktfrauen und der Nationalgarde nach Paris (Triomphe de l' Armee Parisienne Reunis au Peuple...), 1789
Radierung, koloriert, Blatt: 30,3 x 46,5 cm. Inv. Nr. XIII,416,794
Kunstsammlungen der Veste Coburg, Coburger Landesstiftung

104. F.G., Aufruhr der Pariser Fischer Weiber im Oktober 1789, Straßburg, 1789
Radierung, 24,4 x 36,3 cm. Sign.: Lipp 1003a, 15
Staatliche Museen zu Berlin, Kunstbibliothek

105. Anonym, „Abbildung einer in das Feld ziehenten Franzossin“, 1792
Radierung,16 x 12,7 cm. Inv. Nr. HB 17450
Germanisches Nationalmuseum, Nürnberg

106. Joseph Francois Tassaert, Bildnis Maria Anne Charlotte Corday, 1793
Radierung, Aquatinta, 37,4 x 26,4 cm. Inv. Nr. 28119
Hamburger Kunsthalle, Fotographin: Elke Walford, Hamburg

107. Heinrich Sintzenich nach Elisabeth Sintzenich, Die Ermordung Marats, 1795
Schabkunst, 57,3 x 81,3 cm, Inv. Nr. Kat. G. Kd. 2072,g
Reiss-Museum Mannheim, Kunstgeschichtliche Sammlungen

108. Johann Heinrich Lips, Der Landsturm, 1798
Aus: Neu-helvetischer Almanach, 1799
Radierung, 11,5 x 7 cm. Sign.: Kale.9 -1799
Stadt- und Universitätsbibliothek, Köln

109. James Gillray, Spanische Patrioten greifen die französischen Banditen an. Loyale Briten helfen dabei. 15.08.1808
Aquatinta, koloriert, 25,9 x 37,8 cm. Inv. Nr. 1977/ 123
Hamburger Kunsthalle, Fotographin: Elke Walford, Hamburg

110. Francisco de Goya, Las mugeres dan valor (Die Frauen geben Mut), 1810-15
Aus: Desastres de la Guerra, 4, Radierung und Aquatinta, 15,5 x 20,6 cm
Oldenburg, Stadtmuseum

111. Francisco de Goya, Y son fieras (Und sie sind wie die Raubtiere), 1810-15
Aus: Desastres de la Guerra, 5, Radierung und Aquatinta, 15,6 x 20,8 cm
Oldenburg, Stadtmuseum

112. Francisco de Goya, No quieren (Sie wollen nicht), 1810-15
Aus: Desastres de la Guerra, 9, Radierung, 15,5 x 20,9 cm
Oldenburg, Stadtmuseum

113. L. Oeser, Ein Straßenkampf in Perugia, 1848/49
Kreide- und Federlithographie, 22,2 x 15,3 cm.
Inv. Nr. Gr 58/107
Berlin, Deutsches Historisches Museum

114. Ferdinand Hodler, Zwei Figuren, kämpfende Frauen, 1896
Bleistift, rechte Figur in Schwarz überarbeitet, Papier, 31,6 x 40 cm. Inv. Nr. 1920/1070
Kunsthaus Zürich

115. Ferdinand Hodler, Kompositionsstudie mit vier kämpfenden Frauen, 1896
Feder in Schwarz, Deckweiss, Transparentpapier auf Leinwand aufgezogen, 13,7 x 21,2 cm. Inv. Nr. 1920/336
Kunsthaus Zürich

116. Ferdinand Hodler, Kompositionsstudie mit vier kämpfenden Frauen und zwei Männern, 1896
Bleistift, aquarelliert, Papier auf Leinwand aufgezogen, 17 x 26 cm. Inv. Nr. 1920/335
Kunsthaus Zürich

117. Michael Mathias Prechtl, Der unglückselige Tod des Jean-Paul Marat, 1976
Aquarell, Sepia, Farbstifte, 18,2 x 25 cm
Nürnberg, M.M. Prechtl

118. Damendolch in Scheide, Deutschland(?), um 1780/1800
Stahl, Messing vergoldet, Perlmutter, Samt, L. 27,5 cm.
Inv. Nr.1998.W.002
Solingen, Deutsches Klingenmuseum

119. Nach Claude Deruet, Jeanne d' Arc, 1820
Aus: C.N. Al. de Haldat: Relation de la fête inaugurale...en l' honneur de Jeanne d' Arc. Nancy 1820. Lithographie, Folio
Düsseldorf, Privatbesitz

120. Schroeder und Gelée nach Lafitte, Die Büste der Jeanne d' Arc von Frankreich gekrönt, 1821
Aus: M. Jollois: Histoire Abrégée de la Vie...de Jeanne d' Arc, Paris 1821. Stahlstich, 36,7 x 27 cm
Düsseldorf, Privatbesitz

121. Josef Lavos, Szenenillustration zu „Die Jungfrau von Orleans“ von Schiller, 1831
Öl auf Leinwand, 180 x 134 cm
Köln, Theaterwissenschaftliche Sammlung der Universität

122. Edward von Steinle, Jeanne d' Arc, 1839
Farblithographie, 38,9 x 30,4 cm. Inv. Nr. 31325
Hamburger Kunsthalle, Fotographin: Elke Walford, Hamburg

123. Anonym, Reiterstandbild der Jeanne d' Arc, französisch, um 1840/60
Bronzeskulptur. H 63 cm
Düsseldorf, Privatbesitz

124. Jeanne d' Arc – La Prophétie de Merlin. Farbdruck nach dem Gemälde von Raymond Balze, 1883
Aus: H. Wallon, Jeanne d' Arc. Paris 1883. Folio
Düsseldorf, Privatbesitz

125. Eugène Grasset, Sarah Bernhardt als Jeanne d' Arc, 1889/ 1890
Farblithographie, 119 x 74,5 cm
Deutsches Plakat Museum Essen

126. Georges de Feure, A Jeanne Darc Magazin de Nouveautés, Paris 1896
Farblithographie, 246 x 90,5 cm. Inv. Nr. Gr. 1918,101
Sprengel Museum Hannover

127. Jeanne d' Arc nach einer Miniatur in einem Antiphonar des 15. Jh.
Aus: Mgr. Le Nordez: Jeanne d' Arc racontée par l' image. Paris 1898
Düsseldorf, Privatbesitz

128. Jeanne d' Arc, um 1894-1920
Prozessionsfahne, Stoff, bemalt, 105 x 41 cm
Düsseldorf, Privatbesitz

129. Robert Engels, Die Jungfrau als Ritter, um 1903
Aus: Jugend, 1903, Nr. 14. Lithographie, Zeitschriftendruck, 30 x 23 cm
Solingen, Deutsches Klingenmuseum

130. Haskell Coffin, Joan of Arc Saved France, 1917/18
Lithographie, 103 x 76 cm. Inv. Nr. P 73/ 2289
Berlin, Deutsches Historisches Museum

131. Felix Labisse, Jehanne du Lys (Johanna von Lille), 1971
Öl auf Leinwand, 92 x 60 cm
Verden/Aller, galerie pro Art

VI. Germanische Kämpferinnen

132. Braun und Dessauer nach Alfred Rethel, Wie Gunther und Hagen und Kriemhilde erschlagen wurde, 1840
Holzstich, 29,8 x 21,8 cm. Inv. Nr. A 150621
Kupferstich-Kabinett, Staatliche Kunstsammlungen Dresden
Sächsische Landesbibliothek, Staats- und Universitätsbibliothek Dresden, Dezernat Deutsche Fotothek, Fotograph R. Richter

133. Julius Schnorr von Carolsfeld, Kriemhild, 1843
Illustrationen in: Gustav Pfizer: Der Nibelungen Noth. Stuttgart und Tübingen 1843. Abb. S. 429. Holzschnitt. Folio
Düsseldorf, Kunstakademie, Bibliothek

134. Rudolf Hofmann, Kriemhild zeigt Hagen Gunthers Haupt, 19. Jh.
Bleistiftzeichnung, leicht aquarelliert, 33,4 cm x 32,3 cm. Inv. Nr. HZ 3460
Darmstadt, Hessisches Landesmuseum

135. Ernst Barlach, Kriemhild erschlägt Gunther, 1922/ 1935
Aus: Paul Fechter: Ernst Barlach. Zeichnungen. München 1935, Abb. 21
Düsseldorf, Kunstakademie, Bibliothek

136. Robert Engels, Kriemhild, um 1924
Bleistift, 14,5 x 23 cm
Solingen, Deutsches Klingenmuseum

137. Robert Engels, Kriemhild, 1925
Lithographie, Blatt: 25, 5 x 36, 5 cm
Solingen, Deutsches Klingenmuseum

138. N. Raschkow, Clara Ziegler als Thusnelda, um 1877
Foto, schwarzweiß, 43,5 x 35,5 cm
München, Deutsches Theatermuseum

139. Richard Werner, Clara Ziegler als Brunhild, um 1880
Mischtechnik, 67 x 47,5 cm
München, Deutsches Theatermuseum

140. Franz von Stassen, Siegfried freu' sich des Sieges, 1914
Lithographie, 77,8 x 57,5 cm
Berlin, Deutsches Historisches Museum

141. Alois Kolb, Walküren, 1915
Aus: Jugend 06.11.1915, Nr. 46. Farblithographie, Zeitungsdruck, 30 x 23 cm
Dortmund, Institut für Zeitungsforschung

VII. Der alltägliche Umgang mit der Waffe Kleidung – Beruf – Sport – Der private Kampf

142. Albrecht Dürer, Tanzendes Bauernpaar, 1514
Kupferstich, 10,5 x 7,4 cm. Inv. Nr. KA (FP) 2145
Graphische Sammlung Kunstmuseum Düsseldorf

143. Daniel Hopfer, Landsknecht mit Marketenderin, um 1525
Eisenradierung, 20 x 15,4 cm. Inv. Nr. 52.198
Solingen, Deutsches Klingenmuseum

144. Monogrammist M.T. (Martin Treu zugeschr.), Die Frauen berauben den verlorenen Sohn seiner Kleider, 1543
Kupferstich, 7,3 x 8,4 cm. Inv. Nr. 95.V.8 a-b
Solingen, Deutsches Klingenmuseum

145. Jost Amman, Im Frauenzimmer wirt vermeldt von allerley schönen Kleidungen und Trachten... Franckfurt am Mayn, Sigmund Feyrabend 1586
Holzschnitte, 20,5 x 15 cm, deutsche Originalausgabe, unkoloriert.
Deutsches Buch- und Schriftmuseum der Deutschen Bücherei Leipzig

146. Dinkelsbühler Tanzschwert, 1960er Jahre
Herst. E. & F. Hörster, Solingen
Stahl, Messing, Holz, Leder, L. 83 cm.
Nach altem Brauch tanzen die Frauen über die am Boden liegenden Schwerter.
Solingen, Privatbesitz

147. Damenhirschfänger, um 1960
Herst. Hubertus Schneidwarenfabrik, Solingen
Klinge Stahl, Griff Weißmetall, gegossen, vergoldet, L. 39 cm
Solingen, Familie Ritter, Fa. Hubertus

148. Jubiläumskatalog (50 Jahre) der Fa. Wilhelm Weltersbach, Solingen, um 1932
Damenmesser, Abbildungen S. 7, 8, 23; 32,2 x 24, 5 cm
Solingen, Familie Ritter, Fa. Hubertus

149. Musterkatalog Nr. 45, Engelswerk C.W. Engels, Solingen-Foche, um 1930
Damen-Taschenmesser, Abbildungen S. 18 und 21; 32,2 x 24 cm
Frankfurt a.Main, Familie Engels

150. Johann Jakob Stelzer, Eine Schleiferin, 1. H. 18. Jh.
Kupferstich, koloriert, 31,2 x 19,3 cm. Inv. Nr. 64.68
Solingen, Deutsches Klingenmuseum

151. Nach Hermann Würz, Bei den Solinger Schwertarbeitern, um 1900
Holzschnitt, 33,6 x 24,1 cm. Inv. Nr. 13.518
Solingen, Deutsches Klingenmuseum

152. Schleiferinnen vom Heiler Kotten, um 1920
Foto, 30 x 40 cm
Solingen, Stadtarchiv

153. Schleiferin im Untenrüdener Kotten, 1962
Foto, 40 x 30 cm
Solingen, Stadtarchiv

154. Schleiferin im Wipper Kotten, 1964
Foto, 40 x 30 cm
Solingen, Stadtarchiv

155. J. Caulfield, Mary Aubrey, 1798
Kupferstich, 25 x 19,5 cm. Inv. Nr. 95.V.3
Solingen, Deutsches Klingenmuseum

156. Talhoffer, Zweikampf zwischen Mann und Frau, 1467
Aus: Talhoffers Fechtbuch aus dem Jahre 1467. Reprint hrsg. von Gustav Hergsell, Prag 1887
Solingen, Deutsches Klingenmuseum

157. Ernst Barlach, Stürzende Frau, 1912
Lithographie, 27,4 x 31,8 cm. Inv. Nr. 454/621
Wilhelm-Hack-Museum Ludwigshafen a. Rh.

158. Anton Elfinger, Emancipation/ Ein Damenduell, 1848
Kupferstich, koloriert, 23 x 29 cm. Inv. Nr. HB 26060
Germanisches Nationalmuseum, Nürnberg

159. Anonym, Die Damenfechtschule in Wien, 1886
Aus: Illustrirte Chronik der Zeit. 1886, S. 41. Holzstich, 29,7 x 21 cm
München, Privatbesitz

160. Anonym, Fechterin, um 1920
Titelblatt aus: Sport im Bild, 28. Jg., Nr. 44. Zeitschriftendruck, 29,7 x 21 cm
München, Privatbesitz

161. Fechterin, 1936
Aus: Die Muskete 1936, Nr. 11, XXXI. Jg. Zeitschriftendruck, 29,7 x 21 cm
München, Privatbesitz

162. Schultes, Deutsches Fechtturnier – Solinger Schwert, 1951
Kopie nach dem Plakatentwurf
Solingen, Privatbesitz

163. Das 1. Solinger Schwert, 1951
Entwurf F.O. Hoppe, Solingen. Herst. Wester & Dinger Solingen
Damaststahl, Stahl
Düsseldorf, Privatbesitz

164. Das 2. Solinger Schwert, 1962
Herst. E. + F. Hörster, Solingen
Damaststahl (Klinge), Edelstahl, Holz. L. 125 cm.
Die Klinge bez. „Der deutschen Fechterschaft gewidmet von der F.S. Romerike Berge im S.T.B. – Das Solinger Schwert".
Olympischer Fechtclub Bonn e.V.

VIII. Der zeitgenössische Blick

165. Angela Hampel, Medea, 1985
Öl, Mischtechnik auf Hartfaser,166 x 122 cm. Inv. Nr. A IV 584
Staatliche Museen zu Berlin, Nationalgalerie

166. Rune Mields, Die schwarze Göttin, Morrigan (Irland), 1994
Tusche/ Aquatec auf Bütten, 51 x 33 cm
Köln, Besitz der Künstlerin, Foto: F. Rosenstiel, Köln

167. Rune Mields, Die schwarze Göttin, Hekate (Griechenland), 1994
Tusche/ Aquatec auf Bütten, 51 x 33 cm
Köln, Besitz der Künstlerin

168. Rune Mields, Die schwarze Göttin, Ala (Nigeria / Ibo), 1994
Tusche/ Aquatec auf Bütten, 51 x 33 cm
Köln, Besitz der Künstlerin

169. Rune Mields, Die schwarze Göttin, Mama Quilla (Inka), 1995
Tusche/ Aquatec auf Bütten, 51 x 33 cm
Köln, Besitz der Künstlerin

170. Bettina Flitner, Ich bin Muslimin..., 1995
Aus der Fotoserie: Mein Herz. Fotographie, 300 x 140 cm
Köln, Besitz der Künstlerin

171. Bettina Flitner, Ich würde mein Herz nie mehr verschenken..., 1995
Aus der Fotoserie: Mein Herz. Fotographie, 300 x 140 cm
Köln, Besitz der Künstlerin

172. Gesine Grotrian-Steinweg, Judith und Holofernes, 1996
Siebdruck (Plakat), 86 x 62 cm
Düsseldorf, Besitz der Künstlerin

173. Barbara Schimmel, Kriemhild – wer war das? – nur eine Kreuzworträtselfrage, 1996-1998
370 x 230 x 160 cm (L, H, B), Lichtkästen ca. 40 x 190 cm (H, L)
Köln, Besitz der Künstlerin

174. Ulrike Beckmann, Die scheinbare Leichtigkeit, 1997
Öl auf Leinwand, Gips und Gold, vierteilig, je 17,5 x 17,5 cm
Solingen, Besitz der Künstlerin

175. Tremezza von Brentano, Wer war Lukretia? (Cranach), 1998
Öl auf Leinwand, 80 x 80 cm
Köln, Besitz der Künstlerin

176. Tremezza von Brentano, Dürers Lukretia und zwei andere Frauen, 1998
Öl auf Leinwand, 100 x 100 cm
Köln, Besitz der Künstlerin

177. Ulla Schenkel, Boudicea, 1998
Linolschnitt auf Schnittmusterbogen, 83 x 57,5 cm
Wuppertal, Besitz der Künstlerin

178. Ulla Schenkel, Jeanne d' Arc 1998
Linolschnitt auf Schnittmusterbogen, 83 x 57,5 cm
Wuppertal, Besitz der Künstlerin

179. Ulla Schenkel, Excalibur und die Dame vom See, 1998
Linolschnitt auf Schnittmusterbogen, 83 x 57,5 cm
Wuppertal, Besitz der Künstlerin

180. Ulla Schenkel, Würde ich ein Schwert ergreifen? 1998
Linolschnitt auf Schnittmusterbogen, 83 x 57,5 cm
Wuppertal, Besitz der Künstlerin

181. Ulla Schenkel, Granuaille O' Malley, 1998
Linolschnitt auf Schnittmusterbogen, 83 x 57,5 cm
Wuppertal, Besitz der Künstlerin

182. Ulla Schenkel, Penthesilea, 1998
Linolschnitt auf Schnittmusterbogen, 83 x 57,5 cm
Wuppertal, Besitz der Künstlerin

Literaturliste

Althoff, Martin; Kappel, Sybille (Hg.): Geschlechterverhältnis und Kriminologie. Kriminologisches Journal, 5. Beiheft. Weinheim 1995

Balk, Claudia: Theatergöttinnen, Inszenierte Weiblichkeit. Clara Ziegler - Sarah Bernhardt - Elenora Duse. Katalog zu drei Ausstellungen im Deutschen Theatermuseum München. Basel, Frankfurt am Main 1994

Beard, R. Mary (1946): Die Frau als Macht in der Geschichte. Überlieferung und Wirklichkeit. Schwäbisch Gmünd 1951

Berger, Renate; Stephan, Inge: Weiblichkeit und Tod in der Literatur. Köln, Wien 1987

Berglar, Peter: Maria Theresia in Selbstzeugnissen und Bilddokumenten. Hamburg 1980

Biedermann, Hans: Die Großen Mütter. Die schöpferische Rolle der Frau in der Menschheitsgeschichte. Bern, München 1987

Bischoff, Cordula: Von der männermordenden Femme Forte zur heroischen Heiligen - Akzentverschiebungen im Bild der Judith. Vortragsmanuskript zur Tagung der Sektion Frauenforschung im Ulmer Verein. Wolfenbüttel im Februar 1993

Bischoff, Cordula; Dinger, Brigitte; Ewinkel, Irene; Merle, Ulla: FrauenKunstGeschichte: Zur Korrektur des herrschenden Blicks. Giessen 1984

Bleibtreu-Ehrenberg, Gisela: Vom Schmetterling zur Doppeltaxt. Die Umwertung der Weiblichkeit in unserer Kultur. Frankfurt am Main 1990

Blok, Jasine, H.: The early Amazones. Modern and Ancient Perspectives on a Persistant Myth. In der Reihe: Religions in the Graeco-Roman World. Volume 120. Leiden, New York, Köln 1995

Boehncke, Heiner; Hindemith, Bettina; Sarkowicz, Hans: Die großen Räuberinnen. Und wenn der Kopf fällt, sag ich hoppla. Frankfurt am Main 1994

Bolte, Christian; Dimmler, Klaus: Schwarze Witwen und Eiserne Jungfrauen. Geschichte der Mörderinnen. Leipzig 1997

Brauner, Sigrid: Fearless Wives & Frightened Shrews. The Construction of the Witch in Early Modern Germany. Massachusett 1995

Büsching: Ritterzeit und Ritterwesen. Vorlesungen, gehalten und herausgegeben von Büsching. Leipzig 1823 Bd. II S. 211 - 217

Codek, Cacilie: Frauenarbeit in der Solinger Industrie, Diplomarbeit um 1925, Stadtarchiv Solingen

Conzen, Ina-Maria: Die Wandlung des Judith- und Holofernes-Themas in der Deutschen und Niederländischen Kunst von 1500 -1700. Zur Rezeptionsgeschichte einer weiblichen Heldengestalt vor dem Hintergrund von Reformation und Gegenreformation. In Das Münster 37. 1984, S. 243 - 245

Corbin, A: Das trauernde Geschlecht und die Geschichte der Frauen im 19. Jahrhundert. In A. Corbin, A.Farge und M. Perrot (Hrsg.): Geschlecht und Geschichte. Frankfurt am Main 1989. S. 63 - 81

Coupe, William Arthur: German political satires from the Reformation to the Second World Ware. Teil I (1500 - 1848), 2 Bde. White Plain, New York 1993

Cyrus, Hannelore: Schön zugleich und schrecklich anzusehen - die Heldenjungfrau. Gedanken zur Gestaltung eines Mythos. In: Jutta Dalhoff (Hrsg.): Frauenmacht in der Geschichte. Düsseldorf 1986

Danelzik-Brüggemann, Christoph: Ereignisse und Bilder. Bildpublizistik und politische Kultur in Deutschland zur Zeit der Französischen Revolution. Berlin 1996

Dekker, Rudolf; van de Pol Wagenbach, Lotte: Frauen in Männerkleidern, weibliche Transvestien und ihre Geschichte. 1989

Dettenhofer, Maria H. (Hrsg.): „Reine Männersache?“ Frauen in Männerdomänen der antiken Welt. Köln, Weimar, Wien 1994

Engelmann, Emil: Das Nibelungenlied für das deutsche Haus. Stuttgart 1885

Farner, Konrad: Goya, Desastres de la Guerra. Zürich 1972

Fechter, Paul: Ernst Barlach. Zeichnungen. München o.J. (1935)

Fester, Richard; König, Marie E. P. u.a.: Weib und Macht. Fünf Millionen Jahre Urgeschichte der Frau. Frankfurt am Main 1979

Fox-Keller, Evelyn: Liebe, Macht und Erkenntnis. Männliche oder weibliche Wissenschaft. München, Wien 1986

Fuchs, Eduard; Kind, Alfred: Die Weiberherrschaft in der Geschichte der Menschheit. Bd. I u. II und ein Ergänzungsband. München 1913

Fuchs, Eduard: Die Frau in der Karikatur. München 1906

Gaarretas, Maria Milagnos Rivera: Orte und Worte von Frauen. Eine feministische Spurensuche im europäischen Mittelalter. 1991

Gallo, Max: Geschichte der Plakate, mit einem Aufsatz über die Entwicklung der Plakatkunst von Carlo Arturo Quintavalle, 1972. Mailand 1975

Garrard, Mary D: Artemisia Gentileschi. The Image of the Female Hero in Italian Baroque Art. New Jersey 1989

George, Mary Dorothy: English Political Caricature to 1792. A Study of Opinion and Propaganda. Oxford 1959

Georgen, Helga Theresa: Lukretias Vergewaltigung, Privatisierung einer Staatsaffäre. In: Ines Lindner u.a. (Hrsg.): Blick-Wechsel. Konstruktion von Männlichkeit und Weiblichkeit in Kunst und Kunstgeschichte, Berlin 1989, S. 437-444

Gerhard, Ute: Frauen in der Geschichte des Rechts. Von der Frühen Neuzeit bis zur Gegenwart. 1997

Gersmann, Gudrun; Kohle, Hubertus: Frankreich 1800, Gesellschaft, Kultur, Mentalitäten. Stuttgart 1990

Gersmann, Gudrun; Kohle, Hubertus: Frankreich 1815 - 1830, Die Gesellschaft der Restauration und das Erbe der Revolutionen. Stuttgart 1993

Götz-Mohr, B. von: Individuum und soziale Norm. Studien zum italienischen Frauenbildnis des 16. Jahrhunderts (Europäische Hochschulschriften). Frankfurt am Main 1987

Gorsen, Peter: Frauen und Frauenbilder in der Kunstgeschichte. In Gislind Nabakowski u.a. (Hrsg.) : Frauen in der Kunst, Bd.2.Frankfurt am Main 1980, S. 13-75

Graham, Ruth (1977): Loacs and Liberty: Women in the French Revolution. In Bridenthal, Renate; Koonz, Claudia (Hrsg.): Becoming Visible: Women in European History. Boston 1977, S. 236-254

Grand-Carteret, John: La Femme en Culotte. Paris 1899

Grubitzsch, Helga; Cyrus, Hannelore; Haarbusch, Elke: Grenzgängerinnen. Revolutionäre Frauen im 18. und 19. Jh. Weibliche Wirklichkeit und männliche Phantasien. Hrsg. von Annette Kuhn, Düsseldorf 1985

Guthke, Karl S.: Ist der Tod eine Frau? Geschlecht und Tod in Kunst und Literatur. München 1997

Harten, Elke; Harten, Hans-Christian: Frauen-Kultur-Revolution 1789 -1799. Pfaffenweiler 1988

Hartwig, Helmut: Die Republik und andere allegorische Frauengestalten. In AK: Honoré Daumier und die ungelösten Probleme der bürgerlichen Gesellschaft (Neue Gesellschaft für Bildende Kunst Berlin; Württembergischer Kunstverein Stuttgart). 1974 - 1975, S.80-99

Hatz, Mechthilde: Frauengestalten des Alten Testaments in der bildenden Kunst von 1850 - 1918: Eva, Delila, Judith, Salome. Heidelberg (Diss.) 1972

Hausner, Hans Erik: Zeit Bild.Das historische Nachrichten-Magazin. Die Französische Revolution. 1789, 1791, 1792, 1793, 1794. 1977

Heißler, Sabine, Blastenbrei, Peter: Frauen in der italienischen Renaissance: Heilige - Kriegerinnen - Opfer. Pfaffenweiler 1990

Held, Jutta: Die Weibermacht in Bildern der Kunst von der frühen Neuzeit bis zum Beginn des 20. Jahrhunderts. In Tendenzen Nr. 152. 1985, S. 45-56

Held, Jutta: Frauen im Frankreich des 18. Jahrhunderts: Amazonen, Mütter, Revolutionärinnen. Hamburg 1989

Heller, Nancy G: Woman artists: an illustrated history. New York 1987

Helsper, Helga: Abenteuer auf See. Über Piratinnen und andere Seefrauen. Dortmund 1991

Herve, Florence: Wir sind die Hälfte der Menschheit. Frauen in der Pariser Commune: In Frankfurter Rundschau v. 16.03.96. Nr. 65, S. ZB 5

Herzner, Volker: Die Judith der Medici. In Zeitschrift für Kunstgeschichte, 43. 1980, S. 139-180

Heyne, Claudia: Täterinnen. Offene und versteckte Aggression von Frauen. Zürich 1993

Hoffmann, Detlef: Germania zwischen Kaisersaal und Paulskirche - der Kampf um Vergangenheit und Gegenwart (1830 - 1848). In Trophäe oder Leichenstein! Kulturgeschichtliche Aspekte des Geschichtsbewußtseins in Frankfurt im 19. Jahrhundert. Frankfurt am Mai 1978

Hoffmann, Konrad: Cranachs Zeichnungen „Frauen überfallen Geistliche". In Zeitschrift des deutschen Vereins für Kunstwissenschaft, 26. 1972, S. 3-14

Holsten, Siegmar: Allegorische Darstellungen des Krieges 1870 - 1918. Ikonologische und ideologiekritische Studien. München 1976

Hummel-Haasis, Gerlinde: Schwestern zerreißt eure Ketten. Zeugnisse zur Geschichte der Frauen in der Revolution von 1848/49. München 1982

Iwitzki, Angelika: Europäische Freiheitskämpfe. Das merkwürdige Jahr 1848. Eine neue Bilderzeitung von Gustav Kühn in Neuruppin. Berlin 1994

Jacobeit, Sigrid und Wolfgang: Illustrierte Alltags- und Sozialgeschichte Deutschlands 1900 -1945. Münster 1995

Jones, Ann: Frauen die töten. Frankfurt am Main 1986

Kestenholz, Salomé: Die Gleichheit vor dem Schafott. Portraits französischer Revolutionärinnen. Darmstadt 1988

Kingsbury, Martha: The femme fatale and her sisters. In Hess, Thomas B.; Nochlin, Linda (Hrsg.): Woman as sex object. Studies in erotic art 1730 - 1970. London 1973, S. 182 - 205

Klausmann, Ulrike: Anne Bonny mit dem Enterbeil. Die weiblichen Piraten waren auch nicht besser als die männlichen Seeräuber. In Frankfurter Rundschau. Pfingsten 1996, Nr. 121, S. ZB 5

Klausmann, Ulrike; Meinzerin, Marion: Piratinnen. München 1996

Kobbe, Bruni: Das schräge Bild der alten Eva. In Die Zeit vom 26. Dezember 1997, S. 34

Kobelt-Groch, Marion: Aufsässige Töchter Gottes. Frauen im Bauernkrieg und in den Täuferbewegungen. Frankfurt/Main, New York 1993

Köfler, Gretl; Forcher, Michael: Die Frau in der Geschichte Tirols. Insbruck 1986

Krahe, Peter: Mary Ann Talbot. Das Leben und die erstaunlichen Abenteuer der Mary Ann Talbot. Frankfurt/ Main 1990

Kroll, Renate: 'Femme forte'. Sozialtypus und imaginierte Existenz in der französischen Kultur des 17. Jh. In Papers on French Seventeenth Century Literature, Bd. 19, 1992, Nr. 36, S. 71-96

Kröning, Anke: Auf den Spuren der Jeanne d' Arc. München 1979

Kuhn, Annette: Die Chronik der Frauen. Dortmund 1992

Kytzler, Bernhard: Frauen in der Antike. Von Aspasia bis Zenobia. Zürich 1994

Lerner, Gerda: Die Entstehung des feministischen Bewußtseins. Vom Mittelalter bis zur ersten Frauenbewegung. Frankfurt am Main, New York 1993

Mac Donald, Eileen: Erschießt zuerst die Frauen, Stuttgart 1992

Markov, Walter; Middell, Katharina und Matthias: Die Französische Revolution. Bilder und Berichte 1789 - 1799. Berlin 1989

Matthews Grieco, Sara F.: La „Querelle des Femmes" nell' Europa del Rinascimento. In Quaderni storici, nuova serie 74, 1990, S. 683-688

Michelet, Jules: Die Frauen der Revolution. 1984

Miles, Rosalind: Weltgeschichte der Frau. Düsseldorf, New York, Wien 1990

Milger, Peter: Die Kreuzzüge. Krieg im Namen Gottes. 1988

Mitscherlich, Margarethe: Die friedfertige Frau. Frankfurt am Main 1987

Moosleitner, Gerhard Peter: Das historische Ereignis. Jeanne d' Arc, Hexe, Heldin, Heilige. In PM, München 1996, Heft 9, S. 2

Müller, Christine; Urban, Eberhard: Die Weibsbilder im Spiegel der Karikatur. Eine Kultur- und Sittengeschichte des 19. Jahrhunderts. Menden 1987

Nette, Herbert: Jeanne d' Arc. Hamburg 1977

Nolle, Johannes: Frauen wie Omphale? Überlegungen zu politischen Ämtern von Frauen im kaiserzeitlichen Kleinasien. In Maria H. Dettenhofer (Hrsg.): Reine Männersache? Frauen in Männerdomänen der antiken Welt, Köln u. a. 1994, S. 229-259

Petersen, Susanne: Marktweiber und Amazonen. Frauen in der Französischen Revolution. Dokumente. Kommentare. Köln 1987

Pierre, Samuel: Amazonen, Kriegerinnen, Kraftfrauen. München 1979

Pizan, Christine de: Das Buch von der Stadt der Frauen. Aus dem Mittelfranzösischen übersetzt, mit einem Kommentar und einer Einleitung versehen von Margarete Zimmermann. Berlin 1986

Popp, Georg: Große Frauen des 20. Jahrhunderts. Würzburg 1986

Richter, Ursula: Die Rache der Frauen. Formen weiblicher Selbstbehauptung. Zürich 1991

Rieder, Heinz: Die Völker läuten Sturm. Die europäische Revolution 1848/49. Gernsbach 1997

Rolle, Renate: Oiorpata. In Beiträge zur Archäologie Nordwestdeutschlands und Mitteleuropas, hrsg. von T. Krüger und H.G. Stephan. Materialhefte zur Ur- und Frühgeschichte Niedersachens, Heft 16, Hildesheim 1980, S. 275-294

Rolle, Renate: Die Welt der Skythen. Luzern und Frankfurt/ Main 1980

Rothe, Hans: Daumier und der Krieg. 64 Tiefdruckreproduktionen nach Originallithographien. Leipzig 1926

Schefold, Karl: Frühgriechische Sagenbilder. Antike Welt. München 1964

Schlichtegroll, Nathanael A.: Talhofer. Ein Beitrag zur Literatur der gerichtlichen Zweikämpfe im Mittelalter. München 1817

Schlumbohm, Christa: Der Typus der Amazone und das Frauenideal im 17. Jahrhundert. Zur Selbstdarstellung der Grande Mademoiselle. In: Roman. Jahrbuch 29, 1978, S.77-99

Schmaußer-Strauss, Beatrix: Göttin der Schönheit. Frauenrechtlerin und Nationalheldin. Frauen in der Karikatur Frankreichs von der Kommune bis zum Ersten Weltkrieg. Weimar 1995

Schulte-Wülwer, Ulrich: Das Nibelungenlied in der deutschen Kunst des 19. und 20. Jahrhunderts. Gießen 1980

Sedlacek, Ingrid: Die Neuf Preuses. Heldinnen des Spätmittelalters. Studien zur Kunst- und Kulturgeschichte Bd. 14 (Diss.). Marburg 1997

Stephan, Inge: Hexe oder Heilige? Zur Geschichte der Jeanne d' Arc und ihrer literarischen Verarbeitung. In Stephan, Inge; Weigel, Sigrid: Die verborgene Frau. Berlin 1983, S. 35-66

Steinbrügge, Lieselotte: Das moralische Geschlecht. Theorien und literarische Entwürfe über die Natur der Frau in der französischen Aufklärung. Weinheim, Basel 1987

Stolzenwald, Susanna: Artemisia Gentileschi. Bindung und Befreiung im Leben und Werk einer Malerin. Stuttgart, Zürich 1991

Straten, Adelheid: Das Judith-Thema in Deutschland im 16. Jahrhundert. Studien zur Ikonographie, Materialien und Beiträge. München (Diss.) 1983

Strobl, Ingrid: Sag nie, du gehst den letzten Weg. Frauen im bewaffneten Widerstand. 1991

Suter-Richter, Heidrun (1992): Judith, eine Frau die tötet. S.11. In: Camenzind, E.; Knüsel, K.: Starke Frauen, zänkische Weiber? Zürich 1922

Suttner, Bertha von: Die Waffen nieder! Nachdruck der Ausgabe Wien 1966. Hildesheim 1977

Traeger, Jörg: Der Tod des Marat. Revolution des Menschenbildes. München 1986

Vitz, Erika: Die Frau in der mittelalterlichen Stadt. o. J.

Warner, Marina: Joan of Arc. The Image of Female Heroism. 1987

Warner, Marina: In weiblicher Gestalt. Die Verkörperung des Wahren, Guten und Schönen. Hamburg 1989

Warner, Marina: Monuments & Maidens. The Allegory of the Female Form. London 1985

Weigel, Sigrid: Die geopferte Heldin und das Opfer als Heldin. In Stephan, Inge; Weigel, Ingrid: Die verborgene Frau. Berlin 1983, S. 138 - 152

Weigel, Sigrid: Die nahe Fremde - Das Territorium des „Weiblichen". Zum Verhältnis von Wilden und Frauen im Diskurs der Aufklärung. In Koebner, Thoma; Pickerodt, Gerhart (Hrsg.): Die andere Welt. Studien zum Exotismus. Frankfurt am Main 1986, S. 171 - 199.

Weigel, Sigrid: Topographien der Geschlechter. Kulturgeschichtliche Studien zur Literatur. 1990.

Weiler, C.: Von der Loreley zur Germania. Die Geschichte des Niederwalddenkmals. Wiesbaden 1963.

Welling, Edeltraut: Solinger Lieferfrauen. Mythos und Wirklichkeit. Solingen 1990

Wheelwright, Julie: Amazons and Military Maids. Women who Dressed as Men in the Pursuit of Life, Liberty und Happiness. London 1989.

Wolter, Gundula: Hosen, weiblich. Kulturgeschichte der Frauenhose. 1994

Zeller, Ursula: Die Frühzeit des politischen Bildplakats in Deutschland (1848 - 1918). Stuttgart 1987

Kataloge (AK = Ausstellungskatalog)

AK Basel: Koepplin, Dieter; Falk, Tilman (Hrsg.): Lucas Cranach. Gemälde - Zeichnungen - Druckgraphik. Band I und II. Kunstmuseum Basel. Basel und Stuttgart 1974

AK Berlin: Das verborgene Museum. Dokumentation der Kunst von Frauen in Berliner öffentlichen Sammlungen.Neue Gesellschaft für Bildende Kunst. Berlin 1987

AK Berlin: Die Verführung der Europa. Staatliche Museen zu Berlin, Kunstgewerbemuseum. 1988

AK Berlin: Bismarck, Preußen, Deutschland und Europa. Deutsches Historisches Museum. Berlin 1990

AK Berlin: Marianne und Germania. Berlinische Galerie, Museum für Moderne Kunst. Berlin 1996

AK Bern: Gamboni, Dario; Germann, Georg unter Mitwirkung von Francois de Capitani (Hrsg.): Zeichen der Freiheit. Das Bild der Republik in der Kunst des 16. bis 20. Jahrhunderts. Bernisches Historisches Museum und Kunstmuseum Bern. 1991

AK Bonn: Tremezza von Brentano. Classics - Die Geschichtlichkeit der Bilder. Frauen Museum Bonn 1990

AK Bonn: Dea Syria. Die große Göttin des Alten Orient. Frauen Museum Bonn 1996

AK Bonn: Ruhm - Werke von Künstlerinnen in nordrhein-westfälischen Museen. Frauen Museum Bonn 1997

AK Darmstadt: Alfons Mucha, 1860 - 1939. Mathildenhöhe Darmstadt. München 1980

AK Düsseldorf: Die Galerie der Starken Frauen. Kunstmuseum Düsseldorf 1995

AK Frankfurt: Schmidt- Linsenhoff, Victoria (Hrsg.): Sklavin oder Bürgerin? Französische Revolution und Neue Weiblichkeit 1760 - 1830. Historisches Museum Frankfurt am Main. 1989

Bestandskatalog Frankfurt: Ein Krieg wird ausgestellt. Die Weltkriegssammlung des Historischen Museums (1914 - 1918). Kleine Schriften des Historischen Museums, Band 8. Frankfurt 1976

AK Frankfurt: Franzen, Brigitte (Hrsg.): Himmel und Erde. Frauen in Gewaltverhältnissen. Dominikanerkloster, Frankfurt. Marburg 1995

AK Hamburg: Werner Hofmann (Hrsg): Francisco Goya. Das Zeitalter der Revolutionen 1789 - 1830. Hamburger Kunsthalle 1980

AK Hamburg: Werner Hofmann (Hrsg): Eva und die Zukunft. Das Bild der Frau seit der Französischen Revolution. Hamburger Kunsthalle 1986

AK Hamburg: Werner Hofmann (Hrsg): Europa 1789. Aufklärung, Verklärung, Verfall. Hamburger Kunsthalle 1989

AK Hannover: Langemeyer, Gerhard; Unverfehrt, Gerd; Guratzsch, Herwig; Stölzl, Christoph (Hrsg.): Bild als Waffe. Mittel und Motive der Karikatur in fünf Jahrhunderten. Wilhelm-Busch-Museum Hannover. München 1984

AK Karlsruhe: 1848/1849. Revolution der deutschen Demokraten in Baden. Badisches Landesmuseum Karlsruhe. Baden-Baden 1998

AK Köln: Mai, Ekkehard; Repp-Eckert, Anke (Hrsg.): Triumph und Tod des Helden. Europäische Historienmalerei von Rubens bis Manet. Wallraf-Richartz-Museum der Stadt Köln 1987

AK München: Storch, Wolfgang (Hrsg.): Die Nibelungen. Bilder von Liebe, Verrat und Untergang. Haus der Kunst, München. 1987

AK München: Eschenburg, Barbara (Hrsg.): Der Kampf der Geschlechter. Der neue Mythos in der Kunst 1850 - 1939. Städtische Galerie im Lenbachhaus München.1995

AK Münster: Ereignis Karikaturen. Geschichte in Spottbildern, 1600 - 1830. Westfälisches Landesmuseum für Kunst und Kulturgeschichte Münster. 1983

AK Münster: Franz, Erich (Hrsg.): 'zu Ende gezeichnet'. Meisterwerke aus dem Kupferstichkabinett Basel. Westfälisches Landesmuseum für Kunst und Kulturgeschichte Münster. 1995

AK Nürnberg: Freiheit - Gleichheit - Brüderlichkeit. 200 Jahre Französische Revolution in Deutschland. Germanisches Nationalmuseum Nürnberg. 1989

AK Paris: Imbert, Daniel Marianne (Hrsg.): Quand Paris dansait avec Marianne 1979 - 1889. Musée du Petit Palais Paris. 1989

AK Sylt: Tremezza von Brentano. MedienLeben. Stadtgalerie „Alte Post", Sylt. Bielefeld 1996

AK Wien: Die Frau im Korsett. Wiener Frauenalltag zwischen Klischee und Wirklichkeit 1848 - 1920. Museum der Stadt Wien. Wien 1984

AK Zürich: Ferdinand Hodler. Vom Frühwerk bis zur Jahrhundertwende. Zeichnungen aus der Graphischen Sammlung des Kunsthauses Zürich. 1991

AutorInnen

Jutta Bäumel
Diplomkultur- und Kunstwissenschaftlerin, Konservatorin in den Staatlichen Kunstsammlungen Dresden, Rüstkammer (Abteilungen Blankwaffen, Kostüme, Kunsthandwerk) und Vertreterin des Direktors der Rüstkammer.

Dr. Susanne Brandt
geb. 1962
Wissenschaftliche Assistentin am Historischen Seminar II der Heinrich-Heine-Universität Düsseldorf, Arbeitsschwerpunkte Kollektives Gedächtnis, Film und Geschichte.

Dr. Gabriele Frohnhaus
geb. 1957
Sozialwissenschaftlerin. Ausgezeichnet mit dem Elisabeth-Selbert-Wissenschaftspreis des Landes Hessen zum Thema „Feminismus und Mutterschaft" (1994). Gleichstellungsbeauftragte der Stadt Solingen bis März 1998.

Dr. Barbara Grotkamp-Schepers
geb. 1951
Studium der Kunstgeschichte, Italianistik und Ethnologie, seit 1991 Direktorin des Deutschen Klingenmuseums in Solingen.

Ulrike Karstedt M.A.
geb. 1957
Studium der Kunstgeschichte, Theater-, Film- und Fernsehwissenschaften und der Ethnologie.

Arne Krasting
geb. 1975
Studiert Geschichte, Romanistik und Politik an der Albert-Ludwigs-Universität Freiburg, organisiert dort seit 1997 autonome Seminare zum Thema „Geschichte und Film".

Renate Philipp M.A.
geb. 1957
Studium der Kunstgeschichte, Klassischen Archäologie und Politikwissenschaften, Deutsches Klingenmuseum Solingen.

Prof. Dr. Renate Rolle
geb. 1941
Studium der Ur- und Frühgeschichte, Soziologie und Völkerkunde. Seit 1991 Professorin für Ur- und Frühgeschichte an der Universität Hamburg.

Dr. Martina Seifert
geb. 1964
Studium der Klassischen Archäologie, Ur- und Frühgeschichte, Publizistik und Sozialwissenschaften. Seit 1996 wissenschaftliche Assistentin für klassische Archäologie an der Universität Hamburg.

Dr. Claudia Schnitzer
geb. 1966
Studium der Kunstgeschichte, Christlichen Archäologie, Byzantinischen Kunstgeschichte und der Europäischen Ethnologie an der Philipps-Universität Marburg, Konservatorin am Kupferstich-Kabinett Dresden.

Dr. Vera Thiel
geb. 1956
Studium der Kunstgeschichte, Klassischen Archäologie und Romanistik. Zur Zeit tätig in der regionalen Kulturförderung.

Martina Zsack-Möllmann
geb. 1957
Erziehungswissenschaftlerin
Mitarbeiterin des Frauenhauses Solingen, Frauenzentrierte Beratung.
Sachkundige Bürgerin im Frauenunterausschuß der Stadt Solingen